ARTESANA DE SÍ MISMA

volume 72

ARTESANA DE SÍ MISMA

Gabriela Mistral,

una intelectual en cuerpo y palabra

Claudia Cabello Hutt

Purdue University Press
West Lafayette, Indiana

⊗ The paper used in this book meets the minimum requirements of American National Standard for Information Sciences—Permanence of Paper for Printed Library Materials, ANSI Z39.48-1992.

Printed in the United States of America
Interior template design by Anita Noble
Cover template design by Heidi Branham
Cover image: Jeff Winstead

Library of Congress Cataloging-in-Publication Data

Names: Cabello Hutt, Claudia, 1977– author.
Title: Artesana de sí misma : Gabriela Mistral, una intelectual en cuerpo y palabra / Claudia Cabello Hutt.
Description: West Lafayette : Purdue University, 2018. | Series: Purdue studies in Romance literatures ; 72 | Includes bibliographical references and index.
Identifiers: LCCN 2017031447| ISBN 9781557538079 (pbk. : alk. paper) | ISBN 9781612495279 (epdf) | ISBN 9781612495286 (epub)
Subjects: LCSH: Mistral, Gabriela, 1889-1957. | Mistral, Gabriela, 1889-1957--Political and social views.
Classification: LCC PQ8097.G6 Z527 2018 | DDC 861/.62 [B] --dc23 LC record available at https://lccn.loc.gov/2017031447

Índice

Agradecimientos

Este libro es el resultado de lecturas, viajes, archivos y conversaciones con colegas, profesores y amigos a lo largo del continente. Agradezco el apoyo de una serie de becas que hicieron posible mi investigación en las principales colecciones de manuscritos e imágenes de Gabriela Mistral en Estados Unidos y Chile. En una primera etapa de investigación conté con becas de doctorado de la Universidad de Rutgers y la Beca de Gestión Propia de CONICYT, Chile. Más tarde, este proyecto recibió el apoyo de la Universidad de Carolina del Norte, Greensboro donde agradezco el respaldo del College of Arts and Sciences y el Departamento de Lenguas, Literaturas y Culturas (Summer Excellence Grant y New Faculty Grant). También agradezco la beca de verano de NeMLA que me permitió viajar a Vicuña, Chile. Este trabajo no podría haber sido posible sin el acceso al archivo de Mistral en la Biblioteca Nacional de Chile, tanto antes como después de la donación de Doris Dana. Quiero agradecer a su director, Pedro Pablo Zegers, quien me dio la oportunidad de colaborar con la catalogación de los materiales del legado en la embajada de Chile en el 2007, antes de su traslado a Chile.

En la Universidad de Rutgers, tanto el Departamento de Español y Portugués como el Programa de Estudios de Género me ofrecieron una comunidad intelectual que marca mi trayectoria y pensamiento hasta hoy. A Marcy Schwartz le debo un agradecimiento especial por su apoyo constante y guía fundamental durante la investigación y escritura de este libro. Marcy es un modelo de mentora, investigadora, amiga y activista. A Graciela Montaldo, cuya obra y pensamiento han sido un estímulo fundamental para mí, le agradezco el haberme hecho las preguntas que me llevaron a formular este proyecto y por guiarme en el proceso de re-interpretar a una figura canónica como Mistral. A César Braga-Pinto por enriquecer el texto con su lectura y apoyar mi proceso durante mis años en Rutgers. A la memoria de Tomás Eloy Martínez, un maestro brillante y a la vez generoso que dejaba algo sembrado en cada conversación. A mis amigos y colegas con los que disfruté y recorrí nuestros años en Rutgers, compañeros de lecturas y conversaciones interminables, una segunda familia: Macarena Urzúa, Viviana Pinochet, Juan José Adriasola, Cristóbal Cardemil, Valeria Garrote, Selma Cohen, Greg Diuk,

Gustavo Crembil, Freddy Intersimone, Brenda Werth, Anita Figueroa y Julieta Vitullo. En memoria de nuestra querida amiga y compañera Soledad Chacón, una mujer fuerte y valiente que nos hace mucha falta.

Quiero agradecer también a Licia Fiol-Matta, quien a través de su libro *Queer Mother for the Nation* me hizo ver que era posible y necesario leer de nuevas formas a Mistral y que generosamente ha participado de mi intento. A Elizabeth Horan, mistraliana y maestra, quien me apoyó desde el comienzo de esta investigación facilitándome datos y abriendo conversaciones en muchas conferencias a lo largo de estos años. Sus ideas y su rigor han fortalecido mi trabajo. A las investigadoras, colegas y amigas con quienes he compartido espacios de conversación, paneles, grupos de investigación y proyectos editoriales, que me han estimulado y ayudado a madurar algunas ideas de este libro: Vicky Unruh, Gwen Kirkpatrick, Ana Peluffo, Francesca Denegri, Graciela Batticuore, Pura Fernández, Aurélie Vialette, Mariela Méndez y Carolina Alzate. A Selma Cohen, amiga y editora extraordinaria, por darme el empujón que necesité para terminar este libro. A María Laura Bocaz, amiga de toda una vida y colega que me ha acompañado en aventuras de archivos y muchas más. A Gonzalo, mi compadre.

A la Universidad de Carolina del Norte, Greensboro, en especial al Departamento de Lenguas, Literaturas y Culturas que me ha apoyado para dedicarme a la investigación de este libro. Quiero agradecer a mis colegas en UNCG que enriquecen mi trabajo y mi vida: Mariche Bayonas, Amy Williamsen, Ignacio López, Carmen Sotomayor, Verónica Grossi, Ana Hontanilla, Cybelle McFadden, Risa Applegarth, Alejandro Hortal, Alejandro Rutti y Lorena Guillén. A mis amigos y colegas chilenos por sostener, a través de los años, una conversación vital para mí: Alicia Salomone, Natalia Cisterna, Lorena Garrido, Ignacio Álvarez, Lucía Stetcher, Rubí Carreño, Cristián Opazo, Valeria de los Ríos, Lorena Amaro, Matías Ayala, Claudia Darrigrandi, Carol Arcos, Claudia Montero, Antonia Viú y Carla Ulloa. En memoria de una profesora de la Universidad Católica sin la cual no estaría aquí, María Ester Martínez, que me enseñó a leer, a escribir y me mostró el poder de no ceder ni complacer siempre. Un agradecimiento especial a Alicia, Natalia y María Laura por sus lecturas y comentarios del manuscrito. A Íñigo Sánchez Llama, editor de la colección

Purdue Studies in Romance Literatures, por creer en este proyecto y a Joyce Detzner por su paciencia y dedicación. A Jeff Winstead por el diseño de la imagen de la portada. Agradezco también las cuidadosas lecturas y excelentes comentarios de los lectores anónimos de este manuscrito.

A Claudia Tapia, directora del Archivo del Escritor de la Biblioteca Nacional, por su ayuda con las imágenes digitalizadas de Mistral y por autorizar su publicación. A los editores de la revista *Taller de Letras* y de *Revista Iberoamericana* por autorizar la reproducción de nuevas versiones de artículos publicados originalmente en estas revistas. Estos artículos son: "Gabriela Mistral artesana de sí misma: multifuncionalidad de la prosa mistraliana en su construcción como sujeto intelectual," *Taller de Letras* 41 (2007): 53–67, que forma parte del capítulo 1 y "La letra y el cuerpo: la imagen visual de Gabriela Mistral, 1905–1922," *Revista Iberoamericana* 250 (enero–marzo 2015): 161–82, que forma parte del capítulo 4. A Carolina Alzate y Darcie Doll, editoras de *Redes, alianzas y afinidades. Mujeres y escritura en América Latina* (Santiago de Chile y Bogotá: Universidad de Chile y Ediciones Uniandes, 2014), por autorizar la publicación de una versión de "Tejiendo un sueño americano: el poder de las redes de Gabriela Mistral con Estados Unidos en los años 1920 y 1930," 85–104, que forma parte del capítulo 3.

Finalmente, a mi familia por darme fuerza y apoyo permanente. A Jennifer Hutt la maestra y mentora original que me dio el suelo donde me paro, que me ayudó a construir el "cuarto propio" desde donde he podido pensar y crear con libertad. A Víctor Hugo Cabello, por abrirme el mundo y darme valor para enfrentarlo; por animarse a leerme y escucharme hablar de Mistral en su intento por entender mi mundo académico, muy lejano al de él. A mis hermanas, Cristina y Tania, mujeres fuertes, creativas y generosas. A las sobrinas más artísticas y alegres, Luciana y Agustina. A mi abuela Nana por su cariño y sus velitas. A la memoria de mi abuelo James Hutt que apoyó siempre mis sueños, me enseñó a trabajar con las manos y a pensar en soluciones para cada problema. A las amigas que siguen cerca después de tres décadas: Mari, Cata y Dani. Este libro está dedicado a Felipe y Elisa. A Felipe el compañero que encontré gracias a la literatura hace casi 20 años. Gracias por una conversación que empezó en el patio de Campus Oriente y que me ha hecho pensar más que nada. A

Agradecimientos

Elisa, su compromiso con la escritura me inspira, sus convicciones, su valentía y la compasión con que se enfrenta al mundo me confirman la urgencia de hacerle justicia a las mujeres, que como Mistral, nos abrieron caminos y nos señalan el rumbo.

Introducción

"… no crean que nadie destruye a nadie, pero
no crean tampoco que nadie hace a nadie."
Gabriela Mistral, Discurso en Panamá [1931]

Delegaciones de escolares, maestros, el Ministro de Relaciones
Exteriores de Chile y de México, autoridades nacionales y locales,
se congregaron en Santiago para despedirla, se cantaron himnos,
se hicieron discursos, se le hizo entrega de mensajes para la nación
hermana. La prensa cubrió cada detalle, el crítico literario más
reconocido del momento, Alone, escribió en *El Mercurio* sobre
los homenajes y elogió su persona: "Es preciso confesar delante
de ella que estamos en presencia de un ser superior, uno de esos
privilegiados para los cuales brilla una luz que los demás no
percibimos"("Gabriela Mistral en México" 526). Antes de salir
del país la prensa chilena anunció la inauguración de una escuela
que llevaría su nombre en México. Los periódicos destacaron la
importancia del viaje y calificaron a la escritora como "el más
elevado exponente de las letras de su patria," "el orgullo de los
pueblos de América" (Vega López, "Una embajada de arte"
520). Se embarcó finalmente en Valparaíso. En el trayecto es
homenajeada y entrevistada por la prensa en Lima y La Habana.
Al llegar al puerto de Veracruz la esperan escritores, periodistas
y autoridades, también las palabras de bienvenida de uno de los
intelectuales más importantes de la época, el entonces Ministro
de Instrucción Pública, José Vasconcelos, quien le declara: "usted
es un resplandor vivo que descubre a las almas sus secretos y a los
pueblos sus destinos" (Mistral, *Recopilación* 537). Se le entregan las
llaves de las ciudades por donde pasa, se nombran escuelas, bibliotecas y calles en su honor y se le dedica una estatua. Una historia
como esta, de la pompa de una despedida y la grandilocuente

1

recepción de Gabriela Mistral en México, resulta razonable para la primera escritora latinoamericana en ganar el premio Nobel de literatura en 1945, sin embargo, lo extraordinario es que todo esto ocurrió en 1922, durante su primera salida de Chile y antes de que publicara su primer libro.

La historia de la humilde y sufrida maestra de provincia, quien gracias a su abnegada labor pedagógica y la genialidad de su poesía se hizo conocida en gran parte de Latinoamérica hasta ganar el premio Nobel de literatura, es una versión que predominó por décadas y que aún persiste en textos escolares y en la opinión pública. Recién hacia finales de la dictadura en Chile (1990) se comienza a abrir el camino para que una nueva generación de lectores se reencuentre con la originalidad y la fuerza de la obra de Gabriela Mistral gracias al trabajo de investigadores como Jaime Concha, Raquel Olea, Soledad Fariña, Eliana Ortega y Patricio Marchant. A partir de estas nuevas lecturas críticas, del sorprendente boom editorial de las últimas decadas en torno a la prosa y las cartas de Gabriela Mistral así como de los recientes descubrimientos que amplían el corpus de su obra, hoy tenemos una idea muy distinta del ascenso profesional de esta maestra sin título, de su impresionante carrera literaria y su influencia como intelectual transnacional. Este corpus considerablemente ampliado de la obra de Mistral ilumina un complejo entramado de poderes y estrategias identitarias, en un contexto histórico donde la prensa y las escuelas jugaron un papel clave en los proyectos nacionales de identidad y progreso. Mistral trabajó intensamente en ambos frentes y se construyó a sí misma dejando poco al azar. ¿Cómo, entonces, sale Lucila Godoy del Valle del Elqui para llegar a convertirse en Gabriela Mistral? Para comprender este proceso es necesario considerar la riqueza y complejidad del relato que ella crea acerca de sí misma, la efectividad de su representación visual, las tensiones dentro de la persona Gabriela Mistral, el posicionamiento estratégico que logra en el tensionado mapa social y político de las primeras décadas del siglo XX, así como las redes que se tejen en torno a ella, redes que, por lo demás, cuentan la historia de su tiempo, el abismo del cambio de siglo y la desigual modernidad latinoamericana.[1] Porque una escritora como Mistral no opera en el vacío, más allá de su trabajo sistemático por auto-definirse a nivel discursivo y visual; enfrentó el desafío de situarse en un campo literario controlado mayoritariamente por hombres desde las capitales. ¿Cuáles son las fuerzas, los deseos, las políticas culturales y los límites de la práctica literaria que favorecen y problematizan el proyecto de un sujeto como Mistral en las primeras décadas del siglo XX?

Este libro reevalúa el lugar y la función de la escritora, educadora y diplomática chilena Gabriela Mistral (1889–1957) y sus condiciones de producción en la historia literaria e intelectual latinoamericana, en un intento por llenar vacíos en el estudio de esta figura canónica. Enfocándome en la prosa, la iconografía y un conjunto de materiales inéditos (manuscritos, correspondencia, fotografías), elementos poco estudiados por la crítica, establezco que la prosa que Mistral publica en periódicos y revistas en Latinoamérica y Europa, junto con la representación visual de su persona y la hábil creación de redes transnacionales son claves en su construcción como una intelectual moderna de influencia internacional. Este planteamiento cuestiona la idea de que la poesía de Mistral es el factor decisivo que explica su trayecto desde sus inicios como una maestra de provincia sin título hasta alcanzar los más altos reconocimientos literarios e intelectuales.[2] Al considerar este conjunto de textos y representaciones visuales en el contexto histórico y cultural latinoamericano de las primeras décadas del siglo XX, es posible trazar no sólo la relación problemática de Mistral en tanto mujer intelectual y escritora con el campo intelectual latinoamericano, sino también la configuración misma de este campo, sus redes y, particularmente, el lugar (o ausencia) de la mujer en él. Este libro aborda el proceso de construcción de Mistral como intelectual, su trayecto discursivo y simbólico hacia un lugar reconocido (aunque problemático) en el campo literario e intelectual latinoamericano; por esta razón se concentra en su periodo de formación, internacionalización y consolidación como intelectual profesional que va desde 1904 hasta fines de la década de 1930.[3] Este trabajo en ningún caso intenta ser una biografía de Mistral, es más bien una indagación acerca de cómo la escritora, en tanto mujer, mestiza, pobre y sin educación formal, llegó a ser una influyente intelectual pública.[4] Es una reconstrucción del trazado histórico que revela una serie de negociaciones y estrategias identificables, y hasta el momento escasamente reconocidas, dentro del sistema cultural y político en el que le tocó participar. En el contexto sociohistórico de la modernidad latinoamericana, los movimientos feministas, los discursos latinoamericanistas y la expansión del sistema de educación pública en Chile y en el continente en general, resulta esencial preguntarse por el modo en que una mujer como Mistral se relacionó con distintos Estados, con las elites intelectuales, y cómo y desde qué lugares negoció un grado de participación en la articulación de la idea de nación, ciudadanía y cultura. La variedad de sus estrategias y formas de auto-representación dieron pie, a su vez, a las facetas contradictorias de su imagen pública, permitiendo que un amplio espectro de sectores políticos, intelectuales y sociales, tanto en Chile como fuera de su país, leyeran y reescribieran su obra y su figura con propósitos ideológicos distintos. El objetivo de este libro es reconocer, más allá del mito y el ícono, las múltiples y complejas representaciones de Mistral, analizar sus funciones y los distintos espacios nacionales y simbólicos por los que circula, para que se la piense como una intelectual además de una gran poeta; como una escritora y una figura pública que no sólo reflexionó acerca de Chile, sino que tuvo un rol activo en proyectos nacionales y continentales de las primeras décadas del siglo XX.

Gabriela Mistral participó de una generación intelectual marcadamente populista, nacionalista y latinoamericanista que levantó ambiciosos proyectos integrando lo político, lo cultural y lo pedagógico con el objetivo de guiar los debates públicos de su tiempo e impulsar transformaciones sociales. Una generación que, a diferencia de los letrados del fin de siglo, no reacciona ya desde una sensibilidad amenazada que desestabiliza sus prácticas (Montaldo, *La sensibilidad* 12) sino que cree tener respuestas desde el ámbito de la cultura, el arte y la educación para enfrentar las profundas transformaciones políticas y económicas que marcan las décadas de 1920 y 1930. Si "el campo literario finisecular genera un discurso de la cultura como respuesta a la fragmentación moderna" donde la literatura "podía constituir el refugio de la experiencia total de 'lo humano'" (Ramos, *Desencuentros* 269), para los ensayistas y escritores contemporáneos a Mistral como Alfonso Reyes, José Vasconcelos, Magda Portal, José Carlos Mariátegui, Pedro Henríquez Ureña, Joaquín García Monge y Manuel Ugarte, la literatura no basta, la torre de marfil ya no es una opción ética y el poeta, escritor o artista debe salir a la calle y poner su palabra y acción al servicio de proyectos políticos de justicia social. Vasconcelos explica esta posición en 1920: "Las revoluciones contemporáneas quieren a los sabios y quieren a los artistas, pero a condición de que el saber y el arte sirvan para mejorar la condición de los hombres. El sabio que usa su ciencia para justificar la opresión y el artista que prostituye su genio para divertir al amo injusto no son dignos del respeto de sus semejantes, no merecen la gloria" (*Obra selecta* 44). Una exigencia que sin duda marca el camino y el discurso de Mistral quien está entre el grupo de intelectuales que Vasconcelos reúne en México entre 1920 y 1924. Esta posición, que se repite en boca de otros intelectuales de esta generación, establece límites no solo a la práctica literaria sino que marca el discurso público de auto-representación del escritor como se verá en el caso de Mistral. La exigencia de compromiso social llega incluso hasta el punto de impulsar el abandono del arte por la urgencia de la acción y el discurso político, como en el caso de la poeta peruana y amiga de Mistral, Magda Portal quien sostiene que Víctor Raúl Haya de la Torre le dijo durante el comienzo de su participación en el APRA: "Ya no puedes seguir escribiendo poesía. Ahora tienes que estudiar economía política" (cit. en Bergel 307). Alfonso Reyes por su parte plantea una síntesis entre el llamado a la acción y la labor literaria, síntesis necesaria para el escritor latinoamericano quien al desempeñar varios oficios tiene naturalmente mayor vinculación social. Reyes atribuye, al igual que Vasconcelos y Mistral, un rol determinante a su generación: "En la crisis, en el vuelco que a todos nos sacude hoy en día y que necesita del esfuerzo de todos, y singularmente de la inteligencia (a menos que nos resignáramos a dejar que sólo la ignorancia y la desesperación concurran a trazar los nuevos cuadros humanos), la inteligencia americana está más avezada al aire de la calle; entre nosotros no hay, no puede haber torres de marfil" ("Notas sobre la inteligencia americana" 232). Mistral se identifica con este llamado que a su vez necesita de figuras como ella, una mujer que puede hablar desde y para las maestras, los campesinos y los indígenas adoptando un rol de mediadora y puente, como veremos en el primer capítulo.

La dimensión transnacional y transatlántica es central al pensamiento y a la profesionalización de Mistral como intelectual, "she is the first female transnational figure of Latin America, with major influence across the hemisphere" (Fiol-Matta, *Queer Mother* xv). Mistral, desde el comienzo de su carrera, cultiva redes con personas y publicaciones fuera de Chile, introduce ideas y autores extranjeros en Chile (ver sus textos en la revista *Mireya,* 1919) y establece una presencia propia en publicaciones en Latinoamérica y Europa. Después de su salida al extranjero y durante el resto de su carrera (vive en Brasil, México, Estados Unidos, Portugal, España, Francia, Italia) escribe sobre Chile para un público internacional, como parte de una estrategia que se explica en el tercer capítulo. Aunque es un rasgo que compartía con muchos de sus contemporáneos, la multidimensionalidad de su posicionamiento transnacional, en su discurso, sus redes y su identidad como intelectual pública, es algo que la diferencia de las escritoras latinoamericanas que la precedieron. Mistral es sin duda la figura más destacada de la primera generación de escritoras e intelectuales latinoamericanas profesionales que operan a escala panamericana y transatlántica (Victoria Ocampo es otra figura fundamental).

En enero del 2007 mientras realizaba la primera parte de mi investigación en la Biblioteca Nacional en Santiago de Chile, la muerte de la pareja y albacea de Gabriela Mistral, Doris Dana, dio pie a un inesperado giro en este proyecto. La muerte de la norteamericana en Massachusetts desató un publicitado proceso de sucesión de las más de cien cajas de manuscritos (muchos inéditos), cartas, fotografías, grabaciones sonoras y objetos que habían permanecidos inaccesibles por más de cincuenta años. El gobierno chileno comenzó una campaña para conseguir el "retorno" (o repatriación, como se habló en la prensa) de este legado a Chile. La presidenta Michelle Bachelet se involucró personalmente en la tarea y el tema fue activamente seguido por la prensa del país y extranjera. Luego de la visita de la sobrina y heredera de Doris Dana a Chile, Doris Atkinson, invitada por el gobierno para presentarle las condiciones en que se guardaría el legado, anunció que donaría todo a la Dirección de Bibliotecas, Archivos y Museos bajo el requisito de que los derechos de publicación fueran administrados por la Orden Franciscana, a beneficio de los niños pobres de Montegrande (siguiendo una orden antigua de la propia Mistral). De este modo, todo el material fue trasladado a la embajada de Chile en Washington, DC, y el director del Archivo del Escritor de la Biblioteca Nacional, Pedro Pablo Zegers, fue enviado para catalogar y preparar el archivo para su traslado final a Chile. Gracias a mi trabajo en el archivo de Mistral en la Biblioteca Nacional fui invitada a colaborar en este proceso. Tuve la oportunidad única de abrir, junto al director del archivo, muchas de las cajas del legado. Este cúmulo de documentos y objetos aporta datos biográficos claves (como su relación amorosa con Doris Dana), al tiempo que aumenta de forma considerable el corpus conocido de poemas y sobre todo cartas de Mistral (y en menor medida de prosa). Estos materiales iluminan sus vínculos profesionales y de amistad con mujeres y hombres de su tiempo, así como aspectos más íntimos de su pensamiento (por ejemplo, en las largas conversaciones con Doris Dana grabadas en cintas magnéticas durante los años 1950 en Estados Unidos), además de la fuerte influencia que Mistral tuvo en la carrera de otros escritores españoles y latinoamericanos. Este libro incorpora los materiales correspondientes al periodo de formación e internacionalización de su carrera (anterior al premio Nobel), que es el foco de este análisis. A su vez, se incluye la riqueza del archivo fotográfico que el legado de Doris Dana ha aportado a los estudios mistralianos.

Con el fin de proponer un análisis de Mistral en tanto intelectual moderna y transnacional, este libro sigue el estudio de cuatro ejes: la imagen pública, la prosa periodística, las conferencias y la correspondencia de la escritora. Su poesía no se incorpora directamente por varias razones: la primera es que la poesía de Mistral ha recibido atención constante por parte de la crítica y en los últimos años han aparecido excelentes estudios desde la perspectiva de género y los estudios culturales. La segunda, y más importante, es que dado el volumen, la calidad literaria y la relevancia cultural y política de la prosa de Mistral su estudio es urgente para el campo de la literatura, la historia intelectual y los estudios de género latinoamericanos. Si bien la prosa mistraliana ha generado algunos artículos, solo se han publicado tres libros que la incluyen como parte central de su análisis (Arrigoitía [1989]; Figueroa et al. [2000]; Pizarro [2005]). Lo mismo ocurre con su imagen pública y amplísima iconografía, la que ha recibido aun menos atención que su prosa. Sobre este último aspecto solo se pueden mencionar los excelentes trabajos de Elizabeth Horan (1995) y Licia Fiol-Matta (2002), ambos anteriores a la aparición del nuevo legado. Otra razón que justifica el estudio de los ensayos, la correspondencia y la imagen pública de Mistral es el lugar liminal y excéntrico que ha ocupado en tanto intelectual dentro de la historia cultural de Latinoamérica, un lugar que ha incidido en el número limitado de estudios sobre su función intelectual y sus redes, tanto desde la crítica feminista como desde los estudios de historia intelectual latinoamericana. Si bien hace ya un par de décadas se ha abordado la participación de la mujer en la historia cultural y política de Latinoamérica (Bergmann et al. [1990]; Masiello [1992]; Meyer [1995]; Pratt [1995]; Lavrin [2005]; entre muchos otros estudios sobre escritoras específicas), a mi juicio estas investigaciones se han concentrado, por un lado, en la participación de mujeres y el rol de la prensa en los movimientos feministas. Por otra parte, y particularmente desde el campo de la literatura, la crítica ha confrontado la ausencia o presencia limitada de mujeres escritoras latinoamericanas en el canon y la tendencia a aislarlas como "casos aparte," orbitando periféricamente los movimientos y generaciones literarias. En esta línea de reevaluación están trabajando muchos de los nuevos estudios acerca de la obra poética de Mistral. Como parte de este esfuerzo se puede entender un también renovado interés por su prosa, a través de la publicación de antologías que buscan difundir ensayos y cartas. Sin embargo, no es fácil incluir a Mistral dentro de un conjunto de mujeres, escritoras e intelectuales que tuvieron un rol activo en los movimientos feministas de la primera mitad del siglo. Aseveraciones como la de Ángel Rama, cuando afirma que Mistral "simbolizó el movimiento feminista que la generación impuso" (164), han sido ampliamente desacreditadas por la crítica mistraliana. Mistral no fue miembro activo de ninguna organización feminista, aunque escribiera ocasionalmente sobre éstas y apoyara algunas de sus luchas. Por otro lado, tanto en sus ensayos como en su epistolario quedan documentados los conflictos y diferencias que tuvo con feministas de la época y algunas de sus causas políticas. Aun cuando llevó una vida que encarnaba en gran medida las aspiraciones de independencia económica y desarrollo intelectual a la que aspiraban las mujeres de los movimientos de liberación femenina, a nivel discursivo Mistral defendió la maternidad como anterior a cualquier otra tarea de la mujer. Entonces, y a la luz de la compleja y a veces paradójica visión de la situación de la mujer y sus derechos, no me parece posible identificarla como un símbolo del movimiento feminista, a pesar de su indudable aporte en tanto modelo de mujer creativa que ocupó espacios públicos de poder.

Aunque la influencia, el valor y los temas de sus ensayos así como el poder que tuvo en el campo intelectual permita integrarla dentro de la tradición intelectual canónica "masculina" latinoamericana, el hecho de ser mujer ha llevado a desplazarla e incluirla, con muchos reparos, en el grupo de las intelectuales y escritoras mujeres (con las que tuvo relaciones más bien personales y literarias). Postulo que este lugar liminal de Mistral es una razón por la que su pensamiento social y político, así como su participación en importantes redes intelectuales de su tiempo, ha recibido insuficiente atención.[5] Un ejemplo del espacio marginal en que se sitúa el pensamiento de Mistral en la historia y las categorías creadas por los estudios literarios y la historia intelectual lo entrega Julio Ramos, quien refiriéndose a Cornejo Polar, describe al conjunto de ensayistas e intelectuales latinoamericanos contemporáneos a Mistral:

> ... la obra crítica de Cornejo Polar bien podría considerarse como una de las últimas instancias de cierto discurso latinoamericanista, el legado de los ensayistas, la compleja tradición que posibilitó el trabajo de figuras como Pedro Henríquez Ureña, Alfonso Reyes, o el mismo Ángel Rama —figuras que narrativizaron la memoria, el canon de los estudios humanísticos latinoamericanos. Fueron ellos (rara vez *ellas*, por cierto) intelectuales de amplia inserción política cuya autoridad suponía una red de articulaciones entre la cultura, el *nomos* nacional y la esfera pública que acaso no sea posible sostener ya en las sociedades neoliberales contemporáneas. ("Genealogías" 186; énfasis original)

Y en *la nota al pie*, en su explicación acerca del "ellas," aparece Mistral:

> No estamos sugiriendo, por cierto, que no hubiera ensayística escrita por mujeres. Es notable el corpus recogido en Doris Meyer, *Rereading the Spanish American Essay. Translations of 19th and 20th Century Women's Essays*. Sin embargo, con la excepción de Gabriela Mistral, el diálogo con el latinoamericanismo, en tanto discurso de la identidad y del "buen gobierno" se encuentra limitado precisamente por la división del trabajo entre los géneros y el lugar problemático de la mujer como figura en el discurso identitario mismo. (Ramos, "Genealogías" 186)

Mistral, entonces, está y no está en el canon de los ensayistas. No cabe en la lista de nombres que Ramos presenta en el cuerpo del texto, a pesar de que según el mismo autor cumpliría con los requisitos temáticos gracias a su amplio corpus de ensayos que dialogan con el latinoamericanismo y la identidad. Sin querer entrar aquí a debatir los criterios que configuran la categoría de intelectuales "de amplia inserción política," y cómo conceptos hegemónicos respecto de lo político y lo identitario han efectivamente marginalizado a voces minoritarias a lo largo de la historia del pensamiento latinoamericano, basta decir que en el caso particular de Mistral, efectivamente observamos una autoridad que supone una "red de articulaciones entre la cultura, el *nomos* nacional y la esfera pública," comparable a casos como los de Pedro Henríquez Ureña o Alfonso Reyes. Sin por eso dejar de reconocer, como se hace a lo largo de este libro, el impacto que tuvo su identidad como mujer en su participación en el campo cultural, el desplazamiento que sufre, no solo a la nota al pie del texto de Ramos, sino a categorías de pensamiento "inferiores" como el discurso pedagógico o la prosa como producto de la necesidad económica de la poeta, que han contribuido a la insuficiente consideración crítica de su pensamiento y de su posición como intelectual.

Los textos, la imagen y la figura de Mistral circulan más allá de los límites nacionales pero al mismo tiempo tienen enraizamiento en categorías de identidad marginales que pueden ser interpeladas desde los nuevos paradigmas post-estructuralistas: feminismo, estudios culturales, estudios *queer*. Sin embargo, su particular posicionamiento, que no es singular ni fijo, obliga a cuestionar las fronteras entre margen y centro, minoría y hegemonía. El desafío es utilizar estas herramientas teóricas para identificar estrategias de marginación y silenciamiento desde la hegemonía, pero al mismo tiempo manejar la diferencia de Mistral sin reducirla, como dice Nelly Richard, a una categoría del "gran supermercado de las subalternidades" ("Globalización académica" 190). Mi propósito, entonces, es estudiar a Mistral como una figura intelectual que desarrolla una línea de pensamiento en espacios discursivos heterogéneos (que escapan de espacios como el de *gender essay* que propone Pratt),[6] así como un grado de participación pública no limitado a una causa o grupo determinado. Al mismo tiempo Mistral exige una lectura desde la idea de interseccionalidad, en tanto el género es una variable que interactúa con otras variables, como la clase, la raza y la identidad sexual en un particular contexto histórico. Esto resulta en una experiencia de opresión y desigualdad que es distinta a la simple suma de las categorías.[7] La heteronormatividad, el patriarcado, el clasismo, el racismo, entre otros, son estructuras de opresión que se interesectan en Mistral y ante las que ella responde directa e indirectamente. Sin reducirla a ninguna de sus categorías de identidad o variables de opresión este estudio se enfoca en el aspecto de "artesana de sí misma," explorando los modos en que Mistral resiste el lugar asignado, cómo construye un discurso y una imagen que no niega, aunque re-define y negocia su propia identidad en relación con las necesidades, deseos y transformaciones del tiempo en que le tocó vivir.

No aspiro a una reconstrucción lineal, biográfica, de la vida y obra de Mistral, sino más bien a indagar en detalle ciertos momentos, ciertas estrategias visuales y textuales que cuestionan las lecturas lineales, las narrativas hagiográficas y monolíticas. Hago mío el objetivo que se plantea David Viñas en su reevaluación crítica del dramaturgo Gregorio de Laferrère: "Al fin de cuentas nada está más lejos de nuestro proyecto crítico que la mitología y nada más cerca de la realidad que lo ambiguo" (19).

Este libro está organizado en cinco capítulos que no pretenden abarcar todos los aspectos de la construcción de Mistral como intelectual transnacional sino, más bien, establecer diversos puntos de entrada al tema alrededor de momentos y estrategias claves.

El primer capítulo traza la emergencia de Mistral como sujeto intelectual y como figura pública, desde 1905 hasta 1922, y demuestra que ella llegó a ser una intelectual moderna y transnacional al poner en práctica una serie de estrategias, posibilitadas a su vez por incipientes espacios modernos. El análisis revela que la combinación de prosa (prensa), poesía y Estado (magisterio, diplomacia) es lo que abre los espacios necesarios para la inserción de Mistral en los principales circuitos intelectuales y literarios de su tiempo. Este capítulo propone que Mistral negoció su participación en el campo intelectual con el *establishment* político y cultural poniéndose al servicio de ciertos proyectos estatales, políticos e intelectuales al mismo tiempo que se esforzaba por mantener un aura de independencia y altura ética. Cuando discuto la práctica intelectual de Mistral, su ideología y su relación con el poder y la política a la luz de los modelos propuestos tanto por Ramos como por Zygmut Bauman, se hace evidente que no es solo la diferencia a nivel identitaria (de género, identidad sexual, raza y clase), sino su compleja relación con el pueblo y el poder lo que obliga a considerar a Mistral como una intelectual particular. Mistral se construyó como una intelectual y desde ahí habló, pero desde ahí también problematizó y desestabilizó la categoría de intelectual como efecto de una identidad y subjetividad en permanente negociación con el centro y la periferia.

El segundo capítulo, a partir de las revisiones que el feminismo ha propuesto del concepto de lo político para entenderlo más allá de lo estatal, cuestiona la historia de despolitización del pensamiento mistraliano. No es necesario excavar muy profundo para encontrar la dimensión política de los ensayos de Mistral. El tono y alcance de estos textos políticos son parte del conjunto de prácticas, imágenes y lugares que dan forma a la idea de intelectual y escritora asociada a Mistral. También revelan sus estrategias para crear su propio espacio de influencia y lograr reconocimiento internacional, a pesar de la oposición que generó en algunos. En primer lugar, propongo que la centralidad del discurso pedagógico latinoamericano, desde el siglo XIX hasta bien entrado el XX, constituye un marco dentro del cual se puede explicar la participación política de Mistral y la transición desde la maestra rural a la pedagoga transnacional y finalmente a la intelectual. En el contexto de la reorganización del campo literario, así como el cambio en el modelo del intelectual latinoamericano y su relación con el Estado, surgen nuevos campos discursivos que —de un modo diferente al del letrado decimonónico— se autorizan para hablar de política. En este marco interrogo el discurso no-partidista de Mistral y la identificación entre esta posición con la idea de un discurso y una labor social y política de mayor altura ética que la del político tradicional. Mistral critica la política tradicional estatal, de la que por lo demás está marginada, al tiempo que crea espacios alternativos para la propagación y puesta en práctica de sus ideales y proyectos.

En el contexto de las ideas de la nación como una narración (Bhabha [1990, 1994]; Anderson [1983]) y particularmente del planteamiento de la nación como una narración inherentemente ambigua y abierta donde, según Bhabha, el discurso de la minoría, desde los bordes, produce un exceso que altera la identidad nacional, me he enfocado en los ensayos de Mistral sobre Chile. Mistral escribe frecuentemente acerca de Chile, desde el extranjero, a partir de 1930. Desde su ingreso al servicio consular en 1932, la publicación de estos ensayos se transforma en uno de los aspectos de su trabajo diplomático, aspecto que se usa como un argumento central a su favor por parte de los políticos que buscan mejorarle sus condiciones como diplomática chilena (Arturo Alessandri en 1935). La lectura de un corpus de prosa que tiene como tema central a Chile permite distinguir el ejercicio de un "poder interpretativo" (Franco [1989]) que imagina la nación y su gente para construir un imaginario nacional que incluya a sujetos y geografías —lo femenino, lo rural y lo indígena— hasta entonces marginalizadas. Mistral hace eco de un discurso patriotico hegemónico, aunque mientras lo cuenta lo reinterpreta para dar espacio a otras voces y otros cuerpos, lo que resulta en una visión de identidad nacional como un proceso abierto y vivo. Finalmente, identifico el modo en que la prosa de Mistral, después de su salida de Chile, intenta, por un lado, insertar a Chile en el imaginario continental y, por otro, redibujar al país por medio de un discurso que interviene el imaginario nacional.

El objetivo central del tercer capítulo es el estudio de la internacionalización como una estrategia central para la profesionalización de Mistral como intelectual. Este capítulo explora la participación de Mistral en redes transnacionales de pensamiento por medio de un análisis de su afiliación a un discurso latinoamericanista así como su posición frente al panamericanismo impulsado por los Estados Unidos. Para ello retomo algunos planteamientos centrales del primer capítulo con respecto a su posicionamiento y auto-definición de Mistral como intelectual, para pensar cómo funcionan y se adaptan en su trabajo como intelectual y escritora fuera de Chile, a partir de 1922 con su llegada a México por invitación de José Vasconcelos. Esta es una tarea pendiente, ya que tradicionalmente la crítica ha tendido a aislarla de grupos intelectuales o generaciones poéticas por su condición "excepcional" y liminal, como ya he explicado. Por medio del análisis de ensayos, epistolarios (publicados y algunos inéditos), revistas y libros de la época, he establecido que la internacionalización de Mistral comienza casi diez años antes de su salida de Chile. Comprender los mecanismos de internacionalización de Mistral, su sorprendente capacidad de creación de redes con intelectuales, políticos y otras figuras públicas, así como su activa participación en los discursos latinoamericanistas de su tiempo, no solo ilumina la trayectoria de Mistral sino que revela las dinámicas del campo cultural latinoamericano de la primera mitad del siglo XX.

Los capítulos 4 y 5 abordan uno de los temas menos estudiados de Mistral: su enorme y variada iconografía. La magnitud de este corpus, sus efectos culturales y también la renovada visibilidad de Mistral en Chile hoy, invitan a un estudio crítico que aborde la representación visual y las narrativas que contribuyeron a formar la imagen pública de Mistral en función tanto de su propio proyecto literario, intelectual y político como de los usos y apropiaciones que el Estado, algunas instituciones y marcas comerciales le han dado. En el contexto de acercamientos teóricos y críticos que discuten la interacción de lo visual con el discurso cultural (Mitchell [1995]; Berger [1977]; Betterton [1987]), la performatividad de género y la representación visual de la mujer (Judith Butler [1990, 1993]; Erin Diamond [2002]), examino el funcionamiento de la imagen de Gabriela Mistral, particularmente con relación a su proyecto intelectual en el espacio público latinoamericano de las primeras décadas del siglo XX. He querido leer la imagen de Mistral como una imagen fundacional de un sujeto nuevo, como un sujeto que en tanto mujer, en tanto *queer*, desestabiliza las normativas sociales de género al figurar en espacios de poder no por su atractivo físico (para los hombres), ni su clase social, ni como objeto etnográfico.

Este libro recoge y entra en diálogo directo con una serie de trabajos críticos que abordan a Mistral desde nuevas perspectivas. Los estudios de investigadores como Licia Fiol-Matta (2002), Elizabeth Horan (1997, 2000), Ana Pizarro (2005), Grínor Rojo (1997), Raquel Olea (1990, 2009), Soledad Falabella Luco (2003) y Lorena Garrido (2012), entre otros, discuten las narrativas y los mitos que buscaban explicar y promover ciertos aspectos de Mistral durante su vida. Estos trabajos se insertan en un contexto de renovación de la crítica mistraliana que comenzó al final de la dictadura en Chile (1989) y que ha abierto un debate nutrido por teorías de género, subalternidad y estudios culturales.[8] Esta re-evaluación crítica de Mistral ha permitido la valorización de textos mayormente ignorados, como *Poema de Chile* y de otros conjuntos de poemas que no formaban parte de la hasta entonces limitada obra canónica de Mistral.

Finalmente, este proceso de investigación aspira a tener también un efecto político. Como sugiere el escritor cubano Roberto Fernández Retamar, la memoria es un arma política.[9] Recordar a Mistral en la riqueza y complejidad de su palabra, resistir los mitos que la simplifican, recrear la fuerza subversiva de su figura, re-instalar los aspectos revolucionarios de su pensamiento y de su desestabilizadora construcción de género, constituye una herramienta política en el presente. Temprano en este proceso de investigación me encontré con las siguientes palabras de Mistral: "Académicos y profesores que vuelven hueso lo que era llama y juegan trocando, reuniendo, combinando esos huesos por una eternidad" (Mistral, *Recopilación* 375). Aunque la escena me causó algo de risa (nerviosa tal vez), la he considerado una advertencia y una motivación; la escena infernal del académico revolviendo huesos por una eternidad nos invita a trabajar con lo vivo, con las pasiones, con las ideas, en un intento por desafiar y atraer a una nueva generación de estudiantes, académicos y lectores hacia la fuerza y actualidad de los textos y la figura de Gabriela Mistral.

La construcción de una intelectual transnacional

Gabriela Mistral fue una mujer trabajadora e independiente económicamente. Los dos oficios con los que más se la identifica, maestra y poeta, los cultivó durante su periodo chileno (1905–22) para luego optar por convertirse en una escritora e intelectual fuera de su país natal. A pesar de que su entrada a la profesión docente no fue fácil, una vez que consigue el nombramiento de directora del Liceo No. 6 de Niñas de Santiago y al año siguiente el título de profesora de estado, consolida una carrera que probablemente le habría permitido dedicarse a la pedagogía y a la administración de escuelas en Chile durante toda su vida. Pero ya en 1920 estaba buscando formas de dejar el magisterio y salir de Chile.[1] Más adelante, siendo una poeta conocida internacionalmente, tuvo la opción de retirarse al campo a escribir y cultivar la tierra (su deseo, según ella misma); sin embargo, por diversas razones nunca concretó las ofertas que tanto México, Uruguay y otros países le hicieron para cumplir este sueño.[2] La prosa ensayística, las conferencias y la correspondencia de esta etapa chilena revelan el trabajo sistemático y consciente de Mistral por construirse como sujeto intelectual público, como una escritora moderna y profesional que rompe con el modelo de escritora del siglo XIX de revistas femeninas y salones, para entrar en diálogo directo con los intelectuales y políticos de su época.

El espacio de la prensa, su discurso público, no es un lugar de poder al que Mistral llega gracias a su fama como pedagoga o poeta, es más bien un medio que utiliza desde el comienzo de su carrera y que le permite darse a conocer e insertarse en debates intelectuales, incluso más allá de lo estético y pedagógico. En 1904 aparecen sus primeras publicaciones, breves cuentos y poemas en el diario *El Coquimbo* de La Serena. En 1905, a los 16 años, escribe su primera prosa ensayística acerca del centenario del nacimiento de Schiller. Desde entonces publica en la prensa chilena y extranjera cientos de breves ensayos acerca de educación, historia, geografía, política, literatura así como numerosas semblanzas de hombres y mujeres ilustres. Durante sus años de formación y creciente reconocimiento en Chile, su prosa periodística juega un rol clave en su construcción como intelectual pública en tanto le da acceso a esferas en que la poeta —aunque genial— no entra; la acerca al centro cultural y político a través de su intervención en temas de importancia nacional, da testimonio de su conocimiento cultural y su experiencia pedagógica y le permite incorporar saberes y discursos de sectores marginales, como las provincias, las mujeres y los niños, en los debates en torno al progreso y la modernidad. Por último, estos textos que expresan sus ideas políticas, sociales y estéticas, la llevan a generar alianzas con personajes que no sólo la defienden en momentos difíciles, sino que le abren oportunidades claves para su desarrollo intelectual y profesional.

Intelectual, maestra y poeta: 1905–1922

La tríada prensa, poesía y Estado opera paralelamente en esta etapa de la carrera de Mistral, fortaleciendo y validando su presencia en el espacio público.[3] Sus múltiples identidades (poeta, intelectual y maestra) y sus consiguientes espacios de acción (la literatura, la prensa y la escuela) colaboran estratégicamente para permitir la consolidación de Mistral como una intelectual pública. Una vez que inicia su carrera docente, su identidad de maestra de Estado funciona como un campamento base, un refugio, desde el que puede hablar la intelectual, desde el que la mujer puede intervenir en política, como analizaré más en detalle en el segundo capítulo. La poesía en torno a la infancia y los maestros, como "Piececitos de niño" (1914), "La maestra rural" (1915) y "La oración de la maestra" (1919),[4] refuerza esta identificación y contribuye a la consolidación de esta imagen de maestra rural donde la poesía se presenta como una extensión de la labor pedagógica. "Mi misión me ha encaminado a rimar pensamientos de perfume evangélico, que orienten con dulzura y firmeza a las niñas" (*Recopilación* 181) declara Mistral en 1913 antes de ganar los Juegos Florales. La poeta hacía una distinción en este periodo entre lo que ella denominaba como su poesía pedagógica/religiosa y la poesía por el arte.

Cuando le envía "La maestra rural" a su amigo, el escritor Eugenio Labarca, le comenta: "Va mi poesía única querida *La maestra rural*. No quiero en ella el arte sino la idea religiosa" (*Epistolario* 25). Esta división está definida en los planes que tenía la escritora, alrededor de 1915, acerca de la publicación de sus poemas. Al mismo Labarca le anuncia "un volumen de versos escolares" (21), y "después de ese mi primer libro vendrá otro con versos de otra índole, compañeros de los *Sonetos de la muerte*" (22). El primero no apareció como Mistral anunciaba y el segundo correspondería a *Desolación* (1922).

Sin embargo, antes de que su rol como maestra se vuelva predominante, determinando en cierta medida el tono y temas de su prosa así como su imagen pública, está el periodo entre 1904 y 1910 en que Mistral hace su entrada en el ambiente literario de su región, publica sus primeras prosas y poemas mientras se inicia, aun sin título profesional, en la docencia rural. En estas primeras publicaciones ya se anuncian muchos de los conflictos, estrategias y mecanismos tanto del campo cultural, las instituciones y de la propia escritora que favorecen u obstaculizan su profesionalización. Desde el comienzo, la prosa ensayística resulta ser un arma de doble filo para Mistral. La publicación de sus primeros textos la dan a conocer en su región, pero también le traen consecuencias negativas en su desarrollo profesional. Sus escritos —tachados por algunos, como el capellán de la escuela de La Serena, como paganos y, por otros, como socialistas— son la razón por la que se le impide ingresar como alumna a la Escuela Normal de La Serena.[5] Aunque, por otra parte, su talento le vale la simpatía de personas con cierto poder que la ayudan en momentos de dificultad. Estos protectores están presentes a lo largo de su carrera: desde Mariano Araya, visitador de la escuela del Valle del Elqui, quien le regala útiles escolares, pasando por Juan Guillermo Zabala quien le consigue el trabajo de inspectora en el Liceo de Niñas de La Serena, o Bernardo Ossandón, un periodista que le abre su biblioteca siendo Mistral una adolescente, para llegar a su amigo Pedro Aguirre Cerda, gracias a quien consigue su primer cargo de directora de Liceo, entre otros nombramientos y beneficios. La entrada en una red homosocial de poder simbólico y político y su preferencia por definirse en términos ideológicos o de clase más que de género sexual son estrategias que le permiten a Mistral consolidar estas alianzas que, como señalo en el capítulo 4, llevan a que incluso sea "confundida" con un hermano de la fraternidad de escritores y artistas chilenos, Los Diez.

Uno de los primeros vestigios del proyecto que Lucila tenía para sí misma se encuentra en un breve texto titulado "Página de un diario íntimo" que aparece en *La Voz de Elqui* en agosto de 1906, cuando ella tenía 17 años: "Ser gusano del mundo social no me importa, pero lo que me exasperaría ser, por la derrota, mediocridad del mundo intelectual. La imbecilidad es la peor de las bajezas, peor que el crimen, porque éste es del hombre y aquélla de la bestia. Tengo una obsesión: la Gloria. Una religión: el Deber. Una pasión y locura: El Arte" (Mistral, *Recopilación* 104). Aquí está concentrada la fórmula del éxito de Mistral, una clave para leer la construcción de su identidad y la multiplicidad de sus caras. La gloria que persigue es una búsqueda de reconocimiento que la valide ante la mirada de los más altos círculos intelectuales y de poder. Su estrategia retórica, de genialidad envilecida por la envidia de los mediocres, resulta en textos soberbios que deslumbran tanto por la seguridad que exudan como por su visión profética: "Ya lo he dicho. La ira como el rayo sólo cae sobre las altas cabezas; el mar sólo azota los gigantes riscos soberbios e invencibles" (*Recopilación* 130). Mistral, a sus 18 años, busca distanciarse de la mediocridad que cree que la rodea y protegerse de las críticas adoptando una posición defensiva y arrogante. El tono iracundo de algunas prosas de esta época, producto de las humillaciones que sufre en su trabajo y las críticas que se publican de sus textos, no vuelve a encontrarse en el futuro (con la excepción de cartas privadas) y deja testimonio de la fortaleza de su carácter a través de un estilo combativo y agresivo que la distancia de otras escritoras de su época. "Me atacan formas indefinibles, bajo sus disfraces mezquinos; pero yo los reconozco, las divulgan sus expresiones: es la infeliz legión de la Envidia con sus marmotas de imbecilidad, sus reptiles asquerosos de maldad y sus insectos de impotencia intelectual" (*Recopilación* 103). Con un lenguaje que sin duda descoloca a un lector de la obra canónica de Mistral, la escritora aquí no se refugia en un papel de víctima indefensa, sino que se yergue como una figura con poderes divinos, con autoridad moral para identificar y condenar la imbecilidad y la maldad. En una actitud castradora y soberbia, borra a sus enemigos al ponerlos en un conjunto de seres sin forma ni género. Mistral se perfila como un sujeto excepcional que no se ajusta a lo que la sociedad de su época espera de una mujer pobre de provincia.[6]

Un buen ejemplo del manejo que ya tenía Mistral del espacio de la prensa y del uso que le dio para insertarse en el panorama cultural de la época es la polémica con el crítico Abel Madac. En 1905 Madac escribe una carta al editor de *La Voz de Elqui* en donde cuestiona a la novel escritora criticando su "amargo pesimismo" y juzgándola como "un cerebro desequilibrado, tal vez … por el exceso de pensar" (Mistral, *Recopilación* 89). Lo que molesta al crítico parece ser la oscuridad de la prosa mistraliana que no se condice con su juventud y, por sobre todo, con su género femenino. Mistral, en una carta posterior, explica que el crítico le ha escrito también a ella, interrogándola acerca del origen de su dolor, frente a lo cual decide exponer la discusión al publicar su réplica en el periódico: "Con la idea de que el escritor no se debe a sí mismo sino al público que lo lee, me obliga —por decirlo así— a abrir mi corazón y mi vida para que sus ojos la escudriñen" (*Recopilación* 90). La estrategia de hacer del lector juez se repite en otros momentos polémicos años más tarde, en que Mistral saca ventaja de sus habilidades retóricas para mostrarse como una persona transparente, moralmente intachable que, si bien no se victimiza, pone en práctica identidades tales como mujer, pobre, sostén familiar para sugerir la desigualdad de la contienda a la que es forzada. En la polémica con Madac, condena el ataque frontal de un hombre mayor a una mujer que recién comienza en el camino de las letras. Mistral desarticula la crítica misógina a la vez que humilla a Madac al cuestionar su "masculinidad": "Jamás he pensado entablar con usted una polémica; Ud. incapaz de luchar con el espíritu fuerte de los de su sexo, quizás soñaba con un triunfo obtenido sobre una mujer" (*Recopilación* 98); triunfo que Mistral se niega a entregarle a un sujeto que considera indigno de criticarla. Si bien hace un uso estratégico de su identidad femenina para, por ejemplo, exigir respeto, nunca lo hace para pedir benevolencia. Ser mujer es para ella como haber nacido pobre, dos realidades que dan más mérito a sus éxitos. En su respuesta califica a Abel Madac de cobarde por esconderse tras un seudónimo mientras ella firma con su nombre, "a pesar de que [afirma Mistral] en mi sexo no sería extraño." Juega con las palabras para redefinir sus fronteras, sin negar su identidad femenina, resignificando los rasgos asociados a ella: en 1906 escribe: "Hay una firmeza asombrosa bajo mi debilidad de mujer; como el cristal, de roca es fuerte a pesar de ser cristal" (*Recopilación* 103). A través de sus textos y en sus opciones de vida se perfila como un sujeto femenino que no se somete a las limitaciones de su género. Explicita el lugar que le asigna la cultura para luego desbordarlo y transgredirlo. En su última carta a Abel Madac, luego de negarle su trayectoria periodística, calificarlo de "prosista mediocrísimo" y sugerirle "hacerse maestro de sí mismo, ejercer la caridad en su propia persona," concluye "la delicadeza de mi sexo, mi dignidad personal, me impiden entrar en polémica con Ud. que tan rudamente ofende y no sabe respetar ni a la mujer ni a la escritora" (*Recopilación* 97). Nuevamente cuestiona la masculinidad del agresor, utilizando los rígidos códigos culturales de identidad sexual a su favor, para luego apelar a un falso pudor femenino y así dar por terminada la contienda. "Treta de débil" que aplica con astucia, Mistral dice no poder entrar en polémica después de haberlo hecho, y cierra el debate tras desplegar todas sus armas.

A medida que se consolida su carrera pedagógica, el tono de los ejemplos anteriores va desapareciendo, sin que por esto Mistral abandone las polémicas públicas ni la firme confianza en sus capacidades. Su prosa periodística a partir de 1908 está atravesada de una función pedagógica que busca proyectar su rol docente a un público más amplio. La maestra asume como su deber intervenir en el espacio público por medio de la prensa no solo para enseñar acerca de literatura, historia y geografía, sino también para denunciar injusticias, demandar acción de los políticos y exponer realidades sociales que niegan las ideas de progreso y civilización que proclaman las elites de la capital. La dimensión pedagógica del intelectual público está integrada en la tradición intelectual latinoamericana y es central en figuras como Andrés Bello, Eugenio María de Hostos, Domingo Faustino Sarmiento, José Martí y José Enrique Rodó, a los que Mistral identificó como "grandes rectores de almas" (*Magisterio* 262). Los ensayos de la chilena reafirman esa función a principios del siglo XX; amplían la definición de maestro más allá de la escuela y la integran con la idea de intelectual. No solo el intelectual tiene una función pedagógica, sino que el maestro tiene una función intelectual. Y este maestro-intelectual puede o no tener título y puede también ser una mujer. Mistral escribe en 1922: "los tiempos vendrán en que se llame maestro a quien eduque a las masas en las formas más diversas; a quien enseñe desde el periódico, desde el libro, desde instituciones de beneficencia como los Patronatos de la Infancia" (*Recopilación* 509). En un periodo de intensa democratización de la cultura latinoamericana la entonces joven maestra y escritora piensa en México y visibiliza la porosidad de las definiciones y funciones de estos conceptos al mismo tiempo que da forma y justifica su propia identidad y participación en diversos ámbitos.

La intención pedagógica es palpable en muchos de sus ensayos. En "Una costumbre que es un símbolo" publicado original-mente en *La Aurora de Los Andes* en 1913, Mistral parte de una realidad exótica y lejana al contar que las caravanas del Sahara limpian las fuentes de agua para quienes vienen más atrás; evoca una cultura "bárbara," rural, no comúnmente asociada a la modernidad ni la civilización, para hacer un llamado al progreso y perfeccionamiento de las organizaciones humanas. Como en otros textos, da un carácter sagrado a la labor bien hecha, al trabajo por el bien común y al comportamiento cívico: "Sin esta obra santa de los que pasaron, nos hallaríamos delante de nuestro tiempo y del planeta, como el hombre primitivo, en guerra contra la hos-tilidad de los elementos y con esa misma desnudez intelectual y caos moral de la humanidad en sus primeros siglos" (*Recopilación* 185). Al igual que la escuela, que en ese momento busca formar trabajadores y ciudadanos para el progreso de la nación, Mistral extiende el mensaje y promueve ese comportamiento entre los lectores del periódico fortaleciendo su imagen de pedagoga más allá de la escuela. El caos y la barbarie para Mistral están asociados a la falta de rigor moral y a la carencia de formación intelectual. Estos factores están íntimamente relacionados entre sí ya que, tanto para ella como para muchos de los pensadores anteriores y contemporáneos como Alfonso Reyes y José Vasconcelos, la edu-cación tiene como consecuencia innegable el enaltecimiento moral de los pueblos.[7]

La prosa periodística de Mistral en este periodo chileno la acerca al centro cultural y político a través de su intervención en temas de importancia nacional. Incluso antes de rendir los exámenes para obtener su título de maestra comienza a publicar ensayos que apelan a autoridades políticas e intelectuales frente a temas que afectan a la clase trabajadora y a las mujeres como: "La instrucción de la mujer" (1906), "Colaboración sobre la instrucción primaria obligatoria" (1908) y "Sobre el Centenario. Ideas de una maestra" (1909). Estos últimos dos textos participan en la entonces activa discusión en torno al proyecto de ley de instrucción primaria obligatoria. En "Colaboración" Mistral explica la necesidad de la ley, expone la realidad rural y se afirma en su conocimiento de ella para defender la urgencia de esta ley: "Los que sabemos de esta actitud hostil de la ignorancia y luchamos por vencerla, clamamos por la aprobación de este proyecto" (*Recopilación* 114). Argumenta a favor de ella a partir de la experiencia colectiva y en terreno de los que luchan por la educación del pueblo, pero no se queda solo ahí, sino que va más allá argumentando la justicia de esta ley en el marco de una "patria libre y progresista" (114), citando finalmente a un "gran reformador alemán" quien sostiene que si se puede obligar a los ciudadanos a ir a la guerra se les puede también forzar a educar a sus hijos. Mistral, en este breve ensayo, a través de argumentos pragmáticos e ideológicos usa su identidad de educadora para defender públicamente la necesidad de una ley en pleno debate (no se aprobó hasta 1920), pero al mismo tiempo comienza a establecer su autoridad intelectual por medio de un tono y una retórica que expresan seguridad en sus ideas, conocimiento de la realidad social y política de su país y la integración de ideas de intelectuales y escritores europeos.

Por otra parte, es una constante de la prosa mistraliana establecer diálogos con figuras de la tradición literaria y a su vez con quienes compartía el campo intelectual en su momento. Antecedentes de sus posteriores siluetas y recados, en esta primera etapa chilena destacan varios textos laudatorios que conforman una especie de diálogos imaginados con escritores como José María Vargas Vila en "Saetas ígneas" (1906), "Sobre las mujeres que escriben" (1907) o "A Vargas Vila" (1907), Amado Nervo en "A Amado Nervo" (1922) y Schiller en "Federico Schiller" (1905). Mistral no sólo busca una genealogía literaria y por tanto una validación de su labor, sino también una asociación con escritores contemporáneos que compartieran su admiración por estas figuras. El ensayo que publica con motivo del centenario de la muerte de Schiller persigue la complicidad de "aquellos tantos que le admiramos anhelosos de seguir su huella jamás borrada" (*Recopilación* 54). Por medio de estos textos Mistral hace público quiénes son sus maestros y cuál es su escuela de pensamiento. Así, la escritora va ubicándose en el mapa, aún muy borroso para ella, del campo literario y cultural. Este mapa irá aclarándose con su participación en debates públicos como, por ejemplo, la polémica en torno al levantamiento de una estatua en honor del intelectual liberal Diego Barros Arana en la que Mistral participa con el artículo "El crítico de Barros Arana" (1908). Allí hace una férrea defensa del educador, al mismo tiempo que ataca a "un alto miembro del clero" quien se opone a la estatua en cuestión. Con feroz ironía, se enfrenta al fanatismo religioso inmiscuido en el trabajo intelectual, alineándose con la tradición de los intelectuales liberales del siglo XIX como el mismo Barros Arana, Andrés Bello y Francisco Bilbao, pero también entrando en sintonía con intelectuales y escritores contemporáneos que pocos años antes habían homenajeado públicamente al maestro en el Ateneo de Santiago (1902).[8]

Los debates y diálogos a través de la prensa continuarán y en muchos casos serán el punto de partida para relaciones intelectuales y de amistad que la harán más visible en el mapa cultural. Aunque lejos de la capital, Mistral inicia intercambios epistolares con los principales escritores y críticos de ese momento en Chile. Estas conversaciones dejan testimonio, por ejemplo, de la entrada de la escritora en el género de la crítica literaria. Al comienzo, Mistral expresa ansiedad con respecto a la recepción de su rol como crítica y en 1915 le anuncia a su amigo Eugenio Labarca que escribirá una reseña sobre un libro de Pedro Prado para su revista,[9] pero que "no irá firmada, porque sería ridículo que Gabriela Mistral se volviera crítico de la noche a la mañana" (*Antología mayor* 3: 22). Una estrategia que le permite a Mistral entrar cautelosamente en el género de la crítica será por medio de cartas personales dirigidas a escritores y editores, cartas que son en realidad ensayos de crítica literaria y que en varios casos se publican en revistas como *Zig-Zag* y *Yo Sé Todo*. En momentos en que el mercado literario nacional necesita sustentarse y promover las ventas de obras chilenas y ediciones nacionales, los juicios positivos de Mistral son bienvenidos y utilizados por editores y escritores para promocionar sus libros.[10] Su posición de poeta conocida, adquirida después de ganar los Juegos Florales en 1914, le permite entrar con mayor confianza en el género de la crítica literaria. Sin embargo, es posible reconocer una estrategia de demarcación y legitimación adicional en la forma en que entabla el diálogo crítico mediante el aprovechamiento de su marginalidad, por ejemplo, con respecto al grupo de Los Diez. Hasta cierto punto se apoya también en su particular situación geográfica, su origen en las montañas del Valle del Elqui y ahora como directora del Liceo de Niñas de Punta Arenas en la Patagonia, para crear una imagen de excentricidad con respecto al centro cultural.[11] Esta relativa excentricidad le ayudará a afirmar una distancia e independencia cuando quiera defender la objetividad de sus juicios críticos.[12] En una carta a Nathanael Yañez Silva, crítico de arte de la revista *Zig-Zag,* Mistral se propone disputar una afirmación que éste ha hecho acerca del grupo Los Diez: "Usted dice en Zig-Zag, previo el reconocimiento de los méritos literarios de ellos individualmente, que fueron un círculo cerrado y fanático. Yo no he sido ni soy de la decena y solamente publiqué dos veces en su revista, como publicó De la Vega y algún otro extraño. Puedo, pues, como gente de fuera, hablar con independencia" (*Recopilación* 285).

Aunque en esta carta, publicada en *Zig-Zag* el 26 de enero de 1918, admite que ha "mantenido una tardía y cordial correspondencia con el grupo" insiste en que no los conoce a todos y que habla como persona de fuera; esa distancia en la realidad era menor que como la presenta en la carta pues Mistral tenía una amistad cercana con Pedro Prado y Eduardo Barrios (al que llamaba "hermanito"), además de una relación sentimental, hasta ese momento desconocida, con el poeta Manuel Magallanes Moure (1914–21), tres importantes miembros del grupo. Sin entrar en los detalles de la lúcida "defensa" que hace Mistral de Los Diez me detengo en la excentricidad estratégica como uno de los mecanismos que la escritora usó para dar valor a sus ideas, no solo acerca de otros escritores y obras literarias, sino también —como veré más adelante— a sus ideas pedagógicas y a sus planteamientos políticos. Su independencia y su objetividad están sustentadas en su distancia del grupo; esto, aunque fuera cierto o no, sin duda resuena con los editores que buscan promover autores a un público no especializado de lectores a través de opiniones aparentemente objetivas y, en el caso de Mistral, de sujetos con los que este nuevo público (compuesto ahora más de mujeres y clases medias) se puede identificar.[13]

Una obrera intelectual

Según Waldemar Verdugo al llegar Gabriela Mistral a México en 1922, invitada por la Secretaría de Educación, la llevaron a saludar al entonces Presidente Álvaro Obregón al Palacio de Chapultepec. En el inicio de la conversación, el Presidente le pregunta:

> "—Y dígame, maestra Gabriela, ¿dónde le han instalado su escritorio?
> —Discúlpeme don Álvaro —respondió ella—, pero, ¿para qué quiero un escritorio yo, que trabajo en el campo?"
> ("Gabriela Mistral y los maestros de México" n. pág.)

Mistral se identifica a nivel discursivo y de *performance* pública como una obrera intelectual al servicio del pueblo. Este ideal mistraliano, que en la realidad está atravesado por contradicciones y obstáculos, responde tanto a las condiciones de producción que se le plantean a sujetos que entran al campo literario desde las clases populares, como también a las ideas que se debaten en Europa y América Latina acerca de la misión del intelectual. En la Europa de pos-guerra, Antonio Gramsci, Julien Benda y Romain Rolland discuten acerca de la misión del intelectual en la construcción de la paz y la justicia social. En 1919 en las páginas de *Repertorio Americano* aparece el "Manifiesto de los intelectuales del mundo" firmado, entre otros, por Rolland, Benedetto Croce y Selma Lagerlof, que llama a restaurar la unidad quebrada por la gran guerra y condena, como lo hará Benda poco después en *La traición de los intelectuales*, a aquellos pensadores que han servido a gobiernos y contribuido a alimentar el odio entre las naciones. En el discurso pacifista de Rolland y de los demás autores del manifiesto, el compromiso del intelectual es con el ser humano y con el pueblo que sufre, sin distinción de nacionalidad.[14] Un par de años después, en la misma revista se da noticia de una reunión de intelectuales de habla española —bajo el liderazgo de, entre otros, José Vasconcelos, Pedro Henríquez Ureña, Manuel Ugarte y Ramón del Valle Inclán— y su intención de formar una confederación de intelectuales que establece como uno de sus objetivos centrales la abolición de las tiranías, la instauración de regímenes democráticos y de "un socialismo avanzado como lo requiere la época por la que atraviesa el mundo" (*Repertorio* 5 de diciembre 1921: 200). Estos intelectuales, además de expresar este compromiso con las clases populares a nivel discursivo, manifiestan a su vez una confianza extrema en su rol y su influencia en los procesos políticos y sociales que impondrán estos ideales.

En Latinoamérica, intelectuales cercanos a Mistral como Vasconcelos, José Ingenieros, Victor Raúl Haya de la Torre, José Carlos Mariátegui y Magda Portal, rechazan la idea de intelectual cuando no está vinculada directamente a la acción y a la clase trabajadora. En palabras de Haya de la Torre: "La revolución está contenida en una distinción que cada cual puede hacer por sí mismo: hay quienes viven de su trabajo y hay quienes viven del trabajo de otros. Cada cual según su conciencia, podrá decidir a cual de estas dos clases pertenece" (cit. en Bergel 313). Hay una división tajante y un llamado claro. La realidad latinoamericana abría entonces el espacio necesario para intelectuales de clase trabajadora, con un discurso populista que respondía a las demandas políticas y sociales de las primeras décadas del siglo XX. Mistral encaja perfectamente, "soy socialista, un socialismo particular, es cierto, que consiste exclusivamente en ganar lo que se come y en sentirse prójimo de los explotados. Pero política no hice nunca" (*Moneda dura* 57).

¿Qué tipo de intelectual fue Mistral y desde dónde habló? Ángel Rama la sitúa en la "generación intelectual intermedia vigorosamente populista y nacionalista que acompañó las revoluciones de 1911" (164); una generación que, según Rama, se enfoca en la educación popular y el nacionalismo con el propósito de ampliar su base social y mantener su autoridad y lugar privilegiado en la "ciudad letrada." Si bien concuerdo con estas ideas, es posible matizar el concepto de la autoridad y el poder en la ciudad letrada a la luz de las condiciones que enfrenta este nuevo tipo de intelectuales provenientes de la clase popular que, como Mistral, tiene la necesidad de sustentarse económicamente y por ello la urgencia de profesionalizar su labor. La filiación con el trabajador no es solo retórica e ideológica. Mistral necesita encontrar un lugar dentro de las estructuras estatales u organizaciones internacionales que le permita transformar su pensamiento en una ocupación remunerada, y para ello esta identificación con la clase trabajadora resulta efectiva.

Me interesa examinar más detenidamente algunos de los vínculos entre el concepto de intelectual mistraliano, sus orígenes y sus efectos en la construcción de Mistral como intelectual transnacional. El concepto de intelectual transnacional en este contexto, identifica a un intelectual moderno que sitúa su lugar de enunciación en un espacio que excede los límites nacionales, desde donde difunde discursos de amplia resonancia continental, un intelectual que opera en redes transnacionales que facilitan la circulación de ideas y personas y desde donde se articulan, entre otras cosas, proyectos editoriales, acciones políticas y mecanismos de solidaridad para ayudar a escritores en el exilio. Un modo de empezar a contestar la pregunta anterior es a partir de la genealogía intelectual, separada de la específicamente literaria, que Mistral establece desde sus primeros textos. Un rasgo que distingue a sus modelos intelectuales es la acción social y política. En el contexto chileno Mistral se ubica en la línea del liberalismo radical decimonónico (Francisco Bilbao, Santiago Arcos, José Victorino Lastarria), que establece claras alianzas con sectores populares. La maestra admira y defiende al polémico Francisco Bilbao "el más atrevido intelectual nuestro" y al mismo tiempo condena a Andrés Bello por no querer salvarlo del destierro ("Aquella tarde" n. pág.).[15] También incluye en su genealogía a figuras caídas en el olvido por el canon tradicional chileno como es el caso del sacerdote independentista Camilo Henríquez a quien llama: "Santo de la imprenta y … artesano de la patria" (Mistral, *50 prosas en El Mercurio* 195).[16] Y lo rescata no solo como maestro personal sino como figura nacional que viene a recordar el valor de la libertad y el rol que tuvo la letra junto a la espada en la independencia.

> Necesitamos de este Patrono. Él fue corajudo y casi temerario en medio de una colonia blanducha; él fue puro como las materias intensas de la naturaleza que de puras queman: como los nitratos, los yodos y ciertas resmas. Y nos hace bastante falta (porque hemos vuelto insípido y miedoso el periodismo de la América) esta vida con sabor sanguinoso y color fuerte. (196)

Mistral, quien en este texto de 1928 se reconoce como una periodista, ahijada de Henríquez, marca el sentido político de su prosa y la importancia del intelectual "puro" (no sometido a intereses personales o partidarios) para la nación y la libertad.

A nivel continental su gran maestro, al que alude frecuentemente en su prosa, es Martí, a quien define como un intelectual humanista, un pensador y un poeta original: "Es agradecimiento todo en mi amor de Martí, agradecimiento del escritor que es el Maestro americano más ostensible de mi obra, y también agradecimiento del guía de hombres terriblemente puro, que la América produjo en él, como un descargo enorme de los guías sucios que hemos padecido, que padecemos y que padeceremos todavía" (*Gabriela y México* 290). Martí es el poeta que, frente a la crisis, asume una función mucho mayor, "es sobre todo un poeta; que puesto en el mundo a una hora de necesidades angustiosas, él aceptará ser conductor de hombres, periodista y conferenciante" (*Gabriela y México* 285). Liderazgo político por medio de una labor intelectual que, como hemos señalado, la generación de intelectuales a la que pertenece Mistral exige.

> el deber que tenemos los llamados intelectuales y artistas con respecto a los necesitados en la conmovedora dimensión humana de esta palabra; los niños, los pobres, los desvalidos, los infelices, los heridos por la pasión a la injusticia … es esta forma de amor al prójimo la que deberíamos nosotros regalar pues tenemos el privilegio de poseer recursos espirituales que nos convierten realmente en los más fuertes aunque parezcamos débiles. (Mistral, "Conferencia")

De este modo, el intelectual pertenece a una aristocracia del espíritu que le da la autoridad para formular los reclamos de los "necesitados," para negociar entre ellos y los poderes opresores. La idea rodoniana del intelectual es actualizada a partir de un discurso político de justicia y progreso masivo que desecha la torre de marfil, pero que sin embargo mantiene la distancia entre "ellos" —el pueblo, las masas— y "nosotros," los fuertes de espíritu. Lo que valida al intelectual moderno es su actitud crítica ante la inequidad, la opresión y su acción en defensa del pueblo.[17] Mistral, al igual que Vasconcelos, Mariátegui y otros, revisa y actualiza el rol del intelectual cuando escribe acerca de sus maestros y sus contemporáneos y al mismo tiempo busca reclutar a los intelectuales para intervenir en la realidad política del continente.

Sarmiento tiene un lugar central en la genealogía intelectual de Mistral en tanto modelo con el que se puede identificar por su origen social humilde, una educación informal y el oficio de maestro. Sarmiento le permite validar su propia condición de autodidacta y usar el autodidactismo en contraposición a un modelo de intelectual de elite alejado de la realidad social y de la acción.[18] En su prosa idealiza a Sarmiento como maestro antes que letrado, quien "llevaba a la escuela más que a Facundo atravesada en el pensamiento" (Mistral, *50 prosas* 203). El ideal de intelectual mistraliano es el que antepone el servicio público, la labor pedagógica y la acción a su obra literaria o especulación teórica. Mistral refuerza esta idea sobre todo cuando su fama como poeta parece sobrepasar su trabajo intelectual y educativo: "Pues algunos han creído en Sud América que todo eso es 'pose' mía. Cuando afirmo que me interesa más mi labor de maestra, no lo creen. La poesía se siente pero no se discute. La poesía es en sí, pero el profesorado es algo humano y también es poesía, es acción, es ideas en marcha" ("Aquella tarde" n. pág.).

Es posible distinguir una relación culposa en Mistral entre la poeta de fama internacional y la intelectual con una agenda social, política y educativa. La poesía es valorada y justificada en tanto no la aleje del intercambio humano real. La labor de la maestra en la escala de valores del intelectual al servicio del pueblo debe ser presentada, en cambio, como la función más alta que a su vez autoriza la práctica literaria.[19] La tensión entre la identificación y la práctica literaria versus la función intelectual pública y política es un rasgo central en otros escritores contemporáneos de Mistral como Alfonso Reyes. Rasgo que Julio Ramos distingue en el fin de siglo, a partir del caso de Martí, como una de las matrices de la literatura moderna latinoamericana.[20]

En una carta a Joaquín García Monge, poco después de la publicación de *Desolación,* Mistral se auto-representa como una poeta, pero ante todo como una trabajadora intelectual (término que ella usaba) que desea públicamente distanciarse de los intelectuales "sin ideales sociales efectivos."

> Vasconcelos es mi único amigo de México ... Los intelectuales mexicanos no son de su tipo; son del de casi todas partes: hombres de cultura y refinamiento, sin ideales sociales efectivos. No me fundo con ellos. No me "llenan" las conversaciones literarias ni son cosas de fijarme en un país las admiraciones calurosas de mi puñado de versos. (Mistral y García Monge 82)

Este concepto, que ya es reconocible en la acción y el discurso de Mistral antes de su viaje a México,[21] cobra nueva fuerza a partir de su trabajo con Vasconcelos, quien en palabras de Mistral es: "el tipo de hombre americano más completo que he conocido: anti-libresco, sin odios sociales, *con su cultura hecha corazón y acción*" (Mistral y García Monge 83; énfasis original). Su participación en el circuito de intelectuales revolucionarios mexicanos de principios de los años veinte sin duda le proporciona experiencias e ideas que consolidan este ideal de intelectual político que, más allá de los límites nacionales, busca intervenir a favor de un progreso y una modernización real y amplia que mejore las condiciones materiales y espirituales del pueblo. Mistral marca una distancia con los "hombres de cultura y refinamiento" para ponerse del lado de los intelectuales revolucionarios, una decisión que ocurre en un momento vital en la internacionalización y la conformación de redes en su carrera. Su identificación pública como obrera intelectual al servicio del pueblo coincide también con el momento en que Mistral empieza a ganarse la vida como una intelectual transnacional que combina poesía con publicaciones en periódicos y con los trabajos que distintos gobiernos, organizaciones internacionales y universidades le ofrecen. Su bandera es entonces la de una intelectual al servicio de la gente: "Voy aquí y allá a dar clases (nadie vive de trescientas pesetas de jubilación) y debo aceptar que los pueblos dispongan de mí como de persona llegada a servirlos" (*Colombia* 1: 409). Mistral no es solamente una escritora profesional, sino que también es una intelectual profesional que construye un perfil que la habilita para un sinnúmero de posiciones en las nuevas máquinas culturales y políticas: Liga de las Naciones, Instituto Internacional de Cooperación Intelectual, Consejo Cinematográfico Educativo, Ministerios de Educación, entre otros.

¿Qué es lo que específicamente la hace una intelectual moderna y transnacional tan efectiva y atractiva? Vasconcelos sintetiza el ideal de intelectual humanista que Mistral encarna al describirla durante una entrevista que Rafael Heliodoro Valle les hiciera a ambos y que se publica en *El Universal Ilustrado* en 1922 y que reproduce *Repertorio Americano* en abril de 1923.

> Yo tengo trabajando conmigo dos tipos de mujer: la que es intelecto puro, espíritu crítico que me sirve de mucho para la cátedra, y la otra que es acción, a quien nada le importa la

literatura, el Arte, sino la vida y que yo llamo una "santa laica."
Aquélla no cree que hay en el mundo unos brazos misericor-
diosos que invisiblemente nos suspenden cuando estamos
próximos a caer: sería incapaz de sacrificarse por una empresa
humana. (Mistral, "Aquella tarde" n. pág.)

Este ideal de intelectual es coherente con el populismo
conservador que define a Vasconcelos, particularmente entre
1920 y 1924. Además de unir intelecto y acción, Vasconcelos
eleva a Mistral a una categoría ética superior; Mistral se "sacrifica"
por la humanidad, y por eso calza perfectamente en la cruzada
educativa mexicana que exige sacrificio y entrega desinteresada
(mal remunerada sobre todo para las maestras rurales a las que
Mistral debe inspirar). Exaltar la dedicación religiosa de una
mujer de origen humilde quien alcanza gloria y reconocimiento
por su trabajo "desinteresado" es una narrativa que, respaldada
por textos de Mistral como "La maestra rural," es usada y
exhibida por Vasconcelos.[22] La identificación con el pueblo por
parte de la mujer intelectual, y esto se ve tanto en Mistral como
en Magda Portal por ejemplo, funciona en términos distintos
al de sus contemporáneos hombres. La afiliación con la lucha
revolucionaria del APRA, en el caso de Portal, y con la educación
popular y la reforma agraria, en el caso de Mistral, se codifica
en términos de género, lo que es evidente en la cita anterior.
La integración de categorías tradicionalmente vinculadas a lo
femenino como lo maternal, la sinceridad y la abnegación junto
con la idea de trabajador intelectual que lucha por la justicia
social dan otro matiz a la figura de la mujer intelectual de izquierda
y a su relación con las masas y el poder. Por otro lado, la falta de
poder y derechos que tiene la mujer en ese momento la vincula
a la experiencia de obreros, campesinos e indígenas y favorece la
cercanía e identificación entre ambos.[23]

El final de su primera estadía en México (abril de 1924) marca
su transición de ser maestra empleada por el Estado (chileno
y mexicano) a intelectual transnacional. Mistral renuncia a la
seguridad laboral del magisterio para continuar su vida fuera de
Chile como escritora e intelectual profesional (mucho antes de
tener un cargo diplomático). En este momento el respaldo público
de su valor intelectual y ético se vuelve particularmente importante

al igual que la confirmación de que su inteligencia y trabajo están al servicio del pueblo y sus causas. Mistral se distancia de otros que pueden querer apelar a valores similares —los políticos— pero que se diferencian de ella en que tienen intereses económicos desmedidos y lealtades partidarias. En su agradecimiento público al Ministro y la Secretaría de Educación de México es explícita la necesidad de Mistral de construir una imagen pública de "obrera intelectual" independiente que habla desde una esfera que ella describe como "superior" en tanto inspirada en valores y principios humanistas versus los intereses materiales de las clases políticas: "Esta generosidad no tiene sólo la forma material de una fiesta para vos, de un sueldo de maestra para mí; da más para ser perfecta; da el apoyo moral al extranjero; le rodea de ese prestigio que necesitamos los obreros intelectuales, para que no se nos confunda con el que viene a amasar fortuna rápida e impura" (*Gabriela y México* 127).

Mistral reconoce la importancia de ese sueldo de maestra, y en las cartas personales vemos cuánto le preocupaba el tema de ganarse la vida; sin embargo, para llegar a obtener este tipo de puestos es necesario que Mistral sea percibida como honesta, comprometida, sin interés en acumular dinero ni poder político. El ser mujer y el que su identidad intelectual se codificara en términos de género y clase la favoreció al activar imágenes y estereotipos que reforzaban el discurso de desinterés personal y dedicación al bien común. En uno de los actos de despedida que se le hacen en Chile en 1922, el escritor Pedro Prado, hablando a la delegación mexicana, la describe como "último eco de María de Nazareth" y advierte a los Mexicanos "no hagáis ruido en torno de ella, porque anda en batalla de sencillez" (cit. en Mistral, *Gabriela y México* 20). La insistencia con que sus contemporáneos amplifican esta imagen de Mistral y lo efectiva que llega a ser entre las masas sugieren hasta qué punto su perfil intelectual responde a ciertos deseos y demandas de su tiempo.

A través de su prosa Mistral se construye como un sujeto intelectual a partir de su conocimiento, su experiencia y su integridad ética y artística.[24] Estas cualidades no bastan por sí solas ya que deben ser puestas en circulación, repetidas y validadas por voces autorizadas. Son innumerables las referencias en los textos de Mistral que buscan reforzar estos rasgos que, de acuerdo a Graciela Montaldo, son propios del letrado de izquierda que busca validar su voz y participar en la imaginación de la nación, desempeñándose, a su vez, como un mediador entre la cultura letrada tradicional y los nuevos sectores que participan de la democratización de la cultura. Montaldo analiza ciertas revistas que en las primeras décadas del siglo XX buscan difundir la cultura y educar a las masas.[25] En sus páginas aparecen biografías que perfilan al intelectual que se ajusta a esta tarea: "Un modelo de sujeto 'pensador' que se define en primer lugar por su género (masculino), luego por su madurez (relación con el trabajo, con el esfuerzo, con la utilidad), por último con la ejemplaridad de su vida, que lo coloca en una cumbre" (*Ficciones* 150). Esta combinación de cultura letrada, compromiso social e integridad moral forman parte esencial del sujeto que Gabriela Mistral construye a través de su propia escritura. Aunque no cumple con la condición de género masculino, sus contemporáneos (ante la imposibilidad de otra explicación) identificaron como masculinos rasgos tanto de su imagen como de su poesía y su pensamiento. Existen muchos ejemplos; uno de ellos aparece en una crónica firmada por G.V. y publicada en *Claridad* en 1921: "Para dar una idea de lo que es Gabriela, habría que decir que su cerebro posee todas las facultades de una mujer bien dotada más las condiciones intelectuales de un hombre. Su cerebro produce el efecto de un cerebro doble" (Mistral, *Recopilación* 482). Como veré más adelante, Mistral se resiste activamente a los estereotipos femeninos de su época, sobre todo a nivel visual. La ejemplaridad de su vida y su condición de mujer trabajadora están representadas tanto en su prosa como también en los textos que otros escritores e intelectuales le dedican. En el prólogo a la edición norteamericana de *Desolación* se destaca su probidad moral al mismo nivel que su talento literario: "Gabriela Mistral conquistó no sólo la admiración, sino el cariño de todos. Porque todos vieron en la escritora hispanoamericana, no sólo el gran valor literario, sino el gran valor moral" (Onís 7). Es posible pensar que la probidad moral, además de ser un rasgo deseable en el intelectual de izquierda como sugiere Montaldo, era también un requisito fundamental para una maestra y una mujer escritora como Mistral.

La identificación de Mistral como una obrera intelectual responde a su tiempo y es también un rasgo de quienes acceden al poder de la ciudad letrada desde las clases populares. Este nuevo tipo de intelectual establece una alianza con el pueblo,[26] aunque ya no está en él, y contribuye a redefinir la idea del intelectual latinoamericano. Amplía su base social y habla desde lugares heterogéneos (la escuela rural, la cárcel, el Ateneo Obrero) y para nuevos públicos. Este es un intelectual que en su discurso rechaza a los intelectuales de elite y a los políticos que representan a la oligarquía y, como veré en el siguiente apartado, reafirman su propia capacidad de ver las necesidades del pueblo. El perfil de intelectual al servicio del pueblo, de poeta y de maestra que Mistral construye y que otros alimentan es altamente funcional para su entrada y participación en el campo cultural de la primera mitad del siglo XX.

Reguladora y puente

> Y es que la belleza es para mí una especie de gran
> viento que ha de correr libre sobre el mundo,
> refrescando la mejilla ardorosa de los espigadores,
> batiendo los trajes claros de los niños en una ronda
> hecha sobre un llano y entrando en la casa de los
> hombres en una oleada de salud … Sólo entonces
> la belleza se transforma en una cosa profunda y
> mundana y en una fuerza civilizadora tan grande
> como la de las religiones.[27]
>
> Gabriela Mistral, *Colombia* 1

Mistral no solo se identifica con el pueblo; su discurso y su práctica intelectual se definen por su capacidad de mediar y establecer puentes entre el pueblo y el Estado, la cultura popular y la letrada, la lucha por la justicia social y los intereses capitalistas. Ella atribuye esta capacidad a su origen social, a su lejanía de ambientes académicos y a su proximidad con la clase trabajadora durante sus años como maestra rural. Al igual que otros artistas de su tiempo, Mistral reflexiona sobre el estatus del arte en un contexto de modernización y de mercantilización; evalúa la creciente amenaza de la industria cultural y el rol de la cultura popular en los procesos de educación y consolidación de identidades nacionales. Aunque la práctica intelectual de Mistral se caracteriza por un rescate y valorización del arte popular latinoamericano, este rescate requiere, según ella, una regulación pedagógica por parte de intelectuales y artistas. En este proyecto, el de utilizar la cultura como herramienta educativa y democratizadora, no estaba sola. Desde comienzos del siglo XX escritores españoles fundaban universidades y bibliotecas populares; en México los muralistas intervenían espacios públicos y Vasconcelos creaba cientos de bibliotecas cargadas de copias de los clásicos. Mistral cree en la función pedagógica del arte y promueve la idea de ampliar el acceso a la cultura desde antes de 1922, pero sin duda es su estadía en el México posrevolucionario (1922–24) lo que fortalece y valida esta visión.

Mistral funciona como mediadora y puente desde el comienzo de su carrera. Su discurso intenta humanizar y transformar el imperativo del progreso y el creciente capitalismo global en un ejercicio de justicia social y moral para el pueblo. Traduce las injusticias históricas al lenguaje del progreso, la democracia y la civilización, desarticulando hegemonías epistemológicas, culturales y políticas. Pero al mismo tiempo, su discurso y su labor pedagógica —más allá de su intención— funcionan en un nivel como justificación de campañas estatales que tienen como objetivo transformar fuerzas productivas iletradas en obreros y campesinos alfabetizados, en consumidores de las crecientes industrias de bienes y cultura dispuestos a colaborar con los proyectos de modernización e industrialización. Las misiones culturales desarrolladas por Vasconcelos y apoyadas por Mistral son un ejemplo.

El progreso de los países, su estatus de nación moderna y civilizada depende en el discurso mistraliano de la ampliación de los derechos del pueblo. La modernidad, como sugiere Martín Hopenhayn al revisar la relación de los intelectuales y las ideologías de progreso desde el siglo XIX hasta hoy, podía significar muchas cosas: "Para unos podía significar occidente, para otros el norte; para otros la industria, para otros la libertad de espíritu o justicia social" (*América Latina desigual y descentrada* 13). Mistral, a partir de sus propias ideas acerca de conceptos tales como civilización y modernidad, negocia con las elites, los gobiernos y la opinión pública un proyecto de desarrollo y justicia social que dé amplio acceso a los beneficios de una economía de mercado y de una nación que desea ser reconocida como democrática y moderna ante otros pueblos. La reforma agraria, por ejemplo, es presentada en términos de civilización versus barbarie: "Tenemos una vanidosa cultura urbana, es decir, hemos civilizado a una quinta parte de nuestra población … El suelo abandonado es una expresión de barbarie; el campo verde revela mejor que una literatura a los pueblos" (*Gabriela y México* 165). La barbarie, ya no en los términos de Sarmiento, se manifiesta para Mistral en el dominio de la tierra por parte de las oligarquías. Y a diferencia de Sarmiento también, la civilización no se alcanza simplemente con la "vanidosa cultura urbana," sino con justicia social y desarrollo más allá de las ciudades.

Este discurso estaba siendo promovido por numerosos intelectuales a través de Latinoamérica que reflexionaban acerca de su propia relación con el pueblo, así como sobre el papel del arte y la educación en este proceso de desarrollo. Escritores chilenos de izquierda como Manuel Rojas, José Santos González Vera y Humberto Díaz-Casanueva hacen eco de las demandas sociales de obreros y campesinos así como de minorías, mujeres e indígenas, sectores de los cuales muchas veces ellos mismos provienen. Así mismo, la "cuestión social" y la necesidad de reformas políticas para responder a ella aparecen por estos años en el programa de la coalición de partidos de centro-izquierda conocida como el Frente Popular (1936–41) que en 1938 lleva a la presidencia a Pedro Aguirre Cerda, amigo cercano de Mistral. De todos modos, durante los años 1920 y 1930 estos intelectuales de izquierda están debatiendo el modo de relacionarse con el pueblo y sus problemas; sin embargo su práctica intelectual está atravesada por actitudes paternalistas, el imperativo de mediar y entregar "cultura" (canónica) y una visión muchas veces estereotipada del pueblo. En una carta inédita del poeta y educador Humberto Díaz-Casanueva[28] a Juana de Ibarbourou (ca. 1929) se manifiestan las tensiones que marcan esta relación.

> Quería también decirle algo respecto a mis visitas a los centros obreros. Le confieso que <u>siento</u> como una necesidad, acercarme a ellos para hablarles y tratar de convencerlos de sus problemas fundamentales. Me <u>duele</u> verlos despedazados (?), desorientados; y esto <u>lo siento</u>, sin ser anarquista, comunista o socialista. No me interesan las sectas ni los partidos. El ideal de

una escuela renovada está por encima de todo aquello. Además entre los obreros hay numerosos elementos sanos y llenos de grandes virtudes, que son como tierra abonada. *Lástima grande es que los intelectuales no los consideren.* (n. pág.; subrayado original, énfasis mío)

Para Díaz-Casanueva el pueblo requiere la intervención del intelectual para activarse políticamente. El pueblo, ante los ojos del intelectual, se representa como pasivo, un grupo humano en potencia, que si se abre y entrega al proyecto educativo y político de estos intelectuales y educadores puede entonces alcanzar un estatus ciudadano con conciencia política. Bajo esta lógica, el intelectual tradicional alejado del pueblo es señalado como culpable y a la vez incompetente para emprender esta misión urgente y clara para Díaz-Casanueva, Mistral y Mariátegui, entre otros. Mistral, ya en 1922, declara su posición crítica ante un modelo de intelectual separado de las masas y el pueblo: "Pienso que la responsabilidad más aguda de los males de una raza está en sus intelectuales. La ignorancia de las masas; la justicia corrompida; la miseria, que es creación artificial en estos países de infinitos recursos, son llagas que acusan la mano inerte y la boca cobarde de los hombres de pensamiento" (cit. en Valenzuela, *Elqui y México* 206). El modelo de intelectual que el siglo XX demanda tiene una voz que denuncia la miseria y la ignorancia y posee una voluntad de acción. Antes de su salida de Chile, Mistral está actuando de acuerdo a este ideal y al hacerlo llama la atención de sus contemporáneos. Da conferencias en cárceles y ateneos obreros, impulsa campañas para el mejoramiento y la educación de los presos, la infraestructura de las escuelas, nuevas metodologías de instrucción y la creación de biblioteca escolares. Capta la atención de la prensa local que difunde la imagen de la poeta como una figura pública distinta a los intelectuales tradicionales y los políticos, pero que, sin embargo, ostenta una capacidad de organizar voluntades y movilizar sectores populares. A raíz de una conferencia que Mistral dicta en la Casa del Pueblo en 1921 en Temuco,[29] aparece un artículo periodístico que en *La Mañana* señala:

Gabriela Mistral, a la inversa de lo que ocurre con casi todos nuestros hombres de letras, claramente penetrada de la significación social que deben dar a su obra las intelectualidades,

ha tomado la iniciativa de ir hasta el seno de los obreros a
ampliar el horizonte de cultura de sus oyentes con disertaciones
en que se propone abordar los problemas de la hora presente.
(*Recopilación 457*)

Mistral representa un nuevo tipo de intelectual que habla desde
lugares alejados de la alta cultura, como la escuela, la cárcel y los
centros obreros, y para nuevos públicos. Este intelectual afirma
su valor en su capacidad de ver las necesidades del pueblo y de ser
parte de él: "el único valor social que reconoce mi corazón es el
pueblo" (*Recopilación* 468). Capacidad que resulta particularmente
útil en un momento histórico marcado por la "cuestión social,"
que obliga a los gobiernos y a las elites a enfrentarse a las demandas
populares. Mistral apela a una espiritualidad perdida tanto en
la intelectualidad como en los sistemas capitalistas modernos y
propone una síntesis de intelecto y espíritu, pensamiento y acción:
"pienso que la cultura intelectual sin la penetración del espíritu
ha corrompido la época junto con el mercantilismo de las grandes
naciones" (*Colombia* 1: 122). Ante esta crisis de credibilidad
que sufre el intelectual moderno, Mistral propone una conexión
con las necesidades del pueblo y un liderazgo a partir de valores
"morales" que para ella son sinónimo de humanismo cristiano. La
maestra le exige a la clase educada, escritores, abogados, profesores,
un determinado comportamiento político y moral y, para ello,
habla en nombre del pueblo para denunciar la incapacidad de
las nuevas clases profesionales de cambiar el sistema político que
mantiene la explotación de la clase obrera y campesina.

La cultura y más que ella el cuerpo de profesionales se
desprestigia día a día delante de las masas. Las masas van
creyendo cada vez menos que un título profesional contenga
valores morales. Han pasado los tiempos en que la cultura
superior estaba investida, en cuanto a carácter, de mexicanismo,
y se le atribuían los méritos y derechos de las religiones a las que
habían vencido o reemplazado …
    Ocurrió lo de siempre: que la aristocracias, o autocracias
u oligarquías de tipo más o menos feudal o patriarcal, fueron
reemplazadas por unas clases medias profesionales, tan ávidas
de lucro, tan rabiosamente yoístas y tan desatentas al bienestar
del pueblo como sus antecesoras. (*Magisterio* 255–56)

Para Mistral lo que está en crisis no es la Cultura con mayúscula, sino la humanidad, el sistema político y económico que mantiene a la mayoría en la miseria, frente a lo que ni la cultura decimonónica ni el intelectual de la torre de marfil sirven. Los males de la modernidad son, bajo esta lógica, el resultado de una cultura intelectual alienada del pueblo, pensada por hombres de elite y para ellos mismos, que ha dejado sin caudillo intelectual y espiritual a las masas. Este discurso de la crisis de la modernidad, aunque busca también renegociar y legitimar el lugar del intelectual argumentando su superioridad espiritual, se diferencia de los términos en que Ramos describe el discurso de Martí en "Coney Island":

> El intelectual "alto," nostálgico de "un mundo espiritual superior" ("Coney Island," p. 125) representa la cultura de masas como una fuente de crisis del espíritu, de la "cultura," en la modernidad. Las crisis, es sabido, se institucionalizan. Tendremos aquí que preguntarnos si el campo-otro de la cultura de masas fue simplemente un generador de la "crisis" de los "verdaderos" valores espirituales, o si en cambio constituye —como límite y chivo expiatorio— una de las condiciones de posibilidad del *discurso de la crisis* que legitima y estimula la proliferación de la "alta cultura" en el fin de siglo. (*Desencuentros* 258)

¿Cuál es la estrategia de legitimación frente a la crisis que denuncia la prosa mistraliana? El discurso de la crisis de Mistral no legitima ni estimula la alta cultura en los mismos términos en que lo hace Martí, pero sí legitima el discurso del intelectual como el único que puede distinguir los valores humanistas en medio de una sociedad individualista, corrupta y materialista. La cultura de masas puede volverse amenazadora al querer llenar el vacío que la alta cultura deja por su falta de llegada a las masas.

En sus ensayos Mistral no solo expone lo que las elites y los políticos frecuentemente intentan esconder e invisibilizar (condiciones laborales, los conventillos, las cárceles), sino también argumenta que es posible encontrar soluciones que no llevan ni a la anarquía ni a la explotación. Su mediación entre los intereses del Estado y el pueblo es explícita y rara vez adquiere un tono revolucionario (un tono que sí aparece en sus ensayos en apoyo a Sandino). No hay que olvidar que a partir de los años 1930

Mistral, en su calidad de Cónsul de Chile, escribe acerca de su país como parte de su labor diplomática, de acuerdo a lo prometido al Ministerio de Relaciones Exteriores.[30] En estos ensayos periodísticos exalta ciertos aspectos de la historia y los recursos naturales y humanos de Chile para luego usarlos como la razón para exigir mayor justicia social. Un texto central, aunque breve, en que se explicita la negociación entre modernización y justicia social es "El signo de la acción," publicado originalmente en *El Mercurio* en 1937 (*Pensando*). Allí, Mistral discute la rapidez del desarrollo de naciones nuevas como Chile: "Algo de rapidez telúrica ha tenido el desarrollo moderno de Chile" (*Pensando* 340), velocidad que responde a la urgencia de las tareas desde la independencia. Los hitos que marcan la modernidad para la chilena son tanto económicos, "el primer ferrocarril del continente" (financiando en parte por los mineros del norte), como hitos culturales: "la creación de un movimiento humanístico, desarrollado por don Andrés Bello" (341). La modernidad es, entonces, un proceso complejo que debe incluir avances económicos, tecnológicos y sociales. Pero por sobre todo Mistral rechaza una modernidad de fachada y apariencia (la multiplicación de los cines, la importación de símbolos, modas o arquitectura europea). Destaca por esto el código del trabajo (promulgado el 1931) como un hito, que para la autora "prueba la modernización de Chile más que la ambiciosa transformación arquitectónica de Santiago o de Valparaíso" (341). El desarrollo de una modernidad "real" que mejore las condiciones de vida de la clase trabajadora es representada en la prosa mistraliana como un modo de mantener la paz social, ya que advierte que el pueblo —ya más educado y auto-consciente— "quiere una economía del Estado llena de sentido moral, que vaya a la creación de la riqueza al reparto honesto y acelerado de ella, para el bienestar afincado de una chilenidad que es exigidora por ser agudamente capaz" (342). Mistral negocia tanto el sentido mismo de la modernización como el rol político del pueblo en ella. Va más allá y grafica cómo la misma modernización y tecnología, a la que el pueblo tiene ahora acceso, pueden provocar la crisis social al despertar la conciencia del campesino: "El cine y la revista ilustrada van a contárselo, tarde o temprano … Entonces él va a moverse. De un solo empellón y mortal. El 'empellón' se llamó en México, Emiliano Zapata y sus morelenses; saqueó, quemó, mató y repartió el suelo, todo en la misma hora" (332). Estas son palabras de advertencia para las clases dirigentes a las que Mistral intenta despertar para conseguir reformas a favor del pueblo. Es práctica permanente de Mistral demandar cambios por la vía institucional y no revolucionaria, con excepción de la lucha antiimperialista armada de Sandino, la cual apoyó abiertamente.

En el plano de la cultura, Mistral afirma el deber del intelectual, el escritor y el artista de intervenir en la producción de la cultura en todas sus formas, pero particularmente en aquellas que alcanzan al pueblo. Para ello intenta ejercer influencia desde espacios de poder como la prensa, el Instituto de Cooperación Intelectual de la Liga de las Naciones (1926) o el Consejo Cinematográfico Educativo (1928), lo que combina con apelaciones directas a políticos, maestros y artistas.[31] Esta función del intelectual como regulador de la cultura que consumen las masas es central al proyecto mistraliano y encuentra sus bases en una visión pedagógica en la que los maestros y los artistas son referentes y gestores culturales de un pueblo. En "La reforma educacional en México," texto que condensa su entusiasmo por el proyecto de Vasconcelos, Mistral alaba la formación del "teatro indígena," obras que recrean el pasado histórico para los escolares y que se representan en las ruinas Teotihuacán con el objetivo de "exaltarlos con las visiones de un pasado magnífico" (*Gabriela y México* 195). Mistral apoya este teatro que no es ni escrito por indígenas mexicanos (sino por el poeta y periodista Rubén Campos) ni tampoco es representado en lenguas originarias, pero por otro lado condena un cine que, guiado por lógicas exclusivamente comerciales en oposición a las pedagógicas, hace "mal" a las masas.[32]

La visión del rol de la cultura popular, letrada y de masas está determinada por el papel que Mistral asigna a cada una de estas en la construcción y difusión de una identidad latinoamericana. La industria cultural, en el sentido adorniano, es criticada porque prescinde del intelectual o el educador; la cultura letrada es acusada de ser cómplice del descastamiento por ser extranjerizante. Solo la cultura popular redibujada por el intelectual puede sostener el proyecto latinoamericanista. La cultura popular "verdadera," según Mistral, es rural y de raíz indígena y está amenazada por gustos extranjerizantes y por la cultura de masas moderna. Mistral participa de un discurso cultural desde la intelectualidad acerca de la "verdadera" identidad latinoamericana y justifica su particular capacidad de ver el problema y remediarlo. Carlos Alonso, al discutir la modernidad y lo autóctono en la novela regional hispanoamericana, ha propuesto que el discurso de la crisis cultural y el llamado a volver a un orden cultural autóctono ha dominado la historia intelectual latinoamericana y que la dialéctica de diagnóstico y revelación sitúa a sus voceros en una posición discursiva de liderazgo y poder en tanto oficiantes de un ritual de redención colectiva.[33] En ese sentido "the preocupation with an autochtonous cultural order has consistently served as a vehicle for the validation and generation of intellectual production in Latin America" (17).

Mistral participa en la publicación de leyendas mapuches en Francia, da conferencias en Uruguay sobre el folklore chileno y escribe textos en periódicos acerca de música popular, fiestas, tradiciones populares, mitos y leyendas. ¿Qué efectos tiene este rescate de lo popular por parte del intelectual de comienzos de siglo? Montaldo sugiere que, por ejemplo, *El Payador* de Lugones define lo popular argentino "como algo vinculado directamente al pasado rural y, por lo tanto, no le reconoce actividad positiva alguna en el presente; excepto cuando los intelectuales la hacen evidente" (*Ficciones* 144). Este "rescate" es en último término una estrategia:

> a Lugones le interesa dejar en claro su reconocimiento de campos en disputa (lo letrado, lo popular) y si hace gala de su ductilidad para atravesarlos sin dificultad, es para definir su lugar como intelectual: aquel que puede dominar no solo el saber de la cultura occidental sino que puede realizar las operaciones necesarias para que el saber del otro ingrese a su órbita. Y desde allí, reconvertido al letrado, hacer que calle. (*Ficciones* 145)

Mistral ve en lo popular, no solo una marca de identidad que afirma la particularidad latinoamericana frente a las amenazas de extranjerización que trae la modernidad (cine, música, etc.), sino también una fuerza que "bien manejada" resulta fundamental a los nacionalismos y a la unidad latinoamericana. Mistral, al igual que Lugones, quiere establecer su dominio de lo popular y su natural afinidad con una cultura que por su origen campesino le es propia:

"la chilenidad rural, que tal vez sea la única que llevo" (*Pensando* 119), pero fija el valor de ésta a partir de su dominio y desprecio de la cultura letrada de elite. Su conocimiento y capacidad de evaluar la cultura letrada, la popular y la de masas le permite definir su lugar de intelectual, pero, a diferencia de Lugones, la intención última no es hacer callar ni institucionalizar a la cultura popular, aunque sí intervenirla:

> La reforma del licenciado Vasconcelos tomó la música como elemento de nacionalización, como creadora y removedora del alma patria, e hizo nacer la Sección de Cultura Estética para su difusión y su depuramiento.
> La música no está en México aristocratizada en academias de canto, no se ha hecho de ella un lujo más de los ricos, como los automóviles; es el arte popular por excelencia, pero un arte cultivado en el pueblo con intención de refinamiento, sin descuido y la inferioridad en que suelen caer las artes populares. (*Gabriela y México* 108)

Mistral quiere imponer su versión de una cultura popular auténtica, limpia de elementos extraños, ya sea extranjeros o de "mal gusto": "Depurar las canciones populares de la causticidad que suelen tener; reemplazar los *couplets* canallescos que se han infiltrado en nuestro pueblo por obra del teatro inferior ..." (*Gabriela y México* 109; énfasis original). Mistral no niega lo popular, más bien entiende su creciente poder en la modernidad y, por lo tanto, intenta influirlo, normarlo. En ese sentido concuerdo con la idea de Montaldo cuando afirma que la "[d]isputa por el espacio público y mercado marcan —creo— la categoría de lo popular bajo la modernización" (*Ficciones* 144). El espacio de la cultura es disputado por intereses comerciales, ideológicos y estéticos y el intelectual cree tener la autoridad máxima en este campo. Autoridad que construye al establecer las consecuencias que tiene el dejar la cultura en manos del mercado, de intereses extranjeros o de un pueblo "no regulado."

Quince años más tarde, en la conferencia "Algunos elementos del folklore chileno" (Montevideo, 1938) Mistral lamenta y condena la censura, la violencia con que se "borraron" las leyendas de los pueblos originarios: "Es muy malo sumir en el olvido la memoria de un pueblo; se parece al suicidio" (*Ojo atravesado* 86).

Defiende la fábula folklórica, que aunque parezca no tener ideas precisas tiene un "ritmo racial," y declara que "el folklore salva como una medicina, para esto, como un antídoto, de este descastamiento" (87). Pero esta salvación está mediada por el divulgador del folklore; por quien pueda entenderlo en su profundidad, tarea nada de simple de acuerdo a Mistral: "[t]ampoco sabe nadie todo lo que hay dentro de una fábula folklórica. ¡A mí me ha costado tanto entender todo lo que corre dentro de una fábula folklórica!" (87). Pero la maestra lo ha entendido. La cultura popular latinoamericana está en lo más alto de su jerarquía cultural pero necesita ser traducida y justamente valorada por el intelectual que ella promueve y cree encarnar.[34] En su calidad de miembro del Instituto Internacional de Cooperación Intelectual le escribe a García Monge con respecto a un congreso de las artes populares en Europa: "Yo creo que es una ocasión para que nuestros pueblos indios sobre todo Perú, México y la América Central, muestren sus artes finas y muestren su cultura manual, que para mí es superior a las muy fáciles y muy engañosas culturas intelectuales" (Mistral y García Monge, *Correspondencia inédita* 93). El intelectual es, entonces, el editor que selecciona y difunde un producto cultural como lo representativo, lo "verdadero," que define la identidad latinoamericana frente a una amenazante cultura de masas y una "engañosa" cultura intelectual. Sin el puente y la "traducción" que el intelectual latinoamericano puede hacer del arte popular, que también transforma y manipula, este no puede ser entendido ni justamente exhibido en el contexto de la modernidad.[35]

Los campamentos base como estrategia de intervención

Mistral, en tanto escritora, diplomática y ensayista de visibilidad transnacional encarna el modelo de "hombre de letras" latinoamericano descrito por Pedro Henríquez Ureña en 1946. Tiene, a su vez, muchos de los rasgos del intelectual de izquierda de la primera mitad del siglo XX que busca, desde la cultura, el mejoramiento humano (Montaldo). Sin embargo, como mujer, Mistral desarticula el esquema modernizador que identifica a los hombres como los pensadores y líderes de los proyectos nacionales de progreso y modernización.[36] Su discurso poético, según investigadoras como Soledad Falabella y Adriana Valdés, pero también ensayístico, como argumenta el presente análisis, da cuenta de las tensiones e inestabilidades inherentes a esta irrupción de la subjetividad femenina. Concuerdo con Falabella quien sugiere que en el discurso mistraliano, "podemos apreciar un sujeto 'en fuga,' en palabras de Adriana Valdés, movedizo, en transición, que a partir de un espacio ya constituido y legitimado socialmente para ciertos sujetos marcados por género, clase y raza, presenta nuevas problemáticas, conflictos y contradicciones" (222). El enorme corpus de ensayos periodísticos de la chilena y en particular textos como "Juramento a la bandera," "Educación popular," "Inmigración," "Colaboración sobre la instrucción primaria obligatoria," "El Ateneo Obrero," "El grito," demuestran cómo Mistral se toma el derecho a imaginar la nación, Latinoamérica y a su pueblo. Esta labor la sitúa junto a intelectuales como Sarmiento, Martí, Rodó y Vasconcelos e inserta su prosa en la tradición casi exclusivamente masculina del ensayo latinoamericano. Pero, ¿cuáles son algunos de los efectos que tiene para Mistral su participación, en tanto mujer, en el campo cultural de la primera mitad del siglo XX? ¿De qué modo su identidad de género se inscribe en su práctica intelectual y determina las condiciones y estrategias de participación, la creación de redes y la recepción de su obra?

Para comenzar a responder estas preguntas es necesario reconocer la relación entre el género sexual de Mistral y la persistente "ignorancia" de su producción ensayística y su labor intelectual. El análisis de la recepción y difusión de la prosa mistraliana durante el siglo XX demuestra un progresivo olvido que comienza tras su muerte y que alcanza su momento de mayor silenciamiento y manipulación durante los casi 17 años de dictadura militar en Chile.[37] Mistral poeta, Mistral maestra, Mistral figura monumentalizada en un billete de cinco mil pesos, recitando poemas a la maternidad y la infancia, amando a Chile desde lejos, es la figura que han recibido generaciones de chilenos hasta hoy. Su biografía y su carrera pedagógica y literaria se han codificado en términos de género, articulándose en torno a lo que en una sociedad patriarcal se consideran ejes centrales de la vida de una mujer: el amor romántico heterosexual, o la pérdida de este, la maternidad o la imposibilidad de ella y el servicio a otros, en este caso los niños, los pobres, etc. La nueva crítica mistraliana ha denunciado estos prejuicios y en la última década hemos visto cómo cambia poco a poco la representación de Mistral en cuentos para niños, documentales y en los medios masivos.[38]

La jerarquía y también la relación de los géneros literarios y los géneros sexuales han sido ampliamente discutidas por la crítica y la teoría feminista.[39] Las escalas de valor literario e intelectual, determinadas hasta hace poco por una sociedad patriarcal y eurocéntrica, asignaban menor valor a géneros como la literatura infantil, los epistolarios, los diarios y las memorias. Existían además estrictas fronteras y expectativas (de tono, temas y géneros) para la participación de la mujer en el campo literario.

> ¿Qué se esperaba en la época de Gabriela? Desde luego que escribiera poesía lírica. Hay entre este género literario y el discurso de la casa una afinidad muy próxima. Es el mundo de lo privado, del sentimiento, de lo emocional, de la subjetividad … En ese sentido Gabriela responde al estereotipo, incluso con una fuerte inflexión emocional al comienzo.
>
> El problema es el desplazamiento desde el estereotipo al trastocamiento del orden. El problema es la Gabriela ensayista. (Pizarro, "Mistral, ¿qué modernidad?" 50)

El inconveniente, según Ana Pizarro, sería este señalado en la cita; al menos uno de ellos, podríamos agregar, porque en Chile a Mistral se la ha querido como un trofeo nacional más que como un personaje central de la historia intelectual. La dimensión pública y política de Mistral como agente disruptora del mito y el estereotipo se ignora para quedarse con la que en palabras de la Academia Sueca fue: "la poetisa de la *Desolación*, que se ha convertido en la grande cantadora de la misericordia y la maternidad" (Gullberg n. pág.). Su prosa es entonces un sitio de subversión y de resistencia y es también una de las formas fundamentales de su modernidad, "el asumir con una naturalidad que no puede sino ser el producto de permanentes tensiones, el ensayo como género y el hacer de éste una forma profesional de expresión" (Pizarro, "Mistral, ¿qué modernidad?" 50). El desarrollo profesional de su prosa da cuenta de las tensiones de su tiempo, de los crecientes espacios que abre la prensa y de la visibilidad de ciertos debates en un espacio público más amplio que los precedentes espacios de las elites intelectuales. Su participación, entonces, como mujer en el espacio público moderno y transnacional es fundacional.

La participación de Mistral en el campo intelectual de la primera mitad del siglo XX, la ruptura que significa su estatus como mujer "hombre de letras," llega a ser posible gracias a las transformaciones del campo cultural latinoamericano (democratización de la cultura, expansión de la prensa, ampliación del sistema educativo). Sin embargo, es fundamental entender y discutir el modo en que la identidad de género de Mistral se inscribe y cómo determina esta participación. La insistencia con que se ha representado el éxito de Mistral como el mero triunfo de una genialidad y de un talento excepcional, borra la problemática de género en la historia intelectual de la mujer en Latinoamérica. Hay dos estrategias centrales a las que recurren mujeres escritoras y artistas como Mistral en su lucha por intervenir en el campo literario y cultural. La primera es la resignificación de espacios autorizados para la mujer, las "tretas del débil" como las identifica Josefina Ludmer en su análisis de Sor Juana Inés de la Cruz; es decir, aceptar el lugar asignado y cambiar su sentido. El problema con Mistral es que aún desde la primera infancia no quiere aceptar los lugares que se le asignan y se rebela activamente ante el papel de dueña de casa y esposa. Esto se refleja en unos versos de *Poema de Chile*[40] y también en un discurso autobiográfico (inédito) que dio durante su visita a Panamá en 1931: "Yo me hice el propósito de no aprender nada de esto pues me dije para mí que si aprendía a cocinar y les daba gusto en la comida, no serviría en adelante para nada útil … En vista de mi testadurez mis familiares me dejaron en completa libertad …" (Discurso en Panamá 16). El rechazo al lugar asignado: el espacio doméstico, el matrimonio y la dependencia económica, es un rasgo de las escritoras modernas de principios del siglo XX, como Alfonsina Storni y Teresa de la Parra que buscan ocupar lugares tradicionalmente vedados para la mujer.

La segunda estrategia, que representa mejor el modo de operar de Mistral, se vincula con la primera en tanto doble movimiento de acatamiento y desafío, pero va más allá porque le permite instalarse y hablar desde lugares tradicionalmente no autorizados para la mujer como, por ejemplo, la política actual, la escritura como profesión y la crítica literaria. Estas conquistas se logran por medio del uso temporal de espacios asignados y aceptados desde los cuales se pueden explorar lugares o identidades inestables, hasta entonces definidas en oposición a la mujer y su campo de acción. Es posible conceptualizar esta estrategia con lo que los montañistas que persiguen una cumbre denominan "campamento base." El campamento base se ubica en un lugar seguro, sin el cual no se puede hacer cumbre. Durante la primera mitad de la carrera de Mistral existen una serie de campamentos base que funcionan como espacios seguros, pre-aprobados y definidos socialmente, vitales para la exploración y progresiva conquista de espacios hostiles hacia la mujer escritora e intelectual. Identidades como madre, maestra, heterosexual o apolítica operan como campamentos base en Mistral. A diferencia de las "tretas del débil" la estrategia del campamento base no es aceptar el lugar asignado y luego por medio de la treta resignificarlo —estudiar ciencia en la cocina— sino ocupar lugares cerrados para la mujer, —escribir sobre política en la prensa— apelando al campamento base cuando esa intervención transgresora es denunciada. La escritora recurre a identidades femeninas socialmente aceptadas cuando se le acusa de transgresión o cuando ella se propone transgredir una frontera (no soy escritora, soy una maestra; no soy política, soy una poeta). De hecho, en este sentido, la multiplicidad de identidades públicas de Gabriela Mistral es esencial a su profesionalización como escritora e intelectual y su participación en la esfera pública internacional. La estrategia del campamento base no solo habilita la participación de Mistral en campos hostiles a las mujeres, sino que desestabiliza, fisura, la configuración misma del campamento base. Entonces, la idea misma de maestra rural, poeta, mujer, se disloca con la intervención, aunque temporal, del sujeto en el espacio vedado.[41]

Durante sus primeros años de docencia, cuando está también luchando por establecerse como poeta y ensayista, incluso fuera de Chile, Mistral utiliza su identidad de maestra rural como un campamento base. El lugar de la maestra de escuela pública, sitio altamente regulado por el Estado, la sociedad, así como marginado por la alta cultura, es un lugar apropiado a su género y clase ante los ojos de quienes podrían sentirse más amenazados por el ejercicio de su profesión de escritora: el *establishment* intelectual y las clases dominantes.[42] La docencia no solo le da de comer, sino que también la protege al hacerla ver, al menos en un comienzo, como la maestra que escribe poesía. Una vez que logra reconocimiento y aceptación como escritora recurre menos a su identidad de maestra. Ser maestra es el pase, el lugar marginal dentro de la producción cultural —el acatamiento— que justifica su participación en el campo literario y también en su trabajo como ensayista, como veré en el siguiente capítulo. La fuerza con que perdura la identificación Mistral=maestra, aun después del término de su carrera docente en 1922 y a pesar de su éxito como escritora, revela lo elemental que fue esa imagen para su configuración pública y su persona poética.

La primera carta que le escribe la maestra a Rubén Darío va firmada: "Lucila Godoy Alcayaga, Prof. de Castellano del Liceo de niñas. Los Andes, 1912." ("Carta a Rubén Darío" 139). Esta carta, a la que volveré en el tercer capítulo sobre la formación de redes transnacionales, es un ejemplo del uso que Mistral hace de su profesión en tanto prueba de subalternidad, pero, al mismo tiempo, justificación de su intervención en otros campos como la escritura. Aunque en el segundo párrafo Mistral declara su inferioridad con respecto al poeta —inferioridad marcada por el género y por ser "una desconocida" (139)—, es también el género (y la profesión de maestra) lo que justifica su afición literaria: "Poeta: yo, que soy mujer i flaca por lo tanto, i que por ser maestra tengo algo de las abuelas —la chochez— he dado en la debilidad de hacer cuentos y estrofas para mis pequeñas. Y las hecho; [sic] con rubores lo confieso a Ud. Yo sé que usted es tan grande como bueno" (139).

El tono confesional y la modestia afectada que domina la primera parte de la carta quedan en un segundo plano cuando Mistral comienza a hablar como poeta acerca de su obra y posible publicación. Entonces adopta un tono de mayor igualdad y pasa de llamarlo "poeta" a llamarlo Rubén. Le pide un juicio crítico al mismo tiempo que defiende su deseo de entablar diálogo directamente con él, saltándose a quien Darío había encargado la selección de colaboraciones para la revista en Chile. Esta carta ejemplifica cómo Mistral valida su derecho a hablar desde su lugar, su campamento base de maestra rural y también más allá de él, para entablar un diálogo horizontal con los protagonistas de la alta cultura y así participar en ella (en este caso ser publicada en la revista de Darío, objetivo que sí cumplió).

Su rol de maestra es fundamental también porque le permite construirse como un nuevo tipo de intelectual en el plano ético. Mistral, como mujer, sin derecho a voto, sin aspiraciones de puestos de poder público, se presenta como una intelectual que lucha por el bien común y que se enfoca en la acción junto con el discurso, como señalé anteriormente en este capítulo.

Su diagnóstico del *establishment* intelectual es negativo: "la inteligencia está desacreditándose mucho en la América ... Se entiende casi todo y no se hace nada, porque la pasión del bien no la calienta" (*Magisterio* 178); y su propuesta es la acción: "Bienaventurados los que se vigorizan con los libros sin anegarse en ellos" ("Varias clases de libros" 58). Nuevamente el discurso de la crisis cultural emerge y en este caso se acomoda para dar lugar a un sujeto que por su marginalidad social y de género puede liderar en la dirección que los tiempos exigen.[43]

Existe una ansiedad evidente en la joven escritora por el hecho de ser mujer en un ambiente intelectual masculino. En 1912, en su segunda carta al escritor chileno Antonio Bórquez Solar, Mistral aborda directamente el problema de establecer relaciones con escritores y la necesidad de borrar o trascender cualquier posible tensión sexual para así entablar un intercambio en términos más igualitarios y fraternales. En respuesta a la primera carta que recibe del poeta, Mistral aclara: "Le agradezco mui en hondo que mi extraña presentación no le haya sugerido la idea de que busco mas el hombre que el poeta ... Busco en realidad la comunicación hacia un alma que sé hermosa ... Así pues olvide Ud. que es una mujer quien le escribe i dispénsele la ternura que le dispensaría a un alma cualquiera" (Carta a Bórquez Solar). Alejar a la mujer de la escritora no pasa porque Mistral reniega de su identidad femenina, más bien resiente la dinámica que ante sus ojos perjudica a la mujer artista o escritora. Mistral hace uso frecuente de su identidad de género tanto en sus poemas como en sus textos en prosa; se apropia y resignifica los estereotipos femeninos que predominan en la época (maternidad, pacifismo, sensibilidad, o relación con la naturaleza).

Un par de años después, en los comienzos de lo que será su larga relación de amistad y colaboración con el escritor Eduardo Barrios, Mistral reitera esta idea: "He de mandarle versos luego. Pero, si usted quiere que yo lo *sienta* hermano mío, ha de olvidarse de que está juzgando versos de mujer, porque ustedes los hombres, no pueden desentenderse de esto i cuando menos piensan están diciendo galanteos. Las viudas estamos al margen de estas cosas ... (las verdes no, dice usted?)" (*Antología mayor* 3: 48; énfasis original). Mistral no era viuda, nunca estuvo casada, sin embargo el uso estratégico de la viudez y la evocación del suicida para clausurar su participación en el mercado amoroso heterosexual es una forma distanciarse de la idea de mujer soltera y refugiarse en una identidad de mujer mayor aun cuando en ese momento ella tenía alrededor de 26 años. En su comunicación con colegas escritores y en su búsqueda de participación en redes intelectuales predominantemente masculinas, Mistral separa a la mujer de la escritora porque reconoce que el potencial atractivo sexual de la mujer es un obstáculo para un juicio crítico justo, para un intercambio intelectual profundo y para una participación estable y respetada en un campo literario manejado por hombres.

Hay muchos modos en que la identidad de género de Mistral se inscribe en su práctica intelectual, un tema frente al cual la crítica tiene aún una deuda. La escritora asocia la representación del género sexual femenino en su prosa y su correspondencia a consecuencias negativas en la recepción de su trabajo que, por un lado, la instala en una insatisfactoria genealogía literaria femenina y, por otro lado, también la ubica en un modo particular —a veces deficiente, a veces privilegiado— de pensar y ver la realidad. Mistral no reniega de ser mujer, pero sí, en ciertos momentos, cuando persigue reconocimiento intelectual, se separa del común de las mujeres. Mistral rechaza lo que la sociedad patriarcal ha llevado a muchas mujeres a convertirse: malas poetas, esclavas de la moda o sujetos sumisos y vulnerables. En ese sentido, su discurso sí contribuye a fundar el mito de Mistral como un sujeto extraordinario lejano al común de las mujeres, lo que bajo una perspectiva feminista restaría poder político a su éxito ya que al codificarse como una excepción no abre necesariamente el camino para el común de las mujeres. En última instancia, lo subversivo y lo fundacional tanto de la auto-representación como de la representación que hace Mistral del género femenino y sus roles sociales es el cuestionamiento que ella hace a la definición social de género y a las relaciones entre los géneros en la primera mitad del siglo XX.

Finalmente, ¿qué significa ser mujer a la luz del modelo de intelectual de izquierda al que Mistral aspira?

La identidad de género funciona en algunos de sus ensayos como una forma de enfrentarse con los discursos hegemónicos y proponer miradas alternativas a temas centrales. Mistral apela a una "lógica femenina" para articular sus propias ideas acerca de la nación, la modernidad y la cultura. "El patriotismo femenino es más sentimental que intelectual" (*Lecturas para mujeres* xvi) declara Mistral para luego proponer una nueva forma de entender el amor a la patria. Este tipo de referencias en términos de género es mucho más frecuente en su prosa hasta 1922 que en la posterior. Además, el género en tanto auto-definición aparece asociado casi siempre a la clase social y, por lo tanto, en la prosa mistraliana representa un lugar en la estructura social. Ella reconoce que su voz es la voz de la minoría: "Esta vez como siempre estoy con los menos" (*Lecturas para mujeres* xvi), pero al mismo tiempo es la minoría que al tener voz ya está entre ambas esferas y, por lo tanto, necesita ratificar su origen e identidad y ratificar su compromiso con el pueblo, las mujeres y los niños. Su identidad de género y de clase le permite diferenciarse del modelo de intelectual y escritor de elite y fundar su identidad como mujer intelectual comprometida, transnacional, que puede transitar por una variedad de espacios sociales, culturales y nacionales gracias a su competencia multi-social y multi-cultural.[44]

> Como ustedes lo han dicho, del pueblo han salido los grandes artistas. Y es que el hombre rico es, casi siempre, el que —para su dicha en parte y en parte para su desgracia—, conoce solo el hemisferio soleado de la vida; sus experiencias son las que él le da; su voz, su visión están empequeñecidas por ese reino limitado y gozoso.
>
> El hombre pobre tiene el otro hemisferio (cuando prospera en la vida puede conocer ambos), y este reino terrible como el infierno, es profundo y maravilloso como el infierno dantesco … (Mistral, *Recopilación* 508)

Mistral, mujer pobre que ha prosperado, conoce entonces muchos hemisferios y utiliza ese conocimiento de forma significativa para validar su voz, para avanzar su carrera y para ofrecer una solución a muchos de los desafíos que enfrentan las naciones y el continente latinoamericano durante la modernidad.

En su etapa de internacionalización (a partir de México) la identidad de género aparece en la prosa más directamente relacionada al proyecto de intelectual que Mistral está promoviendo, como instrumento para validar su "diferencia," su particular modo de trabajar en el campo de la cultura y la acción. Mistral frecuentemente se identifica con los estereotipos negativos que marcan la idea cultural "mujer," logrando subvertir estas asociaciones al apropiárselas y validarlas como positivas, como en el caso de la relación mujer-locura.[45] En un breve texto titulado "Recados," Mistral explica las razones que la llevan a escribir en este formato epistolar. Para esto alude a su natural inclinación a escribir cartas: "las incorporo [las cartas] por una razón atrabilaria [sic], es decir por una loca razón, como son las razones de las mujeres" (*En verso y prosa* 334). La reapropiación del discurso de la locura femenina consigue un efecto subversivo al aceptar la "otredad," el lugar asignado, pero de todas formas utilizarla para validarse intelectualmente. Mistral señala que sus razones son "locas" y por tanto no son razones válidas, pero al mismo tiempo las esgrime como razones válidas frente a un hecho consumado y que ha conseguido valoración como es el caso de sus "Recados."

Intervenciones laterales
Mistral en política

Mistral a lo largo de su vida participó en la política local, continental e internacional. Su convicción de que "[e]l trabajador intelectual no puede permanecer indiferente a la suerte de los pueblos" (*Escritos políticos* 18) se traduce en una carrera marcada por alianzas, polémicas y cruzadas políticas que sitúan a esta escritora en un espacio transnacional de debate público. Mistral se establece en un espacio transnacional por medio de la amplia circulación de sus ideas más allá de fronteras nacionales (en revistas de circulación continental o por medios de ensayos que publica simultáneamente en medios de prensa de distintos países), también al convertir temas locales en asuntos de interés continental y sin duda por su participación en los debates en torno al latinoamericanismo y el panamericanismo.[1] La dimensión política de Mistral es inseparable de su carrera pedagógica, su poesía y su labor intelectual. Su mirada e influencia están marcadas por un ideal de intelectual que, más allá de los límites nacionales, busca intervenir en favor de un progreso y una modernización amplia que mejore las condiciones materiales y espirituales de los grupos excluidos, pero que, sin embargo, evita adscripciones partidistas. Insistió, como señalé en el capítulo anterior, en su independencia política para representar su discurso político como un discurso social, educacional e intelectual y reducir las acusaciones de "intervenir en política." El a-partidismo y la "despolitización" de su discurso eran una necesidad para una mujer y funcionaria pública, pero no nunca fueron sinónimo de indiferencia o falta de posición política: "Es preciso que los que no militamos en ningún partido, salgamos, pues de nuestra soledad para decir sin miedo la propia convicción ..." (*Gabriela y México* 312) señaló en México donde rodeada de los intelectuales de la revolución re-conceptualiza su ideología política y su rol como intelectual.

Aunque Mistral haya evitado el asociacionismo femenino y la identificación con el feminismo, no puede ignorarse el hecho de que su carrera se desarrolla en el contexto de grandes cambios en la participación de la mujer en el espacio público y laboral. En un periodo en que desde varios frentes la mujer lucha por conseguir poder político, por su derecho a hablar públicamente, se crea un ambiente en el que la voz de la mujer, sus ideas y demandas, se unen a la diversidad de sectores que se arrogan el derecho de participación.[2] Mistral es hija del pacto político moderno que desde la independencia ha incorporado nuevos sectores, "el pueblo," a su mecanismo de validación y representatividad. Por otro lado, lo que hasta hace un par de décadas definía lo político —limitado a lo estatal y lo público— excluía aspectos de los discursos de Mistral, pero ahora, y a partir de nuevos acercamientos críticos como los estudios de género y las revisiones que el feminismo ha propuesto con respecto al concepto de lo político —que no se circunscribe a lo estrictamente estatal, sino a la lucha más amplia por la redistribución del poder y la capacidad transformadora de sujetos y grupos—, es posible cuestionar la historia de despolitización del pensamiento mistraliano y la opción por limitarlo a lo social, maternal y lo pedagógico.[3]

Mistral tenía opiniones políticas claras: llevaba la bandera del pacifismo, luchó por la reforma agraria, se declaró siempre en contra de los autoritarismos y en favor de la democracia.[4] Sin embargo, solo muy recientemente se ha comenzado a nombrar y reconocer el discurso político de Mistral, superando las lecturas superficiales que Gabriela Mora, en uno de los primeros textos críticos dedicados al pensamiento político de Mistral denuncia: "From a superficial reading of her work, critics may argue that Mistral despised politicians and politics ... A careful reading of her work shows that she thought of politics as the only way of life for one with her strict ethical principles" (142). Aunque durante su vida, Mistral definió con distintos nombres su posición política, siempre tuvo una.[5] El desafío es tratar de situarla políticamente, definir su lugar de enunciación con respecto del centro y los márgenes, ya que su relación con el poder cambia de acuerdo al lugar desde donde se la mire: defiende apasionadamente la revolución de Sandino ... desde un escritorio en París; critica duramente a los parlamentarios y el proyecto de Ley de Instrucción Primaria mientras se desempeña como directora del Liceo de Punta Arenas.

Pero a pesar de las ambivalencias y contradicciones, rasgos propios de un sujeto atravesado por crisis y transformaciones mundiales (revoluciones, guerras civiles y mundiales) y tensionado por identidades marginales, Mistral desarrolló un discurso político e ideológico claro. Frente a la idea del educador argentino Julio Barcos de imponer una escuela neutra y laica, Mistral responde, en 1928, que es una idea utópica e insensata: "Ud. sacará un ismo y pondrá otro, porque todo es ismo, mi amigo, y la luz blanca es artificial. Los únicos neutros verdaderos que yo conozco son los tontos" (*Magisterio* 179). Bajo esa lógica, Mistral prefería una diversidad de escuelas que representaran una variedad de ideologías y metodologías pedagógicas. Reconoce la ideología en términos marxistas como un modo de reproducción del sistema productivo: "El estado sigue siendo y será siempre Napoleón, que movilizará las pobres almas de los niños para afianzar el imperio" (179).

La relación de Mistral con el Estado es problemática y marca su trayectoria personal y escrituraria. La separación entre las letras y lo político estatal que trae la modernidad no marca un final sino una nueva era en que la política comienza a hacer uso estratégico de las letras y los intelectuales, desde sus nuevos lugares (híbridos, no absolutamente independientes de lo político estatal), pueden criticar e intervenir en política.

> El mismo desarrollo ha sido entendido, por autores como Ramos, como un proceso de profesionalización en el cual, a través del periódico y otras formas de mercantilizar su producción, los escritores aparecen como un grupo autónomo, claramente diferenciado de los intelectuales-funcionarios del tipo Domingo Faustino Sarmiento, Andrés Bello o incluso Darío. Pero la profesionalización no aleja al escritor de la esfera del estado, sino que por el contrario, la misma transformación del estado en estado ético hace que esa colocación externa sea aún más beneficiosa para el estado toda vez que su legitimación proviene ahora de un sector institucionalmente externo a él y a través de un medio, el arte, la literatura, vivido como apolítico y desinteresado. (Legrás 46)

Sin duda, Mistral cultivó la imagen apolítica en el sentido de no-partidista y enfatizó el carácter desinteresado y la altura ética de su discurso. Sin embargo, como señala Legrás, el Estado busca la legitimación desde este sector ahora externo, una dinámica de la que Mistral participó en su calidad de maestra de Estado y más tarde con su asociación a diferentes proyectos —nacionales e internacionales— educativos, políticos, diplomáticos y de colaboración transnacional. En su prosa, existe una negociación constante entre la crítica a lo político-estatal y un discurso que por momentos se articula desde lo político estatal.

Pienso que la centralidad del discurso pedagógico latinoamericano desde el siglo XIX hasta bien entrado el XX constituye un marco dentro del cual se puede explicar la participación política de Mistral y la transición de la maestra rural a la pedagoga transnacional y finalmente a la intelectual. La prosa "pedagógica" de Mistral, que recoge elementos propios de los discursos educativos especializados pero en un lenguaje más coloquial, periodístico o poético, es un medio de intervención altamente efectivo en los debates educacionales, políticos y sociales. A partir de esta premisa de lo pedagógico como campamento base que permite articular un discurso político es posible analizar un conjunto de ensayos que tienen como tema central a Chile. Ensayos que constituyen un ejercicio interpretativo que imagina la nación y su gente desde lugares no hegemónicos sino estratégicamente excéntricos (ver Cap. 1) y a través de los cuales se propone una representación política más amplia; es decir, a una identidad nacional donde lo femenino, lo rural y lo indígena tengan mayor visibilidad. Finalmente, en este capítulo identifico ciertos modos en que la prosa de Mistral después de su salida de Chile intenta por un lado insertar a Chile en el imaginario continental y por otro redibujarlo y así intervenir en la idea de la nación.

La educación: un asunto político

> Maestros chilenos hay que cuando se haga la
> historia, racionalmente, no solo como una colección
> de generales y políticos, quedarán, al nivel de
> los presidentes grandes de Chile, de Montt y de
> Balmaceda, como constructores del país. Son
> muchos pero yo quiero nombrar a algunos: el doctor
> Fernández Peña, nuestro Don Quijote de todos los
> ideales, Don Maximiliano Salas Marchant ...
> Gabriela Mistral, "Palabras de sinceridad" [1919]

Tanto las políticas educativas estatales como las teorías pedagógicas gozaban de un estatus intelectual y un nivel de visibilidad particularmente alto a fines del siglo XIX y hasta bien entrado el siglo XX, si se toma como indicador el lugar que estas ocupan en revistas y periódicos, así como el gran número de libros publicados acerca del tema. Otra medida de la centralidad de las políticas y teorías educacionales en los debates públicos es la identidad de sus autores, que por lo general eran intelectuales y figuras públicas ampliamente conocidas. En Chile, en 1925 finalmente —y después de décadas de debate— se aprueba la Ley de Instrucción Primaria, el mismo año en que se promulga una nueva Constitución y que se crea la Facultad de Filosofía y Ciencias de la Educación de la Universidad Católica. Dos años más tarde, en 1927, se establece el Ministerio de Educación Pública, separado del de Justicia, para coordinar desde el gobierno central la educación de la nación, antes controlada por las elites metropolitanas.[6] El lugar de la educación, entonces, se reconfigura; el rol prominente del Estado por sobre la Iglesia Católica (que consolida la Constitución de 1925) es fundamental en este cambio.[7] La educación se transforma en un tema político en tanto prioridad de los poderes estatales, y su dirección e implementación es motivo de luchas ideológicas que exceden a los burócratas. Estas disputas son recogidas por intelectuales y profesionales de la educación que ocupan puestos directivos en aparatos escolares y universitarios y quienes están desarrollando el campo pedagógico desde el mundo académico, pero al mismo tiempo conscientes de las dimensiones políticas y sociales del tema. Carlos Silva Cruz,[8] en el proemio al libro de Luis Galdames, *Educación Económica e Intelectual* (1912) señala:

> Que la cuestion educativa es hoy entre nosotros, un problema de vital importancia nacional, mas aun, que es el *problema* básico y fundamental, de cuya solucion depende el porvenir de la República i al cual están adscritos, como subordinados, todos nuestros problemas políticos, sociales, económicos i financieros, no cabe dudarlo. (2; énfasis y ortografía originales)

Galdames, educador, abogado y político chileno, busca en este libro crear consenso entre dos posiciones opuestas: la tendencia intelectualista y la económica; en otras palabras, la oposición entre una educación liberal, con énfasis en la filosofía y las letras, y por otro lado una educación práctica que forme profesionales para la industria y el comercio.[9] La "cuestión educativa" se percibe como un "problema básico" y, como señala Galdames en sintonía con Mistral, la educación del pueblo es un paso para la consolidación democrática, el progreso económico y —particularmente para Mistral— para la elevación moral y reivindicación social de las clases y grupos oprimidos y no representados. El discurso de la crisis, enfocado en la educación, es una herramienta política que se usa para atacar gobiernos de turno y también, en el contexto de la crisis política que vive Chile durante el periodo de la República Parlamentaria, para criticar a la elite conservadora que es acusada de negligente ante la situación del pueblo.[10]

En 1917, Darío Salas motiva debates políticos con la publicación de *El problema nacional* y, como él, otros maestros e intelectuales claman por una mejor educación pública desde los periódicos y a través de libros polémicos.[11] La educación es un campo de batalla donde se debaten modelos económicos, raciales y sociales, mientras a nivel internacional la educación es un punto de competencia entre países y un estándar de desarrollo.[12] Se reconoce su importancia para el progreso de la nación y particularmente para el modelo social, político y económico futuro; por tanto, el debate está atravesado por ansiedades que van desde los roles de género hasta las luchas de clases sociales. Estos debates, sin embargo, se llevan a cabo lejos del magisterio, particularmente de las maestras rurales quienes, como sostiene Beatriz Sarlo, eran vistas como soldados del Estado, las últimas en la jerárquica maquinaria educacional.[13]

La centralidad de la educación, tanto a nivel de discurso teórico como en términos de políticas públicas y leyes, junto con el lugar desempoderado de la maestra rural, constituyen un marco esencial para trazar la emergencia del discurso político de Mistral hasta 1924. ¿Qué le permite, desde su lugar de maestra rural sin título, intervenir en los debates educacionales/políticos? Es posible reconocer una serie de estrategias entre las que se destaca una retórica nacionalista (hasta 1920), empapada de una ideología liberal y popular que funda su autoridad en la experiencia de la maestra. Esta autoridad se fortalece con el creciente prestigio de la intelectual y, más adelante, con su visibilidad literaria y reconocimiento internacional.

Sus primeros textos en prosa, como los breves ensayos a favor de la instrucción de la mujer, de la Ley de Instrucción Primaria Obligatoria y una educación patriótica, surgen desde el espacio relativamente autorizado de la educación y entran progresivamente en el terreno de lo político. Estos discursos van hilando lo político, lo social, lo identitario, lo nacional, desde el espacio multidimensional que Mistral construye a partir de su identidad de maestra, poeta e intelectual. En último término me interesa argumentar que más allá de la función de cada una de las identidades y géneros literarios de Mistral, es la prosa ensayística, en cuanto medio de intervención en los debates educacionales/políticos/sociales, el vehículo que permite la transición desde el lugar de maestra y poeta rural hasta el de intelectual transnacional. En ese sentido sus crónicas periodísticas y breves ensayos se insertan en una línea que une literatura y política y que, según Julio Ramos, se perfila hacia fines del siglo XIX: "En el ensayismo —'Nuestra América' y algunas crónicas anteriores de Martí son los primeros ejemplos— la literatura comienza a autorizarse como un modo alternativo y privilegiado para hablar sobre la política" (*Desencuentros* 31). Si Martí, quien según Ramos habla y se autoriza desde una esfera estética para elaborar un discurso político, se siente con el derecho de determinar los componentes de la identidad latinoamericana en oposición "a los saberes 'técnicos' y a los lenguajes 'importados' de la política oficial" (31), Mistral, décadas más tarde, se sitúa en un lugar híbrido que reniega de una autoridad puramente estética, aunque apele a ella, y que recoge elementos de saberes técnicos, populares, experienciales y de la alta cultura en un discurso ético-intelectual que se opone y busca desarticular los discursos de las elites, ya sean políticos, literarios, u otros.

Esta participación no es coherente con el lugar desempoderado y el bajo estatus intelectual de la gran mayoría de las maestras rurales a comienzos del siglo XX, pero puede entenderse, al menos en parte, observando la progresiva participación de Mistral en la prensa, primero en medios locales y marginales y más tarde en medios de mayor circulación y relieve. Mistral comienza en 1904 publicando poemas, prosas poéticas y cuentos y ya en 1906 aparecen textos de tipo ensayístico que tratan temas extra-literarios como en "La instrucción de la mujer" y "La Patria."[14] Hacia 1908 su voz de ensayista comienza a consolidarse en textos como "El crítico de Barros Arana" y "Colaboración sobre la instrucción primaria obligatoria." Sus viajes dentro de Chile, producto de sus distintos nombramientos en escuelas del país, le permiten publicar y darse a conocer en ciudades como Antofagasta, Los Andes,

Temuco y Punta Arenas. El desarrollo de su prosa va acompañada de una creciente fama literaria nacional e internacional, sin embargo su discurso social y político no se funda exclusivamente en una autoridad estética.[15] Depende más bien de la interdependencia de su rol de educadora con el de poeta, particularmente la poeta de "Oración de la maestra" y de los textos de libros escolares de Guzmán Maturana.[16] El discurso pedagógico mistraliano se diferencia del discurso pedagógico que otros profesionales de la educación desarrollan en ensayos y libros especializados. Mistral, por medio de distintos géneros y medios de prensa, apela y llega a un público amplio y diverso aumentando así su capital político, entendido como un reconocimiento positivo por parte de maestros, estudiantes e intelectuales, particularmente, en su calidad de educadora y reformadora. En ese sentido, concuerdo con Licia Fiol-Matta en que Mistral: "took the school-teacher persona to heights it had not known before, and in this way she elevated the metaphors of education and schooling to a degree resembling those of her nineteenth-century predecessors who championed republican motherhood" (*Queer Mother* 217). Un ejemplo de la efectividad de esta diferencia mistraliana es el éxito continental de su prosa "Oración de la maestra" (1919) y su poema "La maestra rural" (*Desolación* [1922]), textos que seguramente tuvieron mayor circulación e impacto en los maestros que ciertas teorías pedagógicas y que podrían explicar la considerable fama de Mistral antes de su llegada a México.[17] Para llevar a cabo las reformas que la educación popular post-revolucionaria exigía en México era necesario, como bien lo sabía Vasconcelos, difundir a través de canales populares conceptos e imágenes que representaran los ideales de esta reforma educacional. Mistral promueve la idea de la maestra rural como una misionera laica, dedicada en cuerpo y alma a la educación popular. Poco después, en 1924, Diego Rivera hace eco de estos ideales en un mural titulado "La maestra rural" en la Secretaría de Educación Pública de México.[18]

Antes de su viaje a México, en un texto fechado alrededor de 1916–17, Mistral postula el potencial revolucionario de la educación y el poder político de los maestros: "Tal como la idea cristiana modificó en su época toda una civilización, consiguiendo imposibles, así hoy día el maestro, nuevo sacerdote del porvenir, puede transformar al mundo predicando doctrinas de humanidad y de progreso" (*Magisterio* 250). La idea de la educación como una herramienta de transformación social es central en los discursos de intelectuales y educadores en este momento. El discurso de Anatole France en el Congreso de Federación Nacional de Maestros Elementales de Francia (1919), al que Mistral probablemente tuvo acceso a través de la revista *Repertorio Americano*, expresa este ideal en el contexto de la posguerra: "El maestro debe hacer que el niño ame la paz ... Formad trabajadores inteligentes, instruidos en las artes que ellos practican y conscientes de cuanto ellos deben a la comunidad nacional y a la comunidad humana" (France 123). El énfasis de France como de Mistral está en la figura del maestro como sujeto clave en el proceso de transformación social, en beneficio del Estado, más que en la educación como un bien abstracto que viene del Estado. De hecho Mistral define como una "calamidad" el estado docente, "'especie de trust' para la manufactura unánime de las conciencias" (*Magisterio* 179) y en cambio defiende las escuelas libres.[19]

Mistral no solo articula, sobre todo antes de 1924, su discurso político y social desde la escuela sino que cree que ésta debe:

> inculcar la obligación de tomar parte sana en la política; debe condenar a los egoístas que no se interesan por el mejoramiento de nuestras instituciones; debe inculcar, como la más noble expresión de todo buen chileno la sagrada obligación de pasar por la escuela, los comicios y los cuarteles, y debe dar nociones claras y concretas sobre la Constitución y las principales leyes del país. (*Recopilación* 423)

Ciudadanía y educación van de la mano, y la educación cívica es una responsabilidad central de la escuela y por ende de la maestra, que a diferencia de los "egoístas" (las elites, los políticos) estaría interesada en el mejoramiento de las instituciones y en último término de la nación. El campo educativo se presenta como fundamental para una democracia moderna y el maestro es para Mistral un "constructor del país" que no solo tiene derecho a voz sino que está llamado a despertar la voz de muchos otros. Ramos identifica a estos profesionales de la educación y su particular campo discursivo a fines del siglo XIX:

> Se trata, en parte, de la profesionalización de los maestros, que para muchos modernistas serían otra figura-límite del sujeto literario. Pero más importante que esa profesionalización,

proyectada por Luz y Caballero veinte años antes, lo fundamental es la constitución de un *campo discursivo* específicamente
pedagógico, que posibilita el habla de los nuevos "profesionales."
(*Desencuentros* 84; énfasis original)

Los congresos pedagógicos asumen esta misión amplia y
buscan legitimar sus ideas en torno a temas relacionados directa e
indirectamente con la escuela, tales como: salud pública, leyes en
torno a la natalidad y el rol del Estado en una variedad de servicios
públicos. En tensión con los gobiernos, las agrupaciones y los
congresos pedagógicos, los maestros analizan y sugieren políticas
públicas. La tensión que atraviesa los textos de este tipo revela
la impotencia que los maestros y profesionales de la educación
sienten ante el escaso poder real para llevar a cabo sus iniciativas.
A nivel discursivo existe una polarización entre el campo de
la educación y el de la política. En 1919 se celebra el Segundo
Congreso del Niño en Montevideo y sus conclusiones generales
son publicadas ese mismo año en la revista *Repertorio Americano*.
Este documento, solo en la sección de "Higiene y Asistencia" que
consta de 34 conclusiones, exhorta directamente a los gobiernos
a tomar medidas con respecto a la tuberculosis, hacer obligatoria
la enseñanza sanitaria, la creación de una institución que tome
acción en contra de la mortalidad infantil, mejorar el cuidado
prenatal, fomentar la lactancia materna, dictar una ley que provea
parteras subvencionadas a las zonas rurales, entre otras demandas.

El 2º Congreso Americano del Niño exhorta vivamente a todos
los gobiernos americanos a legislar y reglamentar las cuestiones
primeras de la vida …. Que se insinúe a los poderes públicos la
conveniencia de dictar una ley … El 2º Congreso Americano
del Niño envía su aplauso al gobierno de Chile por el interés
que ha demostrado en el mejoramiento de la vivienda obrera.
("Segundo Congreso" 106)

Este documento deja en evidencia la distancia entre el "letrado"
y la ley. Los ahora portadores y diseminadores del conocimiento,
los que creen saber el modo de ordenar las naciones modernas
ya no son, al mismo tiempo, los legisladores (con pocas excepciones como Pedro Aguirre Cerda en Chile). Este texto, como
ciertos ensayos de Mistral, no solo revela la reconfiguración del
campo político con relación al intelectual, sino que también
habla del modo en que desde el espacio público, desde la prensa,

nuevos intelectuales —en este caso educadores— aspiran a comunicarse con los poderes públicos, buscan instalar ideas que al volverse populares puedan gestar cambios.[20] Los profesionales de la educación están en tensión con la agenda política y estos profesionales —cuando no están en cargos políticos— reclaman por la escasa atención que sus ideas e iniciativas reciben por parte de los gobiernos. Un ejemplo de esta desconexión está en una crónica de *Repertorio Americano* que alaba el Primer Congreso de Educación Primaria celebrado en Santiago de Chile en 1919: "Los elementos dirigentes de nuestra política y nuestra sociabilidad —salvo honrosas excepciones— han ignorado casi por completo este hermoso movimiento que en otros países habría preocupado y sacudido a la opinión tanto como aquí la preocupan los más menudos incidentes de la política de entre bastidores" ("El magisterio escolar" 101).

La prosa mistraliana no hablará desde lugares como Congresos o libros especializados; su tono y su público son diferentes. Mistral habla de educación, usa su autoridad de maestra y conocedora de teorías pedagógicas y participa de la centralidad del tema de la educación en su época; pero sus "ensayos de educación" son ensayos políticos que, a través de temas educacionales, intervienen en una multiplicidad de asuntos sociales de connotación política, en tanto exigen acción por parte del Estado (financiamiento, leyes, etc.). La identificación con el campo de la educación funciona como un campamento base que le permite explorar y ocupar el campo, cerrado para la mujer, de la política nacional. Un texto clave para analizar el modo en que Mistral, desde la educación y su identidad de maestra, interviene en temas políticos y sociales más amplios y menos autorizados para la mujer es "Sobre el centenario: ideas de una maestra," publicado por primera vez en *El Coquimbo* el 21 de agosto de 1909. Mientras trabaja como maestra en la escuela rural en Cerrillos, un año antes de tomar los exámenes que le darían oficialmente el título de maestra primaria, Mistral lo escribe como respuesta a una circular de la Inspección General de Instrucción Primaria. El título del texto traza un puente simbólico entre los debates en torno al Centenario, que son de carácter urbano, masculino e intelectual, y las ideas de una maestra rural que "tiene el placer de emitir enseguida, con el entusiasmo e interés que comunica el patriotismo sus modestas opiniones sobre el mejor modo de celebrar el próximo Centenario" (*Recopilación*

76). En este breve texto, que por medio de un lenguaje simple y directo manifiesta la urgencia de la Ley de Instrucción Primaria, Mistral se auto-representa como un sujeto que habla desde el sentido común, más allá de intereses personales.

> Con la realización de este proyecto soñamos todos los que sentimos las necesidades profundas del pueblo, no bastando a conformarnos con su postergación las razones dadas sobre ella, razones de economía principalmente ... Sería inútil una disertación sobre la importancia suma que encarna este asunto, sobre las causas que claman porque se verifique. Toda persona de cerebro y corazón reconoce sus ventajas; estamos acorde en la declaración de esta necesidad. (*Pensando* 311)

Desde un sujeto plural, un grupo que no es el pueblo pero que habla desde el pueblo y que vela por sus intereses y los de la nación, la escritora reconoce que esta ley es un asunto político y económico más que nada y, por lo tanto, su estrategia es política. Iguala el sacrificio económico que pide la ley al sacrificio exigido por la independencia y que ahora es motivo de celebración por el Centenario. Argumenta a partir de la lógica del progreso, la competitividad nacional en un mercado internacional, al mismo tiempo que se muestra por momentos "comprensiva" del "empeño de los buenos Gobiernos" (*Pensando* 312); pero a la vez cuestiona sus verdaderos intereses y propone una reinterpretación del atraso de la ley que los políticos ven como un beneficio aplazable y que ella denuncia como "el sostenimiento de un mal lamentable" (311). Palabras que son también un temprano ejemplo de la retórica diplomática que caracterizará su prosa, donde buscará el consenso por medio de reconocer esfuerzos y desde ahí pedir avances.

Volverá al tema de la instrucción primaria obligatoria en 1919 cuando la ley ha sido ya despachada por el Senado. Evidentemente molesta por los bajos sueldos que la ley establece para los maestros primarios, Mistral, nuevamente usando un sujeto plural, siente la urgencia de dar a conocer su opinión: "Por la tardanza con que nos llegan los detalles, tenemos que estampar en este sitio, y con suma brevedad, un comentario que debe ser largo" (*Recopilación* 437). Interpela al Senado por fijar sueldos que califica de "ridículos" y enfrenta a los políticos con la clase trabajadora y los maestros.[21] En el contexto de su primer cargo como directora de liceo y en un momento en que está abocada a discutir y confrontar la actitud del gobierno y la sociedad en general hacia la educación pública, este texto resulta central para entender la frustración de Mistral frente al nulo poder político que el campo profesional de la educación tiene frente a sus propios asuntos y, más generalmente, respecto a temas sociales y políticos de su interés.

> La literatura pedagógica del último tiempo en Chile ha sido rica y brillante; libros, revistas, periódicos, han esbozado y hasta profundizado, reformas absolutas, todas las cuales exigen, como primer paso, el mejoramiento económico del profesor primario. No es posible pedir que renueve constantemente su cultura, con asistencia a congresos de enseñanza y con lecturas, a un hombre que gana lo que el gañán en la zona central … Toda esta literatura, como se ve, no ha obtenido nada, y no conducirá a nada, puesto que el punto inicial es el que anotamos. (*Recopilación* 438)

Mistral, que en otros momentos reconoce la distancia que ella mantiene con grupos organizados de maestros[22] (aunque en ocasiones los apoye y colabore con ellos), explica su propia estrategia: desafiar públicamente la lógica de las decisiones políticas de la elite y reordenar las prioridades de la agenda política en favor de la clase trabajadora. La prensa y la opinión pública tienen, de acuerdo con Mistral, más poder que los ignorados discursos pedagógicos.[23] Prosas ensayísticas como esta parten del lugar establecido de la maestra, quien al escribir acerca de políticas educativas y vincularlas a los proyectos nacionales en un espacio público no especializado, toma parte de un debate político-intelectual central en Chile. Existe evidencia que su discurso y sus acciones políticas, aunque amparados tras su rol de maestra, fueron vistas por sujetos en posiciones de poder como una transgresión. En 1921 durante su estadía en Temuco Mistral le cuenta en una carta a Manuel Magallanes Moure: "Aquí no me quedo. Tú sabías que Ricardo Valdés, Senador por Cautín me acusó de intervención en política" (Mistral y Magallanes Moure, *Manuel* 147).

Mistral reconoce el potencial de reflexión y acción política que se halla en el campo educativo y cómo el educador ve lo que los políticos no ven y se lanza a la acción. Esta función política que emerge privilegiadamente en el educador está presente en un texto que en 1927 Mistral le dedica al escritor e intelectual argentino Manuel Ugarte:

> El profesor hizo lo suyo. Ugarte, hombre dinámico, tallado física y mentalmente para la acción directa, con mucho más contacto caliente con la vida de esos pueblos que el otro, *construyó sobre la meditación académica el andamiaje de una doctrina política*, buscó documentación poderosa y se puso a recorrer países y países. Hacía conferencias, dejando su obra de cuentista al margen de ellas, cosa muy digna de anotarse en hombre que pertenece a la terrible casta literaria. (*Gabriela y México* 237; énfasis mío)

La política y la educación son esferas que se conectan mucho más que la literatura y la política. El conocimiento y contacto con el pueblo es lo que lleva a Ugarte a la acción, el pensamiento pedagógico, es según Mistral, la base de su ideolifa política. Cabe notar que el rechazo mistraliano a la "terrible casta literaria" tiene su momento más alto durante su primera estadía en México, como explica el capítulo 1. Manuel Ugarte, que no fue maestro como Mistral, es definido como tal por ella en base a una idea más amplia del concepto de maestro y de la educación como campo. Ugarte escribió acerca de la educación latinoamericana, la criticó duramente y también planteó su visión, que coincide en muchos aspectos con la de Mistral.[24]

Al igual que Jean Franco propone en *Plotting Women*, Mistral toma el camino de la visión histórica para así poder trazar momentos específicos en los que ciertos sujetos disidentes aparecen en el texto social y emerge la lucha por el poder interpretativo.[25] Creo que la aparición del discurso político e identitario (qué es Chile y qué es América) de Mistral también se explica en un contexto particular, y a partir de un sujeto excepcional cuyo discurso y acción están posibilitados por incipientes espacios modernos (prensa, educación estatal, internacionalización, reorganización del campo literario).

Literatura, pedagogía y política

"There is, in fact, nothing *more political* than the constant attempts to exclude certain types of issues from politics" (Leftwich y Held, cit. en Squires 9; énfasis original). Cuando lo político se entiende como circunscrito a espacios institucionales y de gobierno, a la actividad de quienes rigen en los asuntos públicos, queda claro que la mujer ha sido excluida de él; sin embargo, cuando la definición de lo político es, como sugiere Judith Squires, la lucha por la distribución del poder, se hace evidente que la mujer ha definido y ha sido definida por lo político (3).[26] Los debates teóricos que desde la perspectiva de género cuestionan definiciones monolíticas, androcéntricas y elitistas de lo político permiten una reinterpretación de este ámbito en el pensamiento y la actividad de Mistral. Aun cuando Mistral no pueda ser identificada con el espacio político feminista de las sufragistas de principios de siglo, la lucha por la distribución del poder está en el centro de sus textos. Su discurso político y social así como las numerosas relaciones que tuvo con figuras centrales de la política chilena e internacional comienzan a recibir mayor atención académica y de un público más amplio, gracias a nuevas ediciones de prosa y correspondencia.[27] No obstante, aún queda bastante por decir con respecto al modo particular en que Mistral hizo política, sus estrategias de posicionamiento y las tensiones que su participación política desató. Es por eso que desde una óptica feminista es necesario preguntarse por los espacios desde los que la mujer hacía política previo al reconocimiento de su derecho a votar y ejercer cargos públicos. Joan Landes, en su revisión crítica desde el feminismo del concepto de espacio público de Habermas, propone que la limitación de participación en la esfera pública que el mismo Habermas reconoce y atribuye a la sociedad de la época (que solo permitía a los hombres con propiedad tomar parte) es más compleja. Landes sugiere que la división entre la esfera pública y lo privado significa que muchas preocupaciones y temas catalogados como privados son, por tanto, inapropiados para el debate público: "Habermas often overlooks the strong association of women's discourse and their interests with 'particularity' and conversely the alignment of masculine speech with truth, objectivity, and reason. Thus he misses the masquerade through which the (male) particular was able to posture behind the veil of the universal" ("The Public and the Private Sphere" 98).

La prosa mistraliana trae lo privado a lo público, los reclamos de las madres a los gobiernos, los derechos de los niños ilegítimos a la agenda legislativa; en ese sentido, sus ideas subvierten fronteras arbitrarias y transforman problemas "privados" en asuntos públicos. Desde esta perspectiva, sí existe un vínculo entre su pensamiento y el feminismo, aun con sus vertientes actuales que proponen instalar la particularidad del género femenino en lo público y lo político, no solo como temas, sino más bien como modos distintos de hacer política, de relacionarse con el Estado y el pueblo. El ideal mistraliano de la maestra rural será entonces un sitio desde donde se construye un concepto de representación más orgánico y "sincero" que el de la política tradicional. Este ideal de maestra, presente en su prosa y su poesía, aparece nítidamente en el comentario que hace al recado que dedica a la maestra mexicana María Dolores Arriaga, compañera de trabajo y amiga durante su primera estadía en México:

> ella vivía con la aldea una consanguinidad; a pesar de su rostro tan personal, Lolita se sentía miembro de todos, y así conocía la impersonalidad a lo divino que es la de los Santos.
> Porque no basta el que la maestra se sienta "solidaria" de la aldea; esto de la "solidaridad" huele un poco a política, o sea a vínculo malicioso y defensivo. Lo que se precisa es que la maestra sea una víscera de ese pequeño cuerpo que llamamos "pueblecito," y la víscera más noble, su corazón batidor. (Mistral y Vargas Saavedra, *Caminando* 267–68)

Esta maestra tiene el potencial de cumplir una función de liderazgo y representación que Mistral distancia tajantemente de la política tradicional masculina que se define, al igual que en otros de sus ensayos, como falsa y determinada por interés personal. En ese sentido, la maestra ideal de Mistral se valida y funciona, en una escala más local, como su modelo de obrero intelectual, quien debe ser parte integral del pueblo, aunque inevitablemente diferente, un sujeto que manifiesta una superioridad moral, una "nobleza superior" que lo distingue y por lo tanto lo separa. La maestra entonces debe aspirar a dos cosas difíciles de compatibilizar: la compenetración con el pueblo, a la vez que la transformación de él: "Es necesario que ella sea una mujer para la democracia americana, toda una fuerza social que obre en beneficio de la purificación y la elevación de las masas populares" (*Magisterio* 181). La "purificación" del pueblo, en línea con la idea ampliamente aceptada desde el siglo XIX de la relación causal entre la educación y la moral, hace visible el objetivo de asimilación y adoctrinamiento que guía la educación pública. Haciendo eco de Sarmiento, Mistral escribe en 1926, a propósito de las madrinas de lecturas, que "[e]s necesario civilizar, cristianizar el campo. Siquiera desbarbarizarlo" (99). Este concepto de barbarie y la capacidad de la maestra de civilizar era uno de los mensajes más fuertes que se les inculcaba a las maestras normales desde fines del siglo XIX. En Mistral resulta interesante que estas ideas, que aparecen con mayor frecuencia durante y poco después de su primer viaje a México, conviven sin aparente conflicto con su indigenismo y con su valorización de la cultura popular folklórica.

Mistral maestra, poeta y ensayista necesitaba encontrar un espacio de enunciación y un marco de referencia a través del cual difundir sus ideas políticas y promover así sus proyectos (reforma agraria, educación de la mujer, entre otros). Hablar desde el campo de la educación, pero hacia un público no especializado a través de la prensa, fue en un comienzo una estrategia central para Mistral; su prosa política se autoriza más desde el campo de la educación que desde una esfera estética. Durante el siglo XIX, y en el marco de un discurso pedagógico positivista, el escritor no tenía cabida en el campo discursivo específicamente pedagógico (Ramos, *Desencuentros* 84);[28] sin embargo, al entrar el siglo XX, la república de las letras se separa de lo político estatal y el escritor ya no es más el letrado encargado de redactar los códigos legales,[29] pasando a ocupar otros espacios discursivos. La separación de éste de la administración estatal, aunque no de la política, permite a su vez entender la nueva relación que a partir del siglo XX se establece entre pedagogía y política. La pedagogía, después del dominio positivista y utilitarista que la caracteriza durante el siglo XIX y en el contexto de las reformas y debates de principios de siglo XX, es un espacio heterogéneo que al proponerse, además de la instrucción del pueblo, la construcción de la cultura, la consolidación de la democracia y la transmisión del nacionalismo, convoca a los intelectuales. Intelectuales como Leopoldo Lugones se esforzaron por demostrar la proximidad del campo pedagógico con la política y, por consecuencia, la necesidad y validez del discurso acerca de la educación para definir debates políticos y el destino de la nación. En *Didáctica* (1910) Lugones sostiene que "todo padre y todo gobernante debe tener ideas claras sobre instrucción pública. Va en ello la suerte de los hijos y también la del país." Y agrega: "La escuela es un bien de todos y todos le debemos nuestro esfuerzo. Si anda mal es porque anda mal el país" (6). La asociación entre el éxito de la educación y el progreso del país es una idea que comparten sujetos como Mistral y Vasconcelos quienes construyen estratégicamente su identidad como maestros e intelectuales ante los políticos y los burócratas apelando a la relativa autonomía del campo cultural y a su conocimiento pedagógico. Los intelectuales/ pedagogos establecen relaciones que los benefician tanto a ellos, por medio de trabajos e influencia en las políticas públicas, como a los gobiernos y los políticos, que necesitan modernizar la educación. Sin embargo, la misma autonomía relativa del campo intelectual supone la precariedad de esta relación que se quiebra cuando el intelectual cuestiona públicamente la legitimidad de gobiernos o el poder de los políticos (quiebre que se observa por ejemplo en: Obregón/Calles versus Vasconcelos y Ibáñez del Campo versus Mistral).

La vida de empleada pública y diplomática de Mistral estuvo marcada por conflictos entre su discurso público y las exigencias de su posición. En 1935 se filtra a la prensa una opinión crítica de España que Mistral le expresa en una carta privada a Armando Donoso lo que provocó un impasse diplomático que la obligó a trasladarse a Lisboa. Si bien Mistral defiende públicamente su independencia política y sufre las consecuencias como la suspensión de su pensión de gracia por el presidente Carlos Ibáñez del Campo, las represalias de estos actos provocan un grado de autocensura, como se evidencia en el "Cuaderno de Petrópolis" donde Mistral hace una fuerte crítica a las fuerzas ibañistas, que según ella, amenazan la democracia y libertad, aunque termina diciendo: "Yo soy una subalterna que debe tener, Santo Dios, la boca callada" (Bendita 157).[30]

Mistral argumentó a favor de la separación del poder político y las letras —"la conjunción de espada y letras o de 'mando y letras,' que es artificial y artificiosa a pesar del decir cervantesco" (*Colombia* 2: 471)—, al mismo tiempo que dejó testimonio, principalmente en sus cartas, del conflicto que en ciertos momentos de su vida le significó su dependencia económica del Estado de Chile y el deseo de buscar modos de subsistencia que le permitieran conservar su libertad. En 1925 en una carta a Pedro Aguirre Cerda, que ya en ese entonces le gestionaba su jubilación, la maestra, junto con agradecerle, le señala: "Sin una relativa independencia económica, no es posible decir la verdad en ninguna tierra, y sin la verdad no se sirve a Dios ni a las criaturas" (*Pensando* 374). La libertad de pensamiento y la independencia económica aparecen como valores fundamentales en la prosa mistraliana, valores que se proclaman públicamente en momentos claves de su relación con el Estado de Chile. La idea de libertad de pensamiento en el intelectual es un símbolo de estatus y una marca de poder en el campo intelectual moderno.

Entre 1918 y 1920 Mistral asumió, como directora del Liceo de Niñas de Punta Arenas. En su discurso a los presos de esa ciudad declara: "Libertad es no servir a los errores u horrores de la colectividad dentro de la cual vivimos; la libertad que conocieron los santos, es emanciparse lo mismo de un cargo público que de la garra de la avaricia o de la soga del amor" (*Recopilación* 372). La proclamación de esa libertad, el gesto de "probar" la independencia de su pensamiento es central al proyecto intelectual de Mistral, particularmente en los momentos en que sus vínculos con el Estado son más fuertes y durante los cuales existe una tensión constante entre la crítica a lo político-estatal y el discurso que se articula desde lo político-estatal. Mistral hace frente a la barrera que la separa de la política tradicional creando espacios alternativos y transformando espacios tradicionales, como la escuela, para la propagación y la puesta en práctica de sus ideas. Mistral hace crecer su esfera propia, la de la escuela, hacia una función política mayor. Su estadía en Punta Arenas es un ejemplo de esta estrategia y es ahí, en 1919, donde consolida esta visión:

> Si la escuela tiene por objeto hacer ciudadanos, no sé por qué ha de limitarse a formarlos en las almas infantiles, y no ha de emprender esa otra gran tarea, más ruda tal vez, pero no menos humanitaria, de educar igualmente a los grandes. "El rol de la escuela —dice M Robin— debe ensancharse. No debe ser solamente lugar de estudio para los pequeños sino más bien *el centro intelectual, moral, artístico de una aglomeración; el lugar de reunión querido de todos, que reemplace a la taberna y a todas las malas instituciones morales …*'" (*Recopilación* 424; énfasis original)

La escuela aparece aquí como la cuna del progreso de una nación, el centro comunitario intelectual, moral (que llena y reemplaza funciones tradicionales de la Iglesia y los gobiernos locales), en tanto contrapunto de las lacras sociales que impedirían el progreso. Este espacio polifuncional, que en palabras de Mistral tendría que "educar igualmente a los grandes," exhibe el potencial político de la organización sindical o campesina. Durante su etapa chilena Mistral pone en práctica estas ideas de la función social y política de la escuela y, potencialmente, la de sus maestros y maestras. La prensa local deja testimonio de eventos como la despedida de

Mistral de la ciudad de Temuco en 1921 y la reunión en La Casa del Pueblo donde, según el periódico, la maestra "fue a despedirse de los obreros, sus buenos amigos por quienes tanto ha bregado" y donde además de dar un discurso (que se reproduce en el periódico) "leyó la bella oración con que se despidió de sus alumnas." El artículo periodístico da cuenta de la importancia que la maestra tenía para la comunidad local y es también un ejemplo de los distintos niveles en que Mistral es representada (maestra, poeta, amiga del pueblo). Cabe destacar el comentario con que termina la noticia: "Entre los asistentes notamos con agrado la presencia del alcalde, señor Cabezas y otras autoridades" (*Recopilación* 465). En medio del protocolo, la declamación y los homenajes, se generan espacios de contacto que le permiten a Mistral intervenir en temas que exceden su trabajo de directora, como en esa ocasión denunciar el estado denigrante de la cárcel. Esta escuela y su función como directora operan como un "campamento base" desde el cual esta intelectual avanza hacia espacios hasta entonces prácticamente cerrados para la mujer.

Las identidades de género y clase generan ciertas contradicciones con la idea mistraliana del intelectual y la participación política que su discurso le exige. A veces parece querer silenciar a los intelectuales tradicionales para dar espacio a nuevas voces (mujeres, niños, indígenas) a las que llama a participar políticamente para conseguir justicia social. Pero, por otro lado, refuerza el rol maternal y doméstico de la mujer, sin resolver las contradicciones de ese rol con una participación política activa. En 1928 se publica en *Repertorio Americano* la respuesta de Mistral ante el tema de la resistencia de Sandino en Nicaragua. Si bien la posición de Mistral frente a la relación entre Latinoamérica y Estados Unidos se verá con más detenimiento en el siguiente capítulo, esta carta interesa por las ideas y estrategias políticas de la autora.

> Sin embargo, voy convenciéndome de que caminan sobre la América vertiginosamente tiempos en que ya no digo las mujeres, sino los niños también, han de tener que hablar de política, porque política vendrá a ser (perversa política) la entrega de la riqueza de nuestros pueblos: el latifundista de puños cerrados que impide una decorosa y salvadora división del pueblo; la escuela vieja que no da oficios al niño pobre y da al profesional a medias su especialidad; el jacobinismo

avinagrado, de puro añejo, que niega la libertad de cultos que conocen los países limpios; las influencias extranjeras que ya se desnudan, con un absoluto impudor, sobre nuestros gobernantes. Van, por servirlo, estas líneas que contienen, más que observaciones mías, comentarios oídos en París a sudamericanos dirigentes. (*Colombia* 1: 454)

En primer lugar este texto despliega estrategias que justifican el acto de hablar de política. En la prosa mistraliana, la política es un concepto marcado por significados negativos —"perversa política"—, masculinos, opuestos a los intereses del pueblo y las minorías. Mistral, como señalé anteriormente, se diferencia y se ubica en oposición a los políticos y su ámbito. Sin embargo, en este texto la idea de política es re-significada con relación a los intereses y necesidades materiales del pueblo (la tierra, la educación), del Estado (frente a las influencias extranjeras) y de la identidad latinoamericana (la religión) lo que según la lógica del texto exige a quienes bajo la definición tradicional de política no participaban en ella, participar. Es un discurso de la crisis —en el contexto de la situación de Nicaragua donde ciertos políticos establecen alianzas con los Estados Unidos en contra de los intereses del pueblo— lo que valida la voz de Mistral y las minorías oprimidas. Sin embargo, en este ensayo, como en otros, es el o la intelectual quien define las necesidades del pueblo y los elementos centrales de su identidad. Pareciera que su idea de empoderar a estos grupos tiene como precondición —o es sinónimo de— educarlos e higienizarlos (haciendo eco de las teorías de higienización social del siglo XIX). El texto no llama directamente a las mujeres y los niños a la acción revolucionaria, sino que señala la necesidad de la participación a través de la palabra. Más adelante hay un llamado a la acción, pero este es para los hombres, particularmente aquellos que solo se dedican a hablar de política: "Los hispanizantes políticos que ayudan a Nicaragua desde su escritorio o desde un club de estudiantes harían cosa más honesta yendo a ayudar al hombre heroico, héroe legítimo como tal vez no les toque ver otro, haciéndose sus soldados rasos" (*Colombia* 1: 455). Me parece que esto no responde simplemente a una división tradicional de labores por género. En París, desde su escritorio en el Instituto Internacional de Cooperación Intelectual Mistral llama a las mujeres a hablar de política, al mismo tiempo que condena a los hombres que hacen lo mismo. Claramente Mistral no se reconoce como una intelectual hablando desde un escritorio, sino como quien, a diferencia de esos hombres, ve el "sepulcro blanqueado" que significan los discursos políticos acerca de Nicaragua en la Conferencia Panamericana de La Habana.[31] La protesta pública de Mistral responde al llamado de Sandino que pide a los delegados latinoamericanos que se manifiesten en La Habana en contra de los Estados Unidos: "Que nuestras voces se oigan en La Habana" (Sandino 120); sin embargo, no hubo nación que reclamara al presidente Coolidge por la intervención norteamericana. Las mujeres o las minorías al intervenir en política no se transforman, de acuerdo al pensamiento mistraliano, en los intelectuales pasivos y alienados de las necesidades del pueblo, aun cuando escriban desde un escritorio en París. El ser mujer, el ser indio o campesino determinaría para Mistral la diferencia de visión y daría un valor mayor al discurso que habla desde la experiencia de la marginalidad y con la honestidad y valentía de quien no hace cálculos personales. Un ideal que se desprende de sus textos y que es un modo de validar su propio discurso. Por otra parte, es problemática la idealización del pueblo y las minorías que Mistral presenta como más propensos a hablar con la verdad, carentes de la hipocresía y cinismo del hombre culto de la ciudad (particularmente del político o el intelectual). En un comentario de los discursos políticos del Presidente Juan Antonio Ríos (1942), Mistral pide que los discursos se asemejen más al lenguaje de la acción: "Esta lengua parecida a la flecha, de frase corta y enjuta, es por excelencia la que el pueblo celebra más y retiene mejor. Ella se asemeja al hablar objetivo de la gente rural; ella es pueblo rectificado, pero pueblo. Esta habla, además, carece de escondites y rodeos mañosos ..." (*Pensando* 299). El discurso del pueblo es objetivo y directo pero lo que Mistral reclama no es necesariamente espacio para que se escuche al pueblo sino que el político o el intelectual "aprenda" de él para así interpretarlo y servirlo mejor.

Aunque al principio del texto sobre Sandino el propósito declarado es solo dar "comentarios oídos en París a sudamericanos dirigentes" (Mistral, *Colombia* 1: 454), rápidamente se pasa a demandar la formación de una legión hispanoamericana por-Nicaragua con jóvenes de todo el continente, a ridiculizar la función de los diplomáticos de la Conferencia Panamericana y terminar elevando a Sandino a la categoría de héroe continental. En último término el discurso político de Mistral aparece como un discurso que desborda los límites que el mismo intenta autoimponerse y que justifica estos desbordes a partir de un discurso de la crisis — de la política, de la intelectualidad tradicional— que se caracteriza como incapaz de denunciar injusticias y hacer cambios a favor de la mayoría.

Artesana de la chilenidad

> "Contar las patrias es tan dulce a la lengua
> como contar la infancia o el cuerpo de la madre
> o las carnes del hijo."
>
> Gabriela Mistral, *Magisterio* [1934]

Mistral imagina a Chile desde lugares heterogéneos; por un lado, recoge ciertos elementos hegemónicos de la chilenidad mientras, en una estrategia divergente, construye un imaginario nacional distinto, un pasado, un presente y un futuro que incorpora voces subalternas y geografías olvidadas. El discurso de identidad nacional mistraliano está atravesado por su posición de intelectual moderna de extracción popular, inserta en la tradición de intelectuales críticos de la nación (Bilbao, Lastarria) y en diálogo con las demandas de justicia social que surgen del sindicalismo, el socialismo y el movimiento a favor de la reforma agragria, sin embargo, su discurso se mantiene dentro de los marcos de la institucionalidad democrática. No es posible negar las complejidades del pensamiento mistraliano sobre Chile; es necesario por eso reconocer su ambivalencia y, por sobre todo, rescatar su poder desestabilizador de un discurso oficial fuertemente determinado por una visión masculina, militar y de elite.[32]

La identidad nacional que sus ensayos configuran exige una representación política más amplia, donde las mujeres, los campesinos y los indígenas tengan mayor visibilidad. Mistral explica la formación de la nación como una tarea conjunta de políticos e intelectuales. Estos "artesanos de la chilenidad," como ella misma los llama, han determinado hasta entrado el siglo XX la identidad y el destino de la nación; sin embargo, Mistral reconoce la necesidad y el derecho de incluir a otros actores sociales en estos procesos políticos.[33] Estos discursos de democratización de la cultura y la política que guían los grandes movimientos sociales desde el feminismo hasta el sindicalismo están marcados a su vez por la tensión entre la auto-representación de las minorías y la reproducción de estructuras de poder y actitudes paternalistas que intentan mediar la voz de estos nuevos sujetos sociales.

Mistral, en tanto mujer de origen campesino, que se mantuvo en un principio lejana a los ambientes académicos o oligárquicos de la capital, es uno de esos nuevos sujetos que no solo busca entrar al campo intelectual, sino cuestionar sus límites. Sin duda su pensamiento está influido, entre otros, por el legado del liberalismo chileno del siglo XIX, anarquistas como Antonio Bórquez Solar, los ideales de los intelectuales revolucionarios mexicanos, un socialismo cristiano y autores como Martí y Rodó. Estas influencias no restan mérito al hecho que significa para una intelectual como Mistral el arrogarse el derecho a redefinir términos tales como democracia, nación, ciudadanía y modernidad de modo alternativo a como eran definidos por las elites y el patriarcado en ese momento. Si bien el intelectual en términos mistralianos tiene un lugar y una responsabilidad en la política y el destino de su pueblo y su raza, Mistral, como mujer y maestra, juega la carta de "lo político no es lo mío" antes de argumentar las razones que la "obligan" a entrar en ese campo. Mistral escribe una serie de textos breves acerca de la identidad chilena y ciertas políticas públicas durante el periodo en que fue directora del Liceo de Niñas de Punta Arenas, como señala el apartado anterior.[34] Sin embargo, es a partir de su salida de Chile en 1922 que su prosa y sus cartas adquieren una función explícitamente política en tanto intervienen e instauran debates en la agenda nacional e influyen en personajes políticos chilenos. Objetivo que queda de manifiesto en la primera carta que Mistral le escribe desde México al entonces senador y futuro presidente de Chile, Pedro Aguirre Cerda.

> Honorable Senador y Amigo:
> Le envío un saludo respetuoso y cordial desde esta tierra mexicana, y quiero conversarle de un asunto que me interesa, a pesar de ser político. Usted sabe que mujer ajena al mundo de ustedes he sido yo en mi país. Pero se sale de él y cambian los puntos de vista de muchas cosas, y pasan a interesar cosas que no interesaron allí, y desea comunicar lo que se ve y se oye y que interesa a Chile, a los hombres representativos suyos, para que lo conozcan, lo consideren y decidan. (*Pensando* 366)

El asunto político en cuestión, la posibilidad de que el gobierno chileno no invite a México al Congreso Panamericano en Santiago que para Mistral representaría "la declaración de la servidumbre norteamericana" (*Pensando* 367), es lo que esta carta busca evitar. Central al presente análisis es primero el gesto —la escritura de la carta con fines políticos— y seguidamente la idea por la que Mistral se autoriza a entrar en el tema político. Si bien este capítulo pone en cuestión la noción, planteada en esta carta, de que ella no participó en asuntos políticos previo al viaje a México, sí es cierto que las intervenciones y discursos en su etapa chilena se enunciaban y validaban desde lo educacional. Mistral era una empleada del estado y tenía razones para evitar que su discurso y actividades fueran tachadas directamente de políticas; por lo tanto, cuando interviene en política se justifica y refugia en su función de educadora, que opera como su campamento base.[35] Desde 1922 Mistral tomará parte en asuntos económicos, políticos y sociales tanto nacionales como globales, por medio de un discurso que recurrirá menos a la identidad de educadora y más a su posición como intelectual transnacional provista de una visión e información privilegiadas. El énfasis de la carta a Aguirre Cerda está en lo que su nueva posición geográfica (México) y simbólica (representante de Chile en México, partícipe de redes político-intelectuales) le permite ver y conocer y que ella puede transmitir en beneficio de Chile. Esta "transmisión" de información no es mera descripción, sino que excede su declarado propósito al desarticular lógicas y acciones políticas desde una óptica alternativa, que se distancia —en términos éticos— de la política y la diplomacia tradicionales.[36] Esta particularidad no se reduce a la identidad de género aunque el argumento de esta carta está basado en una división de género: *yo, mujer, que no me involucraba en la política de ustedes los hombres ahora lo hago porque desde mi nuevo lugar y con una perspectiva distinta a la de ustedes tengo opiniones que aportar.* El valor superior que Mistral asigna a su particular visión política y social no se basa exclusivamente en ser mujer o ser de clase obrera, aunque ambos determinen esa particularidad. Es más bien no ser "ellos" (los políticos, los cancilleres y diplomáticos tradicionales), no tener ni sus perspectivas ni sus intereses, los cuales la maestra cuestiona desde una perspectiva ética.[37]

En este apartado quiero analizar una parte del discurso de Mistral sobre Chile en el contexto de las ideas de la nación como narración y, por lo tanto, inherentemente ambivalente y abierta (Bhabha [1990, 1994]; Anderson [1983]). En un contexto de democratización de la cultura, masificación de la escuela, nuevas industrias culturales, modernización y de participación activa en un mercado global, las naciones latinoamericanas experimentan un cambio en la idea misma de identidad nacional a partir de una mayor diversidad de discursos y lugares desde donde se define.[38] Homi Bhabha en la introducción a *Nation and Narration* plantea que las naciones tienen sus propias narrativas (aunque como Anderson rechaza la idea de nación estable y bien definida) y que, en general, las narrativas oficiales o dominantes superan a otros relatos, incluyendo el de los grupos minoritarios. Pero son estos últimos los que desde los bordes producen un exceso que altera y desplaza la identidad nacional: aportando al proceso de hacerlas más inclusivas y realistas (4).[39] Lo pedagógico establece lo que es la nación, es continuo y acumulativo, y basa su autoridad es un pasado histórico. Lo performativo está constituido por los elementos repetitivos de la vida diaria que exceden y cuestionan lo pedagógico de modo incesante. La tensión y ambivalencia entre ambas fuerzas es integral para la narrativa nacional[40] ("DissemiNation" 297). A partir de estas ideas de Bhabha, la maestra de principios de siglo funcionaría como una transmisora de una narrativa nacional estable, participaría, por lo tanto, de "lo pedagógico," propagando un discurso que uniforma y neutraliza la diferencia. Hay elementos tanto de lo pedagógico como de lo performativo en el discurso mistraliano, aunque cada vez que ella desborda el lugar asignado de la maestra como simple eco de una narrativa nacional totalizadora activa una fuerza performativa.

A mi juicio hay dos textos claves en la etapa chilena para hablar del nacionalismo mistraliano que asume, en cierto modo, la función de un discurso nacionalista aglutinador: "El patriotismo de esta hora" y "Juramento de la bandera," ambos escritos en 1919 en Punta Arenas.[41] Es necesario recordar que Mistral había sido nombrada directora del Liceo de Niñas de esa ciudad con el objetivo "chilenizar Magallanes," un territorio que recién en 1928 se convertiría en una provincia. Hasta ese momento, los habitantes del territorio patagónico no tenían derecho a voto, su poblamiento —bajísimo en esos años— aumentaba con la llegada de un gran número de inmigrantes europeos. Así, la identidad chilena parecía lejana todavía en términos geográficos y simbólicos.[42] Como directora de una escuela, Mistral escribe textos que refuerzan el patriotismo y los deberes cívicos como tareas morales esenciales al progreso y soberanía de la nación (también escribe ensayos que alaban a otros países, como Argentina).[43] Ambos textos construyen un ciudadano que debe identificarse con una bandera, historia y raza, ignorando diferencias internas y divisiones. Más tarde, sin embargo, Mistral argumentará en contra de estas nociones simplistas de nacionalismo en ensayos que reflejan una distancia crítica con un patriotismo entendido como la celebración de una idea de nación fija y jerárquica. Junto a la glorificación de símbolos patrios que guían una idea de nación unificada, existe en estos textos una redefinición de la idea de patriotismo, al caracterizarlo como una invitación —en extraña sintonía con teorías actuales de la nación— a crear la patria en actos particulares y en un constante movimiento. "Juramento de la bandera," un texto breve escrito probablemente para ser recitado por escolares, ha sido prácticamente ignorado por la crítica, tal vez por lo extraño que aparece en el conjunto mistraliano.

> Juro fidelidad a esta bandera blanca, azul y roja, que no conoce la vergüenza y que ha visto la cara de la gloria.
>
> Juro que le guardaré para la hora suya una sangre pura, sin el veneno de la razas en decadencia; un brazo espartano que mueva una fina alma ateniense.
>
> Porque ella nos une, somos fuertes y ninguna hora nos ha desmadejado en los conflictos; porque ella ama, se levantan los defensores; de todos los valles; porque ella recuerda, si es necesario, Carrera y Prat se reproducirán mañana. (*Pensando* 318)

Este juramento parece no calzar con las ideas de Mistral quien en otros textos critica duramente un patriotismo como el que aquí se describe (ver capítulo 3). Pero, sin duda, es un texto que calza perfectamente con el contexto en que está escrito, como parte del proyecto educacional del Estado chileno que pretende inculcar el sentimiento nacional a través de símbolos y actos (como lo explica Anderson), particularmente en zonas aisladas. Además de los lugares comunes de este texto resulta notable la alusión a la raza "pura" versus las razas en "decadencia," una idea que persiste —aunque bajo otros formas— en el pensamiento mistraliano. Su concepto de la raza latinoamericana se vincula estrechamente a su visión de civilización y barbarie (influida directamente por Sarmiento) donde lo blanco y lo europeo cumplen una función civilizatoria de lo nativo, al mismo tiempo que lo mestizo aparece como lo auténtico. No queda claro entonces cuáles son las "razas en decadencia," o si estas serían simplemente lo extranjero, pero cabe notar que, con respecto a la raza y la identidad, en el pensamiento mistraliano aparecen desde ideas de racismo contra la raza negra (que resurgirán tras el suicidio de su sobrino, Yin-Yin) hasta su reconocido indigenismo.[44]

"El patriotismo de esta hora" inaugura de forma más clara el tono y la estrategia que caracteriza a la gran mayoría de los textos en que Mistral discute Chile, su historia y su gente. Si bien superficialmente, este ensayo, en realidad esta conferencia escrita por Mistral y leída por un hombre en el Teatro Municipal con motivo de las fiestas patrias de 1919, es un recuento histórico, una alabanza a Chile y a su gente, es en realidad un texto profundamente desafiante y moderno en su concepción de la nación como el resultado de un proceso colectivo, abierto e inestable. Más tarde, en 1933 en un ensayo sobre el Valle del Elqui, Mistral se define como regionalista al mismo tiempo que expone la artificialidad y función política de una narrativa nacional unificadora: "La patria es el paisaje de la infancia y quédese lo demás como mistificación política" (*Pensando* 21). El discurso de Mistral acerca de la idea de la nación chilena aquí y en otros textos se aleja de un discurso patriótico escolar limitado a símbolos patrios y triunfos militares, se rebela dentro de los límites de su función de maestra, a la función de lo "pedagógico" en términos de Bhabha. Más tarde, cuando ya no ejerce como maestra en Chile, cuestiona más directamente este patriotismo superficial: "Tenemos en nuestra América una forma muy fácil, y aún diría cómoda, de patriotismo: la de los desfiles en las fechas históricas, los discursos y las fiestas patrióticas" (cit. en Valenzuela 208) y promueve, en cambio, la acción, la lucha por la justicia social como el verdadero patriotismo. Pero volviendo a su ensayo de 1919, se observa una estrategia retórica que, al agregar —rescatando y reformulando— elementos históricos, geográficos y psicológicos a la idea de la nación chilena, representa las narrativas nacionales como un proceso abierto, inestable e infinito. Me interesa leer, a la luz de Bhabha, estos textos como un intento por suplementar e intervenir un discurso identitario y político hegemónico.[45] Identifico estos breves ensayos y más problemáticamente aquellos posteriores a 1922 como discursos que surgen desde un lugar marcadamente minoritario, aunque estratégicamente intersticial, desde donde se intervienen narrativas totalizadoras de la nación y el pueblo chileno.

El concepto del "espacio cultural suplementario" que Bhabha desarrolla en "DissemiNation" aporta una forma de leer las estrategias de estos discursos mistralianos, sus ideas acerca de las minorías y su relación con lo "pedagógico," en el sentido de Bhabha. Mistral cita, repite ciertos elementos fundacionales del nacionalismo y la historia de la patria, pero al mismo tiempo disloca los discursos hegemónicos. Bhabha explica esta interacción en los siguientes términos:

> The minority does not simply confront the pedagogical, or powerful master-discourse with a contradictory or negating referent. ... It interrogates its object by initially withholding its objective. *Insinuating itself into the terms of reference of the dominant discourse, the supplementary antagonizes the implicit power to generalize, to produce the sociological solidity.* The questioning of the supplement is not a repetitive rhetoric of the "end" of society but a meditation on the disposition of space and time from which the narrative of the nation must *begin*. (Bhabha 155; énfasis mío excepto por "begin" en original)

"El patriotismo de esta hora" reflexiona sobre la patria y la define como una idea en proceso donde todos están llamados a participar. El comienzo del discurso repite lugares comunes — historia nacional hermosa, grandes hombres, justicia de nuestras guerras— es un elogio acrítico pero a la vez superficial del relato fundacional de la patria, relato que al mismo tiempo que Mistral cita, reconoce como falible: "Esto es lo que dice, si está honradamente escrita, la historia de nosotros" (*Recopilación* 347). Una estrategia retórica que facilita las preguntas que Mistral formula a continuación, la incorporación de cuerpos y espacios minoritarios que se mezclan con héroes, historiadores y maestros. La historia nacional es aceptada como esencial a la identidad nacional, no obstante, Mistral por medio de una representación abierta de la historia y no como un objeto ya terminado, la proyecta en distintas direcciones temporales y espaciales. En ese sentido, en términos de Bhabha, renegocia los términos, las tradiciones y los tiempos en que lo contemporáneo se transforma en historia.[46]

> La historia es algo más que un motivo para disertaciones sabias y para arengas líricas ... No es cosa de museo, no es una muerta, es una inmensa viva, erguida ante nosotros, sugiriéndonos y exaltándonos; es una fuente plena y palpitante, que como las que manan en las quiebras de las montañas, necesita prolongarse por un río que es el presente. Limitarla en su belleza y resplandor fuera agotarla. Nosotros somos sus continuadores; hemos de forjarla sin un desmedro de su hermosura pretérita, en cada hora actual, en cada ley justa que entregamos, en cada actividad nueva que aparece sobre el país. Con ser tan grande la obra de la Independencia, que conmemoramos, es solo un lienzo extendido, sobre el cual los próceres trazaron con colores rotundos, del carácter antiguo, un fondo inmenso en el cual las generaciones que venían irán trazando las figuras, las divinas teorías, de las ciencias, las artes y las industrias como un fresco milagroso de Puvis de Chavannes ... No somos los copiadores de nuestros augustos modelos. (*Recopilación* 348)

El objetivo de este texto, inflamado con la retórica conmemorativa de las fiestas patrias, es promover cambios políticos y sociales acordes con la agenda mistraliana (educación, progreso económico para la clase trabajadora, paz). La estrategia es presentar estos cambios como orgánicos a la identidad y la historia nacional, como una manifestación "natural" del patriotismo chileno. En otro nivel funciona como una reflexión, con fines didácticos, de la construcción de la historia nacional como un proceso abierto a la interpretación y a la modificación, que trasciende un tiempo fijo —el pasado— para reaparecer y transformarse en el presente y el futuro. La imagen del "fresco milagroso," propone un nuevo esquema de poder en el que la dirección del país, la definición de su historia, se reconocen como espacios de colaboración plurales y abiertos. Esta metáfora mistraliana transforma la historia de la patria en un modelo de cambio y participación política.

El patriotismo es redefinido en este texto, desmilitarizado, alejado de su asociación con una tradición inmóvil, masculina y hegemónica:[47]

> A la nueva época corresponde una nueva forma de patriotismo. Es necesario saber que no es sólo en el periodo guerrero cuando se hace patriotismo militante y cálido. En la paz más absoluta la suerte de la patria se sigue jugando, sus destinos se están haciendo. La guardia no se efectúa en las fronteras y

> es que se hace a lo largo del territorio y por los hombres, las mujeres y hasta los niños. Saber esto, sentir profundamente esta verdad es llevar en la faz, y en el pensamiento, la gravedad casi sagrada del héroe. (*Recopilación* 348)

Si la guerra llama a la participación masculina, la paz y la lucha por el progreso requieren de una participación más amplia. Mistral cuestiona la definición de identidad nacional como dependiente de la oposición con naciones y poderes extranjeros para llamar la atención acerca de su relación con el destino de su propio pueblo. Este texto define detalladamente las virtudes que exige este nuevo "patriotismo de la paz": trabajo, elevación de la cultura, "simpatía por el mundo" (349). Es un patriotismo que se caracteriza por ser constructivo, creador de cultura y riqueza, abierto al mundo y su influencia. Para crearlo Mistral agrega elementos a la historia nacional, agrega héroes al panteón y formula con su discurso una idea de armonía en el presente y el pasado histórico. Con una cuota de ingenuidad borra diferencias y defectos nacionales que son precisamente los que entonces frenaban los mismos proyectos políticos y sociales por los que la maestra luchaba. Este discurso político paradójicamente hace uso de una retórica de despolitización, en tanto niega las ideologías partidistas y las luchas de clases para unir a nivel discursivo a la nación chilena bajo un proyecto común (el objetivo de los discursos políticos de ese entonces y de ahora). Es posible también que esto no sea más que un intento por construir un ideal nacional con la esperanza de inspirar a los chilenos de distintos sectores políticos y sociales a trabajar juntos por una mayor equidad social. Si bien el corpus de prosa mistraliana acerca de Chile expresa una voluntad de acercar las clases sociales y estabilizar políticamente la nación también señala a los culpables de los males sociales y denuncia injusticias de modo directo.[48]

Estos textos ponen en crisis el discurso nacional pedagógico —en el sentido de Bhabha— que quiere imponerse y negar la diferencia, marginando a gran parte del pueblo como sujetos indignos de la modernidad. La fuerza del discurso mistraliano sobre Chile debe medirse frente a la exclusión histórica del pueblo chileno por parte de la elite durante el siglo XIX y hasta bien entrado el siglo XX.[49] El historiador chileno Julio Pinto describe en los siguientes términos la relación del Estado con el pueblo en el siglo XIX:

> El trato dispensado por el estado modernizador latinoamericano al bajo pueblo o a los muchos reductos de la "barbarie," un trato traducido en mayores impuestos, mayor vigilancia policial, mayor reglamentación de las vidas y los espacios cotidianos, mayor reclutamiento militar y un desprecio indisimulado hacia la mayor parte de sus costumbres y representaciones culturales, era cualquier cosa menos el que hubiera correspondido a sujetos racionales dotados de derechos inalienables. El mismo afán escasamente disimulado por reemplazarlos con poblaciones más civilizadas y el racismo que brotaba sin mayores eufemismos de una clase que seguía sintiéndose un poco como las avanzadas colonizadoras de las que creía descender, equivalían casi a desahuciarlos como seres dignos de la modernidad. (cit. en Rojo et al., *Postcolonialidad* 41)

Mistral no fue la única voz pública en denunciar la exclusión, en condenar la miseria en que vivía la clase campesina y obrera en Chile durante las primeras décadas del siglo XX. Sin embargo, su visión se diferencia de otros textos porque rara vez adopta una mirada etnográfica o una que desde lo alto observa la nación y las masas. Esto no significa que Mistral habla desde y para el pueblo, más bien su discurso surge a partir de la movilidad con que transita entre el pueblo y la clase intelectual y política.

Contadores de patrias

> "Pertenezco a la dolorosa y noble tradición del campesinado de la América; obra en consecuencia mi agrario total, y si no grita, habla siempre que halla ocasión."
>
> Gabriela Mistral, *Caminando*

En 1941 se publica el extenso comentario de Mistral al popular libro de Benjamín Subercaseaux *Chile, o una loca geografía* (1940); el comentario da cuenta de hasta qué punto Mistral rechazó caracterizaciones estereotípicas y degradantes del campesinado y del pueblo, aun en medio de un texto como este que ella reseña muy positivamente (el ensayo de Mistral pasó a ser el prólogo del libro en todas las ediciones posteriores). Al comienzo de este ensayo Mistral insiste en la importancia que tiene escribir sobre la patria y el carácter servicial de esta tarea (en oposición con un ejercicio más "egoísta" que podría ser la ficción): "Los contadores de patrias cumplen de veras un acto de amor … Va siendo tiempo que algunos dejen el oficio universal de poetas y se den con una modestia servicial a contar la tierra que les sostiene los pies trajinadores y la densa pasión" (*Pensando* 60). En ese sentido, celebra el libro de Subercaseaux que define como un ensayo geográfico, "un agente de educación en nuestro pueblo" (61) por su descripción de la naturaleza y el paisaje nacional. Discrepa, en cambio, en la descripción del pueblo chileno y rebate al autor a partir de una análisis de la relación de clases sociales, particularmente con respecto al vínculo entre la constitución física de la clase baja y la desigualdad y miseria en la que viven. Traslada los comentarios estéticos de la raza de Subercaseaux al plano de lo político: "Miseria todo eso y no fealdad constitucional; laboreo primitivo, ningún cuido de los dueños del cobre hacia la herramienta adámica y tampoco amor alguno del minero por sí mismo … (64). La "fealdad" es, ante los ojos de la maestra, la explotación por parte de la clase alta, el abandono del Estado que degrada y vuelve bárbaro al pueblo chileno. Aunque en otros ensayos Mistral hace eco de una noción sarmientina de la barbarie, aquí la barbarie es usada como sinónimo de la injusticia social endémica que los gobiernos latinoamericanos aún son incapaces de confrontar. La ansiedad con que los estados modernos desean despojarse de la barbarie para conseguir el respeto del mundo "civilizado" es recogida por Mistral al asociar la barbarie, ya no con la naturaleza indómita y los indígenas, sino con las democracias "mancas" que, por ejemplo, no garantizan el derecho a la tierra: "Cuando esa gente de ojos abiertos [los europeos] nos llama bárbaros, porque no estudiamos latín o porque no bebemos té, no tienen razón; la tienen, ¡y de qué tamaño! [c]uando se ríen de nuestras democracias con mil propietarios por millón de habitantes" (331).

Mistral niega nociones hegemónicas de la superioridad de ciertas clases y razas blancas y educadas (aunque en otros contextos las sostiene) y provocadoramente argumenta a favor de una jerarquía alternativa.

> Aunque a los civilizados pedantes les indigna mi ocurrencia, pienso que toda esa gente [tribus de Tánger y Marruecos], muchas veces plebeyísima en el sentido de la miseria corporal, está más asistida y es mucho más rica en lo que toca a los negocios del alma de nuestro criollo bien servido de escuelas, aldea por aldea. Esas tribus poseen a sus maestros artesanos,

usufructúan de sus cantadores al aire libre y sus poetas
todavía cantan la vida árabe, porque aún no aceptan la ajena.
(*Pensando* 65)

Mistral problematiza la dicotomía civilización y barbarie a partir
de elementos históricos, definiciones alternativas del arte y la estética, el cultivo de la vida espiritual y su relación con las tradiciones
de un pueblo. En 1940 la escritora tiene una posición crítica frente
proyectos civilizatorios simplistas que creen en la asimilación del
pueblo y los indígenas a través de una educación eurocéntrica.
Rescata, en cambio, como esencial para la riqueza del espíritu, la
conservación de oficios y tradiciones ancestrales. Subercaseaux,
que aunque crítico de su clase pertenecía a la más alta oligarquía
nacional, caracteriza de modo negativo al campesinado; Mistral se
le opone desde su particular óptica que solidariza y, aunque con
su tendencia a idealizar al pueblo, aparece como comprensiva de
la clase popular: "Aquella masa que usted solo ve lenta, perezosa
y de una blandura hipócrita, constituye para mí la raza chilena
efectiva, la mayor y la mejor de nuestras clases sociales" (*Pensando*
66). La masa "floja" y amenazadora que ve la elite es, para Mistral,
la verdadera raza chilena; son sujetos dignos de la modernidad,
ciudadanos con derechos, actores claves para el éxito de los
proyectos de modernización y la consolidación de una democracia
inclusiva.

La geografía humana chilena, según Mistral, está determinada
por la mezcla indígena-española (que Vasconcelos idealizará poco
después en *La Raza Cósmica*, 1925) lo que explicaría rasgos de
carácter nacional: "Voluntad, de la dura voluntad chilena, de la
terca volición vasco-araucana" (*Pensando* 53).[50] Como la crítica ha
señalado insistentemente, Mistral rechaza la negación del indígena
y lo descubre en cada persona y hasta en la geografía nacional.[51] Su
posición crítica ante los pretendidos civilizadores y ante la superioridad de lo europeo se acentúa después de su primer viaje a Europa
(1924), pero hasta entonces le reconoce un lugar y una función
positiva a los europeos en la formación nacional: "No sentimos el
desamor, ni siquiera el recelo de las gentes de Europa, del blanco
que será siempre el *civilizador* …" (16; énfasis original) dice en
1923. En ese mismo texto, titulado "Chile," el énfasis en definir la
raza chilena se entiende como parte de un discurso de identidad
nacional que promueve —tanto para un público nacional como
internacional— las cualidades humanas y el potencial de Chile.[52]

El texto de Mistral refuerza la autoestima nacional al mismo tiempo que la re-define. No es más verdadera que otras ficciones nacionales, su tono es de una mirada autocrítica frente al espejo, sin embargo, no es más que otra narrativa, otra fantasía que contribuye a la idea de nación.

El panteón mistraliano, creado a través de una multitud de crónicas, "recados," ensayos y citas, se puede leer como parte de su labor como artesana de Chile, como contadora de la patria, quien desde su lugar y su ideología adopta una forma tradicional: los retratos históricos de personajes y héroes para, desde ahí, modificar el canon e impulsar su agenda política y social. Este canon mistraliano que se compone de personajes tanto históricos como contemporáneos desafía estratégicamente el canon establecido por dos medios: a través de una relectura de héroes nacionales (Bernardo O'Higgins, Diego Portales) y, en segundo lugar, al incluir personajes olvidados o marginados que Mistral presenta asociados a valores nacionales fundamentales (Camilo Henríquez, Joaquín Edwards Bello, José Manuel Balmaceda). Una clave inicial de este "proyecto" está en un texto breve de 1926 titulado "Menos cóndor y más huemul." Aquí, a partir de los dos animales que aparecen en el escudo nacional de Chile —el cóndor, ave rapaz que habita en Los Andes y el huemul, especie de ciervo andino—, propone una reinterpretación del carácter nacional. El argumento central es que el cóndor, que para Mistral simboliza la fuerza, la guerra, lo viril, ha predominado en el imaginario colectivo por sobre el huemul. El ensayo propone que ha llegado la hora del huemul: "El huemul quiere decir la sensibilidad de una raza: sentidos finos, inteligencia vigilante, gracia. Y todo eso es defensa, espolones invisible pero eficaces del Espíritu" (*Pensando* 324). Mistral, pacifista en aquel entonces, no sugiere que se elimine al cóndor sino que se ponga al huemul en primer plano, que el ejercicio de la inteligencia y la gracia predominen por sobre la fuerza en el espíritu nacional. Idea que se traduce en una interpretación de la historia y el carácter nacional:

> Bueno es espigar en la historia de Chile los actos de hospitalidad, que son muchos; las acciones fraternas, que llenan páginas olvidadas. La predilección del cóndor sobre el huemul acaso nos haya hecho mucho daño. Costará sobre poner una cosa a la otra, pero eso se irá logrando poco a poco.

> Algunos héroes nacionales pertenecen a lo que llamaríamos
> el orden del cóndor; el huemul tiene paralelamente los suyos, y
> el momento es bueno para destacar estos. (*Pensando* 324)

¿Quiénes son, entonces, para Mistral, los que pertenecen a la orden del huemul? Son aquellos que no se han inmortalizado por sus hazañas militares y que muchas veces han sufrido el rechazo, el olvido y los ataques de sus compatriotas. Estos sujetos históricos, con los que Mistral se identifica por sentirse ella misma víctima de la hostilidad y la falta de reconocimiento en Chile, son los que sus textos instalan en el imaginario colectivo como verdaderos patriotas, defensores de los valores centrales de la nación.[53] Tanto en la relectura mistraliana de personajes históricos como en el rescate de figuras marginales es posible cuestionar, como en cualquier texto histórico, la precisión y veracidad histórica de sus relatos. El propósito de este análisis no es ése, sino la pregunta acerca de qué elementos (reales o imaginados) de la historia usa Mistral para hablar de la nación, la identidad y el presente. ¿De qué modo habla de otros para hablar de sí misma?

"Nuestro patrono Camilo Henríquez," publicado en *El Mercurio* en 1928, el mismo año que publica en Latinoamérica un serie de ensayos a favor de la revolución sandinista, destaca la figura Camilo Henríquez (1769–1825) quien luchó por la independencia de Chile y apoyó la nueva república a través de la escritura y la labor periodística. Los textos que Mistral dedica a otros siempre entrelazan la biografía ajena con la propia y establecen tanto las coincidencias como las disidencias ideológicas y estéticas entre la persona y la autora. Así es como comienza este texto: "En nuestro Consulado de Barcelona yo vuelvo a recuperar el rostro, que he amado siempre, del padre Camilo Henríquez, patrono mío por dos capítulos: como periodista y como subversivo … de los 1810" (*Pensando* 253). Mistral establece el vínculo entre la lucha política efectiva y las letras y valida de ese modo la forma en que ella, a través de la prensa, apoya revoluciones y causas políticas en Latinoamérica. Recupera la figura de Henríquez como subversivo perseguido e injustamente olvidado y lo trae al presente con la intención explícita de motivar a la acción: "Necesitamos de este patrono. Y nos hace bastante falta (porque hemos vuelto insípido y miedoso el periodismo de la América) esta vida con sabor sanguinoso y color fuerte" (255).

En un momento en que los países latinoamericanos no respaldan efectivamente a Nicaragua frente a la amenaza norteamericana, Mistral hace un llamado a una prensa valiente reafirmando la escritura como un instrumento de participación y cambio político.[54] El lugar de esta figura en el panteón mistraliano también viene a reforzar el proyecto de desmilitarización y diversificación del canon patriótico.[55] Mistral, quien daba gran valor a su aporte a Chile por medio de un discurso difundido por la prensa en Chile y en el extranjero (tema que desarrollaré en el siguiente capítulo), reclama reconocimiento para Henríquez a quien define como "santo de la imprenta y artesano de la patria" (*Pensando* 254). Nuevamente emerge la idea de que la patria se construye tanto por la letra como por la espada y que pasadas las guerras de independencia, la letra y la cultura son los principales medios de creación de la nación.

En cuanto a la diversificación del panteón nacional chileno, Mistral argumenta a favor del reconocimiento de una variedad de aportes y sujetos. Al menos a nivel discursivo, su prosa confronta la promoción de una idea limitada de líder, héroe o escritor nacional: "Hemos agrandado indebidamente a los hombres de la guerra y hemos olvidado casi a los verdaderos creadores del sentimiento humano. Hay, pues, que agrandar a los civilizadores" ("Cabos de una conversación" [1928], 244). Un ejemplo es su reivindicación del presidente José Manuel Balmaceda (1840–91), una figura histórica poco comprendida y marginada que es releída por Mistral.[56] Valora en Balmaceda su preocupación y trabajo en beneficio de las provincias y da testimonio de lo querido que fue entre el pueblo y la clase burguesa. Lo define como un romántico, lo diferencia de otros gobernantes y juzga como inocente el modo en que emprendió sus proyectos políticos: "El hombre romántico aceptó ofertas de vidas, creyendo que el corazón que se ofrece de buena gana es bello de dar y bello de ser usado" (*Pensando* 265), para finalmente proponer que fue traicionado por la clase política, su clase social. Lo interesante es la reflexión acerca del presente y el análisis del debate en torno a un posible monumento a Balmaceda al que se oponen los que reconocen solo a los hombres fuertes de la historia, "los hombres 'minerales' que nos dieron solidez geológica" (266). En pleno gobierno del dictador Carlos Ibáñez del Campo, Mistral reclama en nombre del pueblo una estatua para

Balmaceda y contra-argumenta a los opositores —y veladamente
al dictador— exigiendo una representación más amplia en el panteón nacional: "El 'vasco' no quiere entender que es muy bella una
histórica sinfonía de temperamentos, y que resulta por el contrario
monótona y pesada si se parece a un salmo de David cantado con
una sola nota, por vigorosa que ella sea" (266).

Mistral, quien otorga un lugar de igual importancia al político
que al intelectual y al artista en la formación de la identidad
nacional, hace de su pluma una plataforma fundamental para la
promoción de una variedad de escritores nacionales. Sin embargo,
al estudiar la multitud de textos y prólogos, muchos marcados
por el compromiso y el encargo, queda claro quiénes son, para
Mistral, los escritores de mayor valor estético e intelectual de
Chile.[57] El escritor chileno Joaquín Edwards Bello, contemporáneo de Mistral, es un personaje al que la escritora decide respaldar
y releer como un intelectual valioso para el Chile mistraliano (el
Chile que Mistral quiere y ensaya fantasiosamente en su prosa). Lo
describe como: "el capitán chilenísimo de nuestras letras, tipo de
criollo espléndido y escritor admirado de toda la gente americana,
excepto uno que otro viejo chileno que refunfuña por las savias tan
violentas que lleva 'y que no convienen a un nieto de gramático'"
(Mistral y Zegers, *La tierra* 200). En este texto, como en otros,
Mistral se queja del rechazo que sufren quienes —como ella—
optan por formas de vida y pensamientos no convencionales.
Si bien aquí los reduce a "uno que otro viejo chileno," en otros
momentos parece ser un grupo mayoritario el que no reconoce
el valor y margina a los mejores talentos nacionales.[58] El escritor
como "tábano," como explicaba la función de Edwards Bello a
partir de la idea de Sócrates, por cumplir con la tarea de crítico
cultural implacable, es necesario para la nación moderna.[59]
Mistral, por su parte, se reconoce como parte de este grupo en
particular por sus conflictos con el *establishment* pedagógico
durante sus últimos años de residencia en Chile: "pues habiendo
picado solo de paso al buey Apis la pedagogía criolla, yo saqué de
mi ocurrencia varias lastimaduras ... Pero, ¿a dónde iríamos a parar
si viviésemos atollados en el plasma oleaginoso de la complacencia,
o si acabáramos por afixiarnos, embetunados en la grosura pegajosa
que es la autoadulación patriotera?" (*Pensando* 69).

La idea de patriotismo de Mistral incluye como deber la crítica,
principio que permite validar su particular patriotismo y rebatir las

críticas que genera su lejanía de Chile y sus frecuentes intervenciones en temas nacionales.[60] Otra forma de hacer patria que Mistral
reconoce, tanto en ella como en otros, es el éxito internacional
como una forma práctica de moldear la imagen nacional ante los
ojos del mundo. Insistirá por razones estratégicas, económicas
y morales que el reconocimiento internacional no es individual
y que presta un servicio a la nación: "esa verdad dura de ser
comprendida para los jóvenes: la de que no hay éxito individual;
a todos nos beneficia el prestigio del hombre que se mueve por
nuestras ciudades, que nos ha dado sus pensamientos y que viste la
pobre raza, desnuda de gloria espiritual, cubierta —hasta hoy— de
cascos guerreros" (*Pensando* 149). Es el aporte a la "gloria espiritual" lo que Mistral intentará, desde 1922, que se le reconozca
económica y moralmente. Su prosa, a partir de ese momento,
seguirá contando a Chile y no se quedará en palabras sino que
intentará traducirse en acción —política en algunos casos— como
sugiero en el siguiente capítulo.

De la provincia al continente

"Las lenguas son países reales aunque carezcan de
osatura geológica; son territorios invisibles como
de las religiones y tan poderosos como los de ellas
mismas ..."

Gabriela Mistral, *Magisterio*

El exilio forzado o voluntario es una condición del intelectual
moderno (Said, *Representations of the Intellectual*). Latinoamérica
no fue una excepción, ya que como sugiere Carlos Altamirano,
"difícilmente puede trazarse una historia de la vida literaria
latinoamericana sin referencia a la obra y la acción de los exiliados,
al peregrinaje de los disidentes, a la emigración de quienes
trataron de escapar la persecución y buscaron un ambiente menos
hostil para el ejercicio de la creación intelectual" (*Historia de
los intelectuales* 17). Muchos de los amigos y contemporáneos
de Mistral comparten el desplazamiento como marca de vida:
Alfonso Reyes, Magda Portal, Manuel Ugarte, Pedro Henríquez
Ureña, José Vasconcelos por nombrar tan solo a los latinoamericanos. Para Mistral la errancia, como ella la llamaba, fue una
condición fundamental de su función como intelectual pública
al entregarle la independencia de pensamiento y económica que
habilita su producción poética e intelectual con cierto nivel de
autonomía. Siguiendo con mi propuesta central me propongo
elaborar en torno a ciertas estrategias que le permiten a Mistral
perfilarse como una intelectual moderna y transnacional desde
mucho antes de salir de Chile. Identificar estas estrategias en el
contexto histórico en que se articulan permite seguir la pista de
su trayectoria a través del continente americano y Europa, sus
alianzas intelectuales e ideológicas, y su lugar —nunca fijo y en

constante negociación— en el campo intelectual y político de las primeras décadas del siglo XX.

Redes transnacionales

Un punto de entrada a este tema es a partir de los planteamientos de Pierre Bourdieu acerca del funcionamiento del campo cultural. De acuerdo al modelo de Bourdieu (1966; 1984; 1993),[1] un campo se define como un espacio estructurado pero dinámico donde los agentes ocupan distintos lugares que se relacionan entre sí y por lo tanto donde los cambios en la posición de los agentes modifican la estructura total del campo. La carrera literaria e intelectual de Mistral revela los mecanismos por los cuales los participantes se disputan el control de recursos como nombramientos, control editorial en revistas e invitaciones, porque así modifican su posición en el campo e incrementan su capital simbólico. Considerando el escaso capital económico y el rudimentario capital cultural con el que Mistral comienza su carrera, es notable cómo su adquisición de un capital social y la validación de un capital cultural con rasgos alternativos (autodidacta, saberes rurales y populares junto con manejo de la alta cultura) juegan un rol central en el fortalecimiento de la posición de Mistral en el campo cultural y el enorme capital simbólico que adquiere en la cima de su carrera. La creación de redes y la internacionalización de su obra son claves en este proceso.

Si bien en la trayectoria mistraliana el periodo posterior a 1922 estuvo marcado por una creciente internacionalización de su obra y su figura, así como por cambios notables en el tono y temas de su prosa, la maestra estableció redes internacionales desde el comienzo de su carrera como escritora. El proceso de internacionalización de la obra y la figura de Mistral empieza casi diez años antes de su salida de Chile. Esta temprana internacionalización, que se lleva a cabo casi completamente desde la provincia, junto con los lazos que crea con intelectuales, políticos y figuras públicas fuera de Chile, es un tema que necesita mayor estudio. Examinar la participación de Mistral en redes transnacionales de pensamiento, la presencia de su obra a nivel continental, su afiliación a un discurso latinoamericanista, es fundamental para debatir la tendencia a aislarla de grupos intelectuales o generaciones poéticas por su condición "excepcional" y liminal, como he explicado en la introducción. Analizar su enorme éxito transnacional permite complejizar ciertos mitos que han oscurecido y simplificado lo que en realidad son sofisticadas estrategias de creación de redes, manejo de identidades (la maestra, la poeta, la intelectual, etc.) y modos de participación en el campo literario, educacional y político de las primeras décadas del siglo XX en Latinoamérica.

Quiero comenzar por trazar los orígenes de la internacionalización. La prosa mistraliana difundida a través de la prensa es clave en su promoción como una intelectual además de poeta durante su etapa chilena (hasta 1922). Al mismo tiempo que publica en medios regionales y nacionales chilenos, la entonces maestra envía sus textos a revistas y periódicos extranjeros como la revista argentina *Atlántida* y *Repertorio Americano* de García Monge.[2] La misma autora reconoce hacia el final de su periodo chileno, lo notable de sus frecuentes publicaciones fuera del país: "En estos últimos años he escrito con más frecuencia en revistas de México y Argentina que en las del país" (cit. en Escudero 253). Esto tiene al menos dos resultados: le da visibilidad en Chile al hacerla entrar desde fuera, al reconocérsele nacionalmente como una escritora que publica y es valorada en el extranjero y, por otro lado, da a conocer su obra y pensamiento a nivel latinoamericano. Las publicaciones en revistas y periódicos fuera de Chile, antes de su primera salida del país en 1922, fue de la mano con el establecimiento de relaciones epistolares con editores y escritores extranjeros. Esto marca la primera etapa de creación de redes de Mistral, redes que rápidamente se traducirán en ofertas de trabajo, peticiones de prólogos por parte de otros escritores, traducciones de su obra y amistades que a lo largo de su vida la respaldarán de distintas maneras (por ejemplo, apoyando la campaña para el premio Nobel). Paralela a esta circulación internacional es la labor de Mistral en la difusión de la literatura extranjera en Chile, labor que la inserta en un proyecto literario común transnacional y habla de un concepto de la literatura como un espacio no restringido por los límites nacionales. Participar de estos circuitos literarios es un paso clave para su inserción en el campo cultural transnacional de ese momento.[3]

El escritor de provincia que no se traslada a la capital para perseguir su profesión o realizar estudios formales —como la mayoría, por ejemplo, Pablo Neruda— debe enfrentar el aislamiento en un ambiente intelectual muy restringido (en términos de conferencias, bibliotecas, circuitos intelectuales y artísticos).[4]

Mistral, a pesar de su rechazo por las ciudades, resiente esta marginación.[5] Entonces, ¿cómo logra Mistral perfilarse, a nivel internacional, como una escritora profesional y una intelectual destacada desde la provincia? La respuesta, creo yo, está en un trabajo extraordinario de creación de redes y de difusión en medios de diverso perfil dirigidos a públicos lectores amplios. Mistral, a partir de un precario capital simbólico local (en su región de Coquimbo), va negociando un lugar en el campo cultural nacional y luego transnacional. Al mismo tiempo, y como explican los últimos dos capítulos de este libro, esto va acompañado de un manejo de su imagen, que resignifica estratégicamente sus marcas de identidad (mujer, mestiza, maestra, campesina) frente a los prejuicios y deseos sociales para, en último término, validar su figura de intelectual pública.

Las relaciones epistolares de Mistral funcionan en diferentes niveles. Primero, como un reemplazo de la interacción directa dado que en la primera etapa de su carrera, hasta 1922, ella vive en diversas ciudades de Chile y luego —entre 1922 y 1939— se establece temporalmente en al menos trece países. Las cartas crean y sustentan las redes, redes que cruzan fronteras nacionales y continentales e incluyen no solo a escritores, sino a editores, periodistas, políticos y traductores. Estas redes forjan a su vez espacios alternativos a las instituciones y centros culturales hegemónicos, de los cuales, como señala Mistral, ella fue frecuentemente marginada. Por otro lado, las cartas le permiten fundar su lugar en esas redes y así crearse un espacio en el campo cultural. Mistral fue muy hábil de la creación de redes: invertía parte importante de su tiempo escribiendo y respondiendo cartas personales, redactando cartas abiertas, publicando recados, en conjunto con su rol central conectando escritores de distintas latitudes e interviniendo —sobre todo más tarde en su carrera— a favor de escritores e intelectuales involucrados en problemas políticos (Pablo Neruda, Victoria Ocampo, Víctor Raúl Haya de la Torre, Miguel de Unamuno, entre otros). Mantenía también relación constante con editores de medios de prensa a quienes enviaba cartas (que muchas veces se publicaban) e informaba de sus movimientos o asuntos, para así lograr visibilidad y además darle valor y fuerza a su voz.[6] Esta difusión de sus ideas y los respaldos públicos que recibía validaron a Mistral como una voz autorizada en su campo. Un ejemplo de las estrategias de divulgación es la carta que Mistral envía desde Chile en 1921 a Vasconcelos, en la que alaba su recién lanzada revista *El Maestro*, al mismo tiempo que hace una crítica muy favorable de su libro *Estudios Indostánicos*. Esta carta es publicada entonces por Vasconcelos en *El Maestro* y luego, el 30 de enero de 1922, aparece en *Repertorio Americano;* prueba de que la relación es valiosa para ambas partes.

Ella conecta gente, organiza y apoya causas, promueve su obra e ideas creando una presencia y una participación en espacios geográficos, políticos y culturales muy diversos. El establecimiento de las redes va de la mano con las publicaciones, echando a andar un sistema que fortalece exponencialmente el lugar de Mistral en la escena cultural latinoamericana. En 1913, un año antes de ganar Los Juegos Florales que la dan a conocer en la capital, Mistral publica en la revista *Elegancias* de Rubén Darío en París un cuento titulado "La defensa de la belleza" y un poema, "El ángel guardián." Esta publicación es el resultado de una carta que Mistral escribe a Darío en 1912, desde la localidad de Los Andes donde se desempeñaba como profesora de geografía y castellano. En la carta, firmada por Lucila Godoy, se presenta ante Darío como una maestra, que sin embargo, inspirada por la obra del poeta, se ha dado a "la debilidad de querer hacer cuentos y estrofas para mis pequeñas" ("Carta a Rubén Darío" 139). La modestia afectada que atraviesa la carta se contrapone a su vez con el acto y la pretensión de la carta misma: que Darío la lea, que si le gusta la publique y que además le conteste para informarla de su juicio crítico. Mistral reconoce en la carta que ha optado por escribir directamente a Darío cuando existe una persona encargada en Chile de evaluar las colaboraciones. No sabemos qué relación existía, si alguna, entre ella y este encargado, Rafael Maluenda, que llevó a la poeta a mandar sus textos directamente a Darío en París. El hecho es que Mistral se enfrentó al juicio crítico de Darío, que al ser positivo es sin duda un respaldo firme para la escritora de provincia. La estrategia dio frutos y así lo reconoce la propia escritora, que en 1923 le cuenta a Eliodoro Valle y a Vasconcelos que: "Rubén me hizo entrar en mi país cuando publicó un cuento mío en *Elegancias*" ("Aquella tarde"). El éxito de Mistral en el extranjero contribuye sin duda a su reconocimiento como poeta e intelectual en Chile.[7] La prensa de la época habla de su fama internacional, lo que a su vez se transforma en una presión simbólica de reconocimiento nacional (como pasa hasta el final de su vida con el asunto del premio Nacional de Literatura que llega tarde y mal). La ironía que significa la gran fama internacional de Mistral, la obsesión por su biografía, frente a lo poco que se la lee y reconoce en Chile, da inicio al mito de la "desconocida ilustre" en palabras del poeta Enrique Lihn.[8]

Con relación a las fuerzas que determinan la posición de Mistral en el campo cultural, la relación con intelectuales extranjeros se traduce frecuentemente en gestos concretos de apoyo. Durante su primera estadía en México Mistral recuerda cómo el mexicano Enrique González Martínez, Subsecretario de Educación, intercedió para su nombramiento como directora del Liceo de Niñas de Santiago en medio de la polémica en 1921 por su falta de título:

> la presencia de un querido ausente: el doctor González Martínez, quien me hizo deudora de México antes de que yo pisara su tierra. Quiero terminar con este recuerdo mi larga lectura. Hace tres años pedía yo, por primera vez, un ascenso a mi Gobierno: el Liceo N°6 de Santiago de Chile. Se trataba de un puesto disputadísimo. La primera carta que el presidente Alessandri recibió en mi favor fue la del ministro mexicano. (*Gabriela y México* 128)

Este dato permite esbozar de forma más clara la ruta que llevó a Mistral a México en 1922. En 1917 González Martínez dirigía la revista *Pegaso* de la que se publican solo 20 números durante ese año, pero donde aparecen poemas de Mistral. Los otros dos directores son Ramón López Velarde y Efrén Rebolledo; entre sus colaboradores se cuenta a Alfonso Reyes, Amado Nervo, Antonio Caso, Max Henríquez Ureña, Pedro Henríquez Ureña y Manuel Ugarte entre otros destacados escritores e intelectuales latinoamericanos (la única otra mujer publicada es la mexicana María Enriqueta). Este dato, que no figura en ningún estudio de Mistral, me parece relevante ya que da cuenta de la presencia de Mistral cinco años antes de su invitación a México en una revista que reúne a los grandes nombres del Ateneo de la Juventud y entre los que se cuenta José Vasconcelos. Por otro lado este es un ejemplo de cómo ciertos hitos en la carrera de Mistral se facilitan por su participación en distintos campos, en este caso el literario y el pedagógico. En México se le conoce primero a través de la "Oración de la maestra,"[9] que encarna por medio de un lenguaje poético, sentimental, místico y popular, aspectos centrales del proyecto de educación popular y rural de Vasconcelos que necesitaba de maestras dispuestas a ganar casi nada y a sacrificar mucho.[10]

Pero antes de entrar de lleno en algunos de los aspectos de la salida de Chile hacia México quiero volver sobre la participación de Mistral en los circuitos transnacionales de difusión literaria. Me refiero al proceso por el cual ciertos escritores adquieren visibilidad más allá de sus países a través de la prensa, principalmente en revistas y también en periódicos, gracias a un sistema mediado por otros escritores, intelectuales y el mercado editorial. Estos circuitos transnacionales de difusión literaria incluyen también la publicación de obras traducidas al español y, de manera creciente a partir del siglo XX, de literatura latinoamericana traducida al inglés y otras lenguas (ver apartado de sus redes con Estados Unidos). Mistral entonces no sólo publica en medios extranjeros antes de su primer libro, sino que también se inicia como crítica literaria, como señalo en el capítulo 1, y editora informal, mediando en la publicación de obras de otros escritores en medios chilenos. La posición de crítico significa investirse de un grado de poder con relación a otros agentes en el campo literario. Bourdieu sostiene en este sentido que: "Every critical affirmation contains, on the one hand, a recognition of the value of the work which occasions it ... and on the other hand an affirmation of its own legitimacy. All critics declare not only their judgement of the work but also their claim to their right to talk about it and judge it" (*The Field of Cultural Production* 35). En la prensa chilena aparecen críticas de Mistral desde mediados de 1910 en forma de reseñas, cartas abiertas y breves ensayos que entran en discusiones literarias con otros críticos y escritores. Al igual como Mistral en el terreno de la política defiende su apartidismo, en el campo literario afirma la independencia de su juicio y por lo tanto su valor. Expresa lealtades y admiración pública por individuos, sin embargo, no quiere ser vista como miembro estable de grupos literarios y aprovecha su "excentricidad estratégica," que he discutido en el primer capítulo, para validar su punto de vista. Independientemente de esta autorrepresentación, Mistral no fue una figura aislada o marginal sino que alcanza una posición de considerable poder simbólico que no se limita al reconocimiento de su obra y su figura sino que se extiende a la capacidad de incidir en la posición de otros agentes en el campo (razón por la que recibe tantas solicitudes de prólogos, reseñas e invitaciones a participar de revistas y otras iniciativas culturales).

Mistral ve la función de las revistas y de la prensa como central al proyecto de divulgación de la cultura y por lo tanto un espacio de influencia para el escritor y editor. Las revistas culturales son en este momento, un nodo de confluencia, espacios de sociabilidad intelectual y de creación de redes que marcan la historia literaria e intelectual del continente (Mariátegui con *Amauta*, Darío con *Elegancias* y *Mundial Magazine*, García Monge con *Repertorio Americano* y más tarde, Ocampo con *Sur,* por nombrar algunos). Mientras estaba en Punta Arenas, Mistral participa de la creación de la revista *Mireya* (1919) y señala: "Pensamos que una de las misiones de la revista de provincia es guiar la lectura de los jóvenes, exaltando las obras maestras de la época" (*Recopilación* 434). Desde un lugar de editora, Mistral ejerce una autoridad intelectual y se presenta como el puente entre la juventud provinciana y la alta cultura cosmopolita. No solo promueve obras y autores sino además tradiciones culturales e intelectuales de otros países, que explica y presenta como "dignas" de consideración. El discurso acerca del valor y el funcionamiento de mercados y ambientes culturales extranjeros permite, de un modo indirecto, referirse a su propia posición en el campo cultural chileno y criticar aspectos del ambiente intelectual y cultural nacional. En 1919 por ejemplo escribe un artículo titulado "Revistas y escritores argentinos" (*Recopilación* 430) donde reseña la actividad editorial trasandina aclarando que no desea enfocarse en las revistas ya consolidadas sino en emprendimientos más nuevos. En primer lugar destaca la revista *Atlántida* de Constancio Vigil, aunque se enfoca más en su editor a quien alaba y exalta como "el guía-hombres, corazón apostólico y el artista buceador y exaltador de todas las bellezas" (*Recopilación* 431), ese mismo año Vigil le había ofrecido la dirección de su revista infantil *Billiken*.[11] Su análisis de la revista *Nosotros* profundiza más en el proyecto editorial y su influencia continental. Destaca el carácter interdisciplinario de la publicación y la independencia de pensamiento de sus colaboradores: "Y hay en este círculo de colaboradores algo todavía muy raro y precioso en América: el coraje de pensar y obrar según el criterio de esta hora del mundo, no según el de la pasada" (*Recopilación* 431). Junto con plantear su ideal de colaboración continental, reafirma a su vez su propia libertad de pensamiento. En suma, su discurso la presenta ante sus compatriotas como una figura transnacional por su conocimiento de otras literaturas, su relación con escritores e intelectuales extranjeros y finalmente por su reconocimiento internacional.

La idea generalizada de que Vasconcelos "descubre" a Mistral y la eleva por medio de su invitación a integrarse al proyecto post-revolucionario mexicano ha sido hábilmente problematizada por Elizabeth Horan quien propone que detrás de la versión que presenta a Mistral como una Cenicienta, una mujer de origen humilde que es premiada por su esfuerzo, está el mundo de la diplomacia y la capacidad de Mistral de entrar en contacto con imporantes intelectuales de su tiempo (Horan, "How Lucila Godoy" 139). En agosto de 1921 Mistral asiste a la conferencia que el mexicano Antonio Caso da en el contexto de una gira por Latinoamérica como embajador especial de su gobierno.[12] Caso transmite un mensaje de la Federación de Estudiantes de México para los estudiantes sudamericanos, llamándolos a la acción: "vivimos una época de acción, no debemos contentarnos con vana palabrería, necesitamos la práctica del acercamiento intelectual" (cit. en Mazín 140). Ese mismo mes Mistral publica "La cultura Mexicana" en *El Mercurio* donde respalda y alaba la iniciativa de México de enviar una embajada intelectual así como repite para los lectores chilenos el mensaje que el gobierno de Obregón ha enviado. Junto al halago de México está la crítica a Chile y su atraso en términos científicos, de educación pública y de valoración de sus intelectuales, y la ignorancia acerca del resto del continente: "Es triste, es hasta vergonzosa nuestra ignorancia de los valores intelectuales de la América en general y de México en particular" (*Gabriela y México* 43). En este ensayo dedicado a la cultura mexicana destaca particularmente el libro *Estudios Indostánicos* de José Vasconcelos, al que califica como "erudito y bello" y que según Mistral es uno entre muchos otros textos de gran valor: "¡Y hay tantos más, tantos que conocemos a través de la revista *México Moderno*, calificada en Buenos Aires por la mejor de Sud América!" (43). De manera oportuna (meses antes de recibir la invitación oficial a México) Mistral adhiere públicamente al proyecto cultural y educacional del gobierno de Obregón. Pero ya desde antes había venido estableciendo relaciones intelectuales con México y se había instalado en el campo discursivo de las políticas educativas dirigidas a un contexto continental. Textos

como "Palabras a los maestros," "Métodos activos de instrucción,"
"Páginas de educación popular" (1919), son ejemplos de que su
discurso educativo no era exclusivamente chileno sino que estaba
en línea con los proyectos de expansión y reforma educacional de
muchos países latinoamericanos.

Quisiera detenerme en algunos detalles de su viaje a México en
1922 que permiten profundizar los planteamientos acerca de la
construcción de Mistral como una intelectual transnacional. En
primer lugar, ha quedado establecido que la fama internacional
de Mistral es considerable desde antes de 1922 y que la maestra
había recibido de Argentina una oferta de trabajo de Constancio
Vigil para trabajar en sus revistas antes que la invitación de México
(Mistral, *Caminando se siembra* 478). Cuando se confirma la
partida de Mistral a México su viaje toma el carácter de embajada cultural y política. De modo similar al rol de "embajadores
intelectuales" que Caso y Vasconcelos habían desempeñado en
sus giras —dando conferencias, llevando mensajes de los estudiantes mexicanos y propagando los ideales de la revolución—,
el gobierno chileno, la federación de estudiantes y los Ateneos
se acercan a Mistral para encomendarle distintas misiones. El
21 de junio de 1922, a punto de zarpar a México, se realiza un
homenaje en honor de Mistral en Santiago. Asistieron numerosos senadores, escritores y periodistas así como el Ministro de
Relaciones Exteriores chileno, Ernesto Barros Jarpa y el miembro
del Ateneo de la juventud y en ese entonces Primer Secretario
de la Embajada de México en Chile, Antonio Castro Leal. El
periódico *El Mercurio* describe el momento en que el Ministro de
Relaciones Exteriores le entrega a Mistral una bandera chilena para
que lleve a la escuela mexicana nombrada en su honor: "'Servíos
engrandecer aún más nuestro don poniendo en manos de vuestra
ilustre compatriota la bandera chilena que va con ella a pedir la
noble hospitalidad mexicana.' Entre los acordes de la canción
mexicana el señor Barros Jarpa, entregó la bandera nacional, a
la poetisa, quien visiblemente conmovida agradeció la gentileza
del canciller" (*Recopilación* 518). Meses después, una ceremonia
similar se llevará a cabo en México donde, con la canción nacional
de Chile de fondo, Mistral hará entrega de la bandera y hablará
de la unión entre ambos pueblos. Ambos homenajes reflejan el
carácter político-diplomático que tiene este viaje; Mistral no parte
a México simplemente como una asesora de políticas educativas,

ni como una intelectual independiente, pero tampoco como una diplomática oficial. Por medio de ella la escuela militar envía un saludo al colegio militar de México, la federación de estudiantes manda un mensaje de fraternidad a los mexicanos y el gobierno le encarga (por medio de una comunicación oficial entre gobiernos) la tarea de estudiar el sistema de educación secundaria femenina en México (Archivo del Ministerio de Relaciones Exteriores de Chile).

Seis meses después, en enero de 1923, Mistral debe regresar a Chile para retomar su cargo como directora del Liceo de Santiago, pero su decisión de no regresar lleva a las autoridades a cancelarle el puesto y su sueldo.[13] Ante esa situación, el presidente Obregón le mejora las condiciones para retenerla en México: más ayuda de secretarias, acceso a la prensa y dinero para viajes. Poco más tarde Mistral recibe una invitación de los maestros de Costa Rica y comienza a aplazar aún más su regreso a Chile (Carta de Gabriela Mistral a Pedro Aguirre Cerda). Una razón importante por la que Mistral no habría querido regresar a su país, es un hecho que Jaime Concha y otros críticos han sugerido y que Elizabeth Horan ha confirmado por medio de materiales de archivo: la creciente hostilidad y acoso directo que la maestra estaba sufriendo antes de salir de Chile: "Gabriela Mistral received anonymous, poison-pen, 'incredibly vile,' insulting letters" (Horan, "How Lucila Godoy" 137).

Embarcada en una serie de proyectos en México y recibiendo invitaciones varias es lógico que Mistral reconociera su creciente capital simbólico como un nuevo mecanismo para ganarse la vida, sin depender exclusivamente de un gobierno. Consistente con su discurso de rechazo de la política partidista y nerviosa por la precariedad de la situación política mexicana, Mistral se empeña en negar afiliaciones absolutas con gobiernos y partidos y opta por definirse fuera de ellos cultivando una imagen de independencia. En la mencionada carta a Aguirre Cerda, además de pedirle la prórroga para regresar a Chile, dice al respecto:

> Se me ha murmurado de mí en el sentido de que, por conveniencias de dinero, yo me alquilo a un gobierno bolchevique. Si de "lograr, de medrar" se tratara, habría aceptado el ofrecimiento del Presidente Obregón de ir a Europa por cuenta de su gobierno a hacer propaganda mexicana, en

> condiciones espléndidas de sueldo. Me ha parecido feo aceptar
> este regalo de un país que nada me debe ... (Carta de Gabriela
> Mistral a Pedro Aguirre Cerda)

Mistral indica que no acepta el ofrecimiento del presidente Obregón en momentos en que ya era evidente que Vasconcelos dejaría el Ministerio y el ambiente político en México era cada vez más tenso, sobre todo cuando Obregón proclama a Calles como su sucesor.[14] De cualquier modo, este gesto sienta las bases de lo que será su forma de subsistencia de los próximos nueve años, como periodista con columnas estables en numerosos medios y en menor medida como conferencista y profesora invitada. Poco antes de su salida de México con rumbo a Nueva York, continúan las muestras de interés de ciertos gobiernos por contar con el apoyo de Mistral (el respaldo independiente que el intelectual, ahora desde un campo separado, puede entregar, de acuerdo a Ramos). En una carta a Eduardo Barrios, Mistral le cuenta que le han ofrecido una carta para ir a visitar escuelas en España (bajo la dictadura de Primo de Rivera): "Vino ayer el ministro español a ofrecerme una carta para el gobierno; no la acepté" (Carta a Eduardo Barrios). Al leer los epistolarios de Mistral queda claro que la escritora hizo todo lo posible por mantenerse en el extranjero y no volver a Chile a vivir.

Finalmente, la participación activa de Mistral en los circuitos intelectuales y literarios resulta fundamental para conseguir los trabajos que la sostienen económicamente como una intelectual profesional viviendo afuera de Chile. La búsqueda de una relativa autonomía económica e intelectual, junto con la opción por la errancia, motivan la consolidación de un modelo de intelectual profesional versátil y flexible que puede ofrecer servicios a individuos, gobiernos, periódicos, instituciones y universidades pero que gracias a sus redes y versatilidad puede cambiarse cuando necesita o cuando su misma autonomía está amenazada. Mistral tenía muy claro lo difícil que era conjugar la autonomía del escritor con medios de subsistencia:

> Nunca los escritores llegaremos a ganarnos en estas tierras la
> vida independiente del escritor que se ve en todas partes del
> mundo, porque creemos con una rusticidad o una malicia sin
> nombre, que las conferencias se regalan, y ni decirlo los poemas.
> Como lo que se produce debe regalarse a diarios y públicos,

para vivir no le queda al escritor nuestro, sino el famoso alquiler al tiranito local, o al seudo personaje, o bien el triste oficio de insultador escandaloso y remunerado en un periódico amarillo. (Mistral y García Monge 121)

La búsqueda de la profesionalización, de mayor libertad de pensamiento y autonomía creativa son algunos de los motivos de la errancia mistraliana y la de muchos de sus contemporáneos. Como por ejemplo su gran amigo Alfonso Reyes quien lejos de México le confiesa: "Me convencí que en América no hay libertad para mí. Yo pelearé siempre por América, pero preferiría hacerlo desde Francia, donde al menos solía yo ser completamente libre y dichoso como un pájaro" (8 de octubre 1939; Mistral y Reyes, *Tan de Usted* 65). La libertad personal, la de vivir la vida alejada del escrutinio, códigos e incluso ataques personales en Chile, es también otra posible motivación de Mistral para mantenerse fuera de su país. Mistral vive una vida *queer*, no solo por su homosexualidad (o los rumores acerca de ella en ese entonces): era una mujer soltera e independiente que buscaba relacionarse en términos de igualdad con hombres y mujeres, intervenía en política y tenía ambiciones intelectuales. Joaquín Edwards Bello, en una carta a Mistral que le escribe desde Santiago en agosto de 1934, pinta un cuadro crítico y pesimista de Chile, en especial frente al talento excepcional: "Chile es un páis raro, un caso especial que cultiva el fracaso, la vulgaridad y aún el crimen. Yo sigo machacando en frío. Lidiar con este público es igual que lidiar a un toro marrajo" (Carta de Joaquín Edwards Bello a Gabriela Mistral). Es posible pensar hasta qué punto y de qué modo la forma de vivir la vida de Mistral resultaba amenazante, ante lo cual su carrera en un ambiente conservador, clasista y cerrado como el de Chile de entonces era incompatible con su proyecto intelectual y de vida.

Recados a Chile desde el extranjero

"Créame, siento a veces remordimiento de no hacer algo más por los de mi tierra, que tan necesitados están … Hago lo que puedo a través de cartas y correspondencia con revistas y periódicos."
Gabriela Mistral, 27 de mayo 1951,
Moneda dura

En julio de 1922 Mistral llega a México, justo después de la fase armada de la revolución. Su participación en el proyecto cultural y de educación popular liderado por Vasconcelos así como su salida por primera vez de Chile marcan cambios en su pensamiento: "… su entrega al proyecto mexicano fue cabal. Y de esa experiencia resultará, en beneficio suyo, un extraordinario ensanchamiento de su visión, que es posible condensar bajo tres inmensas categorías: americanismo, campesinado, indigenismo" (Concha 43). El proyecto de transformación que se ensaya en México va de la mano de una reflexión en torno al futuro del continente, la necesidad de unión de las naciones latinoamericanas y, en algunos casos, fuertes críticas al nacionalismo, todo en el marco de la utopía hispanoamericanista que se desarrolla en el periodo entre guerras en Latinoamérica. Mistral abraza el ideal hispanoamericanista y se compromete con los desafíos que México le presenta, como se ve en los numerosos ensayos que le dedica a ambos temas en la década del veinte. La ampliación de su foco hacia lo continental no llevó a un alejamiento de Chile como tema de su prosa, muy por el contrario. A partir de 1922 Mistral escribió cientos de textos acerca de la geografía, el pueblo y las grandes figuras chilenas además de intercambiar incontables cartas con políticos e intelectuales donde discute la situación nacional en detalle.[15]

Chile en las primeras décadas del siglo XX, al igual que el resto de Latinoamérica está entrando en la economía mundial y busca participar de la comunidad internacional como una nación democrática, rica en recursos y en vías de modernización. Las naciones están preocupadas por construir una imagen moderna tanto internamente como ante la mirada del extranjero. Los diarios y revistas expresan esta ansiedad y dan noticias de lo que se dice acerca de Chile y Latinoamérica en Estados Unidos y Europa. Mistral, desde 1922, actúa como una embajadora con el poder de hablar de Chile al resto del mundo (aunque oficialmente no sea diplomática chilena hasta 1932). En una carta a Pedro Aguirre Cerda el 1 de enero de 1923 queda claro hasta qué punto ella confiaba en los alcances de sus palabras y su influencia en la formación de una identidad nacional tanto interna como proyectada hacia el extranjero.

> Se ha dicho que yo no vuelvo a Chile. No es efectivo, señor, yo comprendo que tengo el deber de servir a Chile; pero tengo la certidumbre que le sirvo tanto o más fuera que dentro del

país. No hay nación sudamericana que haga menos por su propaganda en el exterior. No le importa, o cree que esta propaganda sólo pueden hacerla los Ministros Plenipotenciarios y los Cónsules que hacen vida fácil y no divulgan jamás las cosas del país. Yo creo que puedo hacer lo que ellos no han hecho, por los dos medios únicos de propaganda efectiva: las escuelas y la prensa. (Mistral y Quezada, *Siete presidentes* 70)

Es un hecho que Mistral necesitaba mantener el puesto de maestra y el sueldo que por esto recibía[16] y para justificar su permanencia fuera del país apela a su trabajo de difusión. Comparado con cómo México manejaba su imagen y auspiciaba giras de intelectuales, la estrategia chilena le parece muy pobre y atrasada. Pero incluso después de jubilarse de maestra (1925) sigue escribiendo acerca de Chile desde el extranjero; labor que será reconocida y utilizada por los políticos que en 1935 gestionan ante el congreso nacional una ley que crea una plaza de cónsul particular de profesión de segunda clase para la chilena. Arturo Alessandri en su discurso durante la discusión de dicha ley reconoce que el país debe recompensar a Mistral que: "traspasando fronteras ha llevado el nombre de Chile a todos los países civilizados, constituyen así, en todas partes, una eficiente propaganda de nuestro país —difícilmente igualable, por la calidad misma de quien la lleva— he juzgado conveniente y necesario corresponder en parte a lo mucho que Gabriela Mistral ha hecho por el nombre y prestigio de nuestro país" (*Gabriela a 60 años* 12). Chile se daba cuenta mas bien tarde y solo a medias lo que antes México y otros países latinoamericanos habían transformado en un sistema. Más allá de las razones por las que Mistral escribió acerca de Chile en el extranjero, los textos circularon y pueden analizarse en su calidad literaria, en su riqueza ensayística y en su función cultural.

En todos los ensayos mistralianos que desde el extranjero hablan para y acerca de Chile se distinguen dos funciones. Un primer grupo de textos se caracteriza por hablar sobre Chile para un público extranjero, componiendo cuadros del país, su gente y sus costumbres, por medio de descripciones (geográficas, humanas, históricas) e interpretaciones que enfatizan la particularidad de Chile a la vez que se destacan sus vínculos con el continente. Estos textos insertan a Chile en el imaginario continental que tanto Mistral como otros intelectuales buscan construir, y que ayudan a cumplir su ofrecimiento de dar a conocer a Chile en el extranjero.[17] El segundo grupo, que trato aquí, son ensayos sobre Chile publicados en la prensa nacional y que en muchas ocasiones interpelan directamente al público chileno (ciudadanos, políticos, elites e intelectuales).[18] Estos ensayos periodísticos re-dibujan a la nación y a sus ciudadanos por medio de la re-significación de símbolos, costumbres y geografías; la exaltación de ciertos hombres y mujeres chilenos (como argumenté anteriormente) y la comparación de Chile con otras naciones. A través de estos textos Mistral interviene estratégicamente en el imaginario nacional y entra en debates políticos, culturales y sociales. En ese sentido, son también fundamentales en la construcción de Mistral como una intelectual pública no solo latinoamericana sino también chilena, a pesar de la distancia y su reticencia a regresar físicamente a su patria.

Por medio de estos textos, Mistral establece una relación a distancia con el público chileno, un diálogo directo que busca participar e influir en asuntos nacionales. Una de las estrategias textuales que permiten construir este diálogo, es la creación de un sentido de comunicación constante y de relación personal entre la escritora y sus lectores, como por ejemplo cuando sitúa un artículo como parte de una serie —"Yo he hablado en otra ocasión a los lectores de *El Mercurio* ..." (*Gabriela y México* 61),— como una conversación que tiene continuidad en el tiempo. Otro recurso que se repite es la interpelación directa a instituciones y personajes conocidos, por ejemplo, cuando cuenta acerca de los lavaderos públicos en México, diciendo que le parecen muy útiles y que "cada vez que paso frente a estos lavaderos, pienso en los inmundos conventillos nuestros y comparo las pobres mujeres de nuestro suburbio que lavan sobre el barro" (137). Además de demostrar hasta qué punto ella sigue pensando en Chile en el extranjero, va más allá del comentario con el objetivo de conseguir la implementación de la idea e interpela explícitamente a la Municipalidad: "El Municipio de Santiago está demostrando su calidad con creaciones como la de esa universidad del trabajo que está por sobre cualquier elogio. ¿No podría ir poco a poco haciendo los lavaderos públicos en cada barrio obrero?" (137). Junto con hacer la petición de los lavaderos a la municipalidad, el texto también alaba públicamente otra iniciativa, la de la universidad del trabajo, un ejemplo de la práctica característica de Mistral de aprobar y desaprobar ideas e iniciativas en sus ensayos y cartas; un modo de no solo mostrar cuán al día estaba sino también de dar prueba de su interés por Chile y su gente. Inmediatamente después de la cita anterior, y como para aumentar las posibilidades de éxito, extiende el pedido de los lavaderos a Roxane, escritora chilena de clase alta: "Y usted mi activa Roxane tan llena de interés y de urgencia social, ¿no querría dar a nuestras mujeres del pueblo un bien tan grande como el que ha dado a sus hijos con aquellos parques infantiles de juego?" (138).[19]

Me interesa destacar que los ensayos y las cartas de Mistral no se detienen en el análisis de situaciones o aspectos de la identidad nacional o continental sino que son reflexiones para la acción. En ese sentido el intelectual como crítico es para Mistral provechoso para la nación. En una carta personal a Aguirre Cerda, Mistral deja en claro la relación que ella ve entre la crítica, el interés por la nación, la acción y el progreso:

> Dije en carta larga a Don Enrique Molina que cada vez que algo hagan para sacar de la anarquía a nuestra juventud, me indiquen lo que yo puedo hacer desde lejos. Él como la mayoría de los chilenos, tiene el patriotismo quisquilloso y, tal vez, le cayeron mal mis opiniones sobre la educación nuestra. Yo tengo el hábito del chileno viejo de decir lo que pienso. Lo digo de los países extranjeros y no es raro que haga excepción con mi propia tierra. Ud. mismo, Don Pedro, no se me hiera cuando juzgo con dureza. Nadie desea con más fuerza que yo un Chile sólido y cuerdo, un Chile de política inteligente y, sobre todo coherente que amar y que obedecer. (Mistral y Quezada, *Siete presidentes* 87)

Mistral no solo justifica su discurso sino que también quiere hacer cosas, participar directamente en iniciativas coherentes con sus ideales educativos, políticos y sociales. Esta carta refuerza aspectos centrales de la idea de intelectual que, como señalo en el primer capítulo, Mistral quiere encarnar, un intelectual que dice lo que piensa y desea el "bien" de la patria, lo que justifica no solo la intervención a través del discurso, sino que es prueba de patriotismo, más allá de la distancia con la patria.

El gobierno y en ocasiones los políticos también son objetos de estas interpelaciones públicas que tienen como objetivo influir en políticas públicas y promover leyes concretas. En textos tales como la "Ley de jubilaciones," "Agrarismo en Chile," "Una provincia en desgracia: Coquimbo," "El signo de la acción," entre otros, se abordan problemas específicos así como leyes que afectan a maestros, obreros y campesinos. Es posible sostener que Mistral hace uso de todo el capital simbólico que le da su prestigio y el alcance de su discurso para promover políticas tales como la reforma agraria.[20] Frente al tema de la reforma agraria su objetivo será presionar a los políticos y no promover la agitación de las masas campesinas: "Vengo tamborileando sobre la conciencia de nuestros políticos" (*Pensando* 360) dirá acerca de su campaña a favor de esta reforma. Campaña que lleva a cabo a través de numerosos frentes: la prensa, cartas, conferencias y el envío —en su calidad de cónsul— de folletos y revistas de agricultura donde pedía la difusión de nuevas tecnologías entre el campesinado.[21] La cita anterior grafica la idea que Mistral tenía no solo de sí misma, sino de su participación en asuntos políticos como un agente de presión que, desde distintos frentes y desde un lugar de creciente importancia, busca promover una agenda que incluye proyectos culturales (ediciones, traducciones), sociales (difusión de ideas en la sociedad) y políticos (leyes, instituciones estatales, cargos para personas). Los ecos de su campaña por la subdivisión de la tierra a favor de los pequeños campesinos aparecen en muchas de las etapas del proceso hacia la reforma, como sugiere el hecho que Aguirre Cerda le dedique su libro *El problema agrario* (París, 1929): "permítame dedicarle este trabajo que Ud. a inspirado. Al hablar en Chile sobre la forma de levantarnos espiritual y económicamente estuvimos conformes en que había que empezar la tarea por la clase agrícola ... (7). Aguirre Cerda reconoce el valor que tiene el capital simbólico de Mistral y lo utiliza al dedicarle el libro, identificándola como una de las ideólogas de esta reforma.

El tema de la reforma agraria en la prosa mistraliana no se limita simplemente a la promoción de esta particular aunque importante iniciativa sino que es un elemento central dentro de un sistema más amplio: la ideología mistraliana. Esta ideología, que atraviesa su obra, se manifiesta en visiones éticas, estéticas, económicas y sociales y está determinada por un ideal que tiene como uno de sus objetivos centrales, una distribución de poder más equitativa y en favor de los sujetos más vulnerables como las mujeres, los pobres y los niños. Es a partir de esta ideología que Mistral revisa críticamente conceptos tales como democracia e identidad nacional por medio de un discurso que une análisis generales con problemas específicos. Un texto que ejemplifica lo anterior es "Agrarismo en Chile" publicado en 1928 en *El Mercurio* de Santiago y en *Repertorio Americano* de San José, Costa Rica:

> Mucho necesitaba ya la democracia manca que es la nuestra, preocupada desde hace cinco años, de códigos de trabajo, habitación urbana y otras asistencias honestas al obrero, volver la cara hacia el campesino, darse cuenta de él y agrarizarse un poco. Le faltaba un brazo a la democracia chilena y yo creo que era el derecho …
>
> Hace seis años yo mandé a Chile mi primer artículo sobre la reforma agraria en México. Desde entonces y sin hacer artículos de especialidad que no sé escribir, he dicho, cada vez que he podido, mi aborrecimiento de nuestro feudalismo rural, contando qué hombre completo —con suelo, con casa, con educación agrícola, con sensibilidad para la extensión verde— me he encontrado en mi camino, que no hago cantando como creen, sino mirando, hecha entera *ojo* para los míos, ojo chileno, que ve neto y mira sin pestañeo. (*Pensando* 331)

Sin rodeos este ensayo, como muchos otros de Mistral, combina un análisis más abstracto y teórico (la idea de democracia) con el juicio de una situación concreta (el abandono del campesinado). El problema de la tierra no es solo eso, es una injusticia que impide una democracia cabal ante los ojos de Mistral, una injusticia heredada del sistema de feudalismo colonial, "un régimen bárbaro" (*Pensando* 330) que debe abolirse para alcanzar el progreso y la democracia que la clase política promete. En este texto Mistral activa la ansiedad con que Chile se compara con Europa cuando da como ejemplo a Francia, "la bien parcelada" (331), y cuando sostiene que en Europa ya se ha llevado a cabo una repartición justa de las tierras. Desde Europa el intelectual latinoamericano utiliza su doble visión (desde dentro y hacia dentro desde fuera) como un modo de validar su particular capacidad de criticar a su país o la región con el propósito de guiar su mejoramiento. El intelectual latinoamericano que piensa y escribe desde la liminalidad de un espacio transnacional utiliza como recurso y ventaja su mirada doble. Mistral reconoce esta duplicidad en un tono melancólico pero en última instancia lo usa para dar mayor validez a su perspectiva: "yo soy una mujer desgajada de mi racimo racial. Hace doce años que ando por extranjerías y vivo extranjerías. Ya tengo una lastimosa pupila que mira la mitad según su origen … y la mitad en instrumento de afuera, que puede ver 'aquello' como un espectáculo, sintiendo de él admiración o congoja, como un espectador" (1934; *Colombia* 1: 149). En este caso, su doble estatus le permite, en tanto "extranjera," alabar a la mujer americana desde fuera; sin embargo, Mistral se resiste ante el argumento que su lejanía del país, su extranjería, puede ser también razón para invalidar su discurso. En un breve ensayo titulado "Poco" (*El Mercurio* 10 dic.1934), que no ha sido reeditado, escribe un respuesta a dos mujeres de alta sociedad chilena que según Mistral la han criticado por su elogio de las colonias escolares italianas (bajo Mussolini): "Chile, me recuerdan ellas, en este capítulo precioso hace tanto como Italia y yo por mi ausencia ya no tengo la fisonomía de las cosas nuestras ni veo el perfil espiritual de mi raza" ("Poco"). No solo rechaza esta inhabilitación de su opinión y reafirma su derecho a darla, sino que también hace gala de su capital simbólico al referirse al enorme alcance de sus opiniones: "Déjeme ustedes que diga, repita y machaque, hablando a los seis países para los cuales escribo, esta verdad aprendida por unos ojos y una vista los más amantes de la América del Sur. Los servicios sociales de esas tierras son todo lo que se quiera: modernos, cuidados, bellos, generosos; pero se llaman Poco." ("Poco") No se queda ahí, profundiza su crítica de los grandes problemas sociales de Chile y particularmente el hecho de que la labor de privados, como estas dos mujeres, no será nunca suficiente, ni una solución a los problemas de la nación:

> Se llaman **Escasez** los hospitales que recogen la carne padecida de nuestros campesinos; se llaman **Poco** las cárceles modelos que castigan hasta el punto en que el castigo no se llama venganza; se llaman **Poquísimo** nuestras bibliotecas, arrellanadas en universidades y colegios y todavía sin inundación sobre el campo; se llaman **Poco** nuestras asistencias al escolar pobre, y por eso los liceos educan clase media rica o clase media funcionaria, desaprovechando la inteligencia que viene del limo siguiente; se llama **Mínimo** y esto es lo que me duele más, esa creación de la pequeña propiedad rural, puesto que el latifundio sigue siendo la ley del continente. Podría seguir llenado el resto del cuaderno si estos "Recados" no obligasen a una sobriedad cicatera.
>
> Cuando estas cosas se llamen **Bastante**, yo lo sabré por la paz social de nuestra América del Sur, lo conoceré por la menor agriura de la voz popular y me llegará la sensación de hartura

a donde esté, sea el Polo Norte o la China, porque el bienestar también trasciende, percute y rebasa. ("Poco" n.pág.; énfasis original)

La paz y el bienestar social —no el discurso— indicarán el verdadero progreso del país. Un progreso que para Mistral se define de modo muy distinto que como lo ven estas mujeres de alta sociedad. Su enumeración de problemas confirma su conocimiento de la situación nacional y su análisis atribuye estos males a la oligarquía chilena que es la misma que busca reconocimiento por su labor filantrópica. Para Mistral esto es poco y hay que decirlo.

Cuando escribe acerca de Chile en el extranjero, Mistral pone en práctica lo que Jean Franco ha denominado "el derecho a interpretar," derecho que estos textos se arrogan cuando re-dibujan a Chile y los chilenos por medio de la re-significación de símbolos, costumbres y geografías. Un texto emblemático en este sentido es su discurso en la Escuela Normal Preparatoria de México en 1923, titulado "El recuerdo de Chile" y publicado en *El Mercurio* 1924. Berta Singerman, actriz y recitadora, que 1923 llega a México de un gira en Chile le trae a Mistral una medalla enviada por las universitarias chilenas ante lo cual la escritora responde con este discurso. Tanto el envío de la medalla como el discurso dan testimonio del diálogo constante, a través de símbolos, discursos e imágenes que Mistral mantiene con Chile desde su partida en 1922 y hasta su muerte. El discurso, que contiene las dos funciones definidas al comienzo de este apartado en tanto se dirige a un público extranjero como chileno, describe al chileno y su relación con el lenguaje, la verdad y la geografía y trata de re-dibujar su carácter ante el resto del continente.

"Tenemos una fea leyenda de raza sin emotividad. Es lo más odioso que puede decirse de un pueblo. Y no somos eso" (*Gabriela y México* 125) le confiesa a los mexicanos, a la argentina Berta Singerman y a los chilenos en el público. Mistral hace eco de un estereotipo nacional (que separaría a los chilenos del resto de Latinoamérica) y sin negarlo lo re-evalúa. Muestra la prueba —las palabras que le envían— de la sincera afectividad de los chilenos y atribuye esa supuesta falta de emotividad a un rechazo del exceso y la falsedad, a un "deseo religioso de verdad" (125). Entonces, por un lado, el discurso funciona —en México—

como una redefinición de la chilenidad que quiere ir más allá del estereotipo para "revelar" (crear) un pueblo que es en el fondo cariñoso y honesto, con el objetivo explícito de generar empatía y promover la integración de Chile al imaginario continental. Objetivo que Mistral en el mismo texto justifica como esencial al ideal latinoamericanista: "se trata, primero de que no nos neguemos unos a otros; después de eso vendrá el que no nos nieguen los extraños" (125). Por otro lado, el mismo texto publicado en *El Mercurio* funciona como un espejo de la chilenidad retocado. La prosa mistraliana re-dibuja el territorio y el carácter nacional de acuerdo a sus ideales humanistas y de integración Latinoamericana. Su rol como intérprete y agente de cambio de la chilenidad no se esconde, sino que se destaca: "Yo he hecho a muchas de aquellas alumnas universitarias en mi clase cotidiana el énfasis detestable por insincero y les he afeado asimismo por plebeyo el lenguaje servil, labrándoles con la costumbre su trato familiar hacia el maestro" (125). Mistral reconoce que ha promovido en sus clases el lenguaje directo y sobrio, que considera una virtud del chileno, y en ese sentido la maestra trabaja por "perfeccionar" elementos en sus alumnas que imagina como valores nacionales y, tal como lo hacía en sus clases, ahora lo hace a través de la prensa. Mistral en su prosa, por un lado, cultiva y promociona virtudes y, por otro, rechaza ciertos elementos del carácter nacional que aspira a eliminar (por ejemplo, el cóndor en "Menos cóndor y más huemul").

Estas ideas puestas a la luz de la labor de propaganda de Chile, que en palabras de Mistral ella hacía mejor que nadie, permiten reconocer en estos textos la conciencia fundacional de una voz que va ocupando un espacio nuevo —el de contar su patria a quienes poco o nada saben de ella— y el poder interpretativo que esto significa. Este discurso, aunque por momentos lejano a la realidad histórica de Chile recoge al mismo tiempo que altera narrativas hegemónicas, poniendo en cuestión un imaginario histórico y simbólico determinado por perspectivas predominantemente masculinas y de elite. Entreteje en el imaginario nacional otras visiones, voces y afectos, que aunque no cuestionan necesariamente las bases de este imaginario, afectan la estabilidad y coherencia de la narrativa hegemónica nacional.

Estados Unidos antes del Nobel

Es bien conocido que el primer libro[22] de Gabriela Mistral (1889–1957), *Desolación,* se publicó en Nueva York en 1922 y que su primer viaje a este país fue en 1924.[23] Estos no son hechos fortuitos sino el producto de las redes que la poeta ya venía tejiendo con Estados Unidos y que permanecerán a lo largo de su vida. Existe desde antes de su primera visita a Estados Unidos un intercambio epistolar con escritores, periodistas y traductores en ese país. Antes de *Desolación,* su poesía ya había sido publicada extensamente en revistas, periódicos y antologías en Chile, Latinoamérica e incluso en algunos medios en Europa. También hay indicios del conocimiento de la poesía de Mistral en ciertos círculos literarios estadounidenses. En 1920, por ejemplo, se publica una traducción de "Los sonetos de la muerte" en la colección *Hispanic Anthology* editada por Thomas Walsh. En 1921 un profesor español de la Universidad de Columbia, Federico de Onís, da una conferencia acerca de la poesía de Mistral. En marzo de ese mismo año la Asociación de Maestros de Educación Secundaria publica en su revista, *Bulletin of High Points in the Work of the High Schools of New York City*, la traducción de "La oración de la maestra" y más tarde, en abril de 1922, anuncia la próxima aparición de *Desolación.*[24] Otra vía por la que aparecen publicados poemas y prosas de Mistral en Estados Unidos es por medio de revistas en inglés que traducen textos directamente de revistas en español, como por ejemplo de *Repertorio Americano*. De este modo se publica "El grito" en la sección inglesa de *Inter-America* en Nueva York.[25] ¿Cómo se gestan estas publicaciones y las visitas de Mistral a Estados Unidos? ¿Cómo establece y desarrolla su relación con este país? Y, ¿por qué?

El vasto epistolario mistraliano revela, por ejemplo, los procesos mediante los cuales la escritora ofrece o acepta escribir prólogos a otros escritores, gesta su participación en diarios y revistas, se suma a causas políticas, apoya proyectos editoriales, promueve a escritores jóvenes y difunde sus propias ideas creando una presencia y una participación en espacios geográficos, políticos y culturales muy diversos. Todo lo cual tiene un efecto palpable en la historia literaria e intelectual latinoamericana. Sus cartas nos acercan al funcionamiento de los agentes culturales y los movimientos que determinan quién es publicado o nominado a premios y los mecanismos que operan, por ejemplo, para que

Mistral obtenga un determinado trabajo o algún escritor sea acogido o no por un gobierno durante su exilio. En un nivel más personal, las cartas revelan ansiedades e inseguridades que no solo reflejan su situación particular sino también hablan de las barreras a las que se enfrentan las mujeres escritoras de ese periodo. Las cartas y la creación de redes son un mecanismo fundamental no solo para Mistral sino para gran parte de los escritores e intelectuales que residían fuera de sus países, quienes desde un ámbito transnacional construyen un espacio de acción e influencia por medio de la escritura.[26]

Hoy día la crítica literaria y cultural está prestando gran atención al funcionamiento de las redes intelectuales transnacionales.[27] Un modelo que permite pensar la idea de red en el contexto mistraliano es el que Marina Camboni desarrolla en su amplio y sugerente estudio de las redes entre mujeres norteamericanas y europeas desde 1890 hasta 1939. Camboni propone la idea de *networking* como un paradigma que desafía una representación estática del modernismo y la dualidad centro-margen y que, por lo tanto, permitiría alcanzar una representación plural y dinámica de la historia literaria y cultural.[28] Camboni considera la esfera cultural como un sistema complejo dentro del cual lo relacional es central, en tanto opera como una tendencia dinámica enfocada en dos cosas: la importancia de las relaciones interpersonales y la interacción de lo local y lo global. Esta conceptualización le debe a Raymond Williams su concepto de "relación" en su modelo de estudios culturales, aunque a juicio de Camboni éste mantiene una oposición binaria entre, por ejemplo, arte y práctica social, cultura y sociedad, que resulta muy limitado para el estudio de redes de mujeres. El modelo de red de Camboni permite representar de manera más plural y dinámica las condiciones y los roles que asumen las mujeres y su contribución a la cultura al ir más allá de nociones de décadas, grupos o movimientos literarios, así como de los grandes n(h)ombres de la historia cultural, los cuales han sido en muchos casos responsables de excluir a las mujeres.

La relación entre Mistral y los Estados Unidos es larga y compleja y continúa hasta el día de hoy. Sin duda reclama más estudio, particularmente a la luz tanto de manuscritos inéditos repartidos en bibliotecas norteamericanas como de los provenientes del archivo legado por Doris Dana al estado de Chile. Me propongo aquí dar un paso en esa dirección por medio de un análisis de las redes panamericanas de Mistral a partir de su correspondencia con las norteamericanas Anna Melissa Graves y Alice Stone Blackwell durante el periodo de internacionalización de su carrera, que toma fuerza a partir de 1922 y se consolida a fines de los años 1930.[29] Esta correspondencia resulta de gran interés por tres razones: en primer lugar, y de acuerdo a mi investigación, todas estas cartas permanecen inéditas; segundo, estas relaciones corresponden a los años 1920 y 1930 y por lo tanto aportan a la comprensión del periodo de internacionalización y creación de redes más intenso de Mistral; y finalmente, desde una crítica de género, arrojan luces con respecto a las particulares condiciones de producción, difusión y creación de redes de Mistral y otras mujeres escritoras e intelectuales que operaban en una sociedad patriarcal. Aunque aquí me enfoco en estas dos norteamericanas, mi metodología al estudiar las redes mistralianas no es analizar sus relaciones con mujeres separadas de sus relaciones con los hombres ya que Mistral, a pesar de las dificultades que tanto su identidad de género como de clase le generaron, participó de esferas culturales integradas por mujeres y hombres y es justamente la diversidad e interconexión de esas relaciones la que me interesa rescatar.

Anna Melissa Graves (1875–1964) fue escritora, viajera y activista. Viajó por África, gran parte de Latinoamérica, China, Europa y el Medio Oriente. Trabajó como maestra en varios países y publicó cuatro colecciones de correspondencia con personas de los lugares que había visitado.[30] Dio charlas y escribió artículos a favor de la paz y en contra del racismo y fue miembro activo de la Liga Internacional de Mujeres por la Paz y la Libertad (WILPF).[31] En el archivo de Anna Melissa Graves (Colección de Paz de Swarthmore College) se encuentran cuatro cartas inéditas de Gabriela Mistral a la norteamericana fechadas entre fines de 1923 y 1924. El tema central de ellas es la situación del peruano Víctor Raúl Haya de la Torre, fundador del partido Alianza Popular Revolucionaria Americana (APRA). Haya de la Torre era amigo cercano y protegido de Graves, quien lo conoció en Perú y lo apoyó durante sus persecuciones y exilios coordinando su defensa pública y llegando a financiarle un viaje a Europa y estudios universitarios en Inglaterra.[32] Este dato trae a la luz un ejemplo más de la invisibilidad que han tenido muchas mujeres al momento de escribirse las historias intelectuales, sea porque en algunos casos la evidencia de su participación está perdida (en cartas o diarios inéditos) o por considerarse poco importantes para la historia.[33]

En un primer nivel, tanto estas cuatro cartas como otras de la colección de Graves resultan valiosas porque permiten reconstruir las redes comunes en que ambas mujeres participan junto a José Vasconcelos, Romain Rolland, Magda Portal, Manuel Ugarte y Alice Stone Blackwell, entre otros. Graves tenía gran interés en Latinoamérica, como escritora y activista, y buscaba establecer relaciones de colaboración intelectual y política, así como amistosas con figuras públicas latinoamericanas. Lamentablemente las cartas que Graves le envió en este periodo no forman parte de este archivo ni del archivo de Mistral en la Biblioteca Nacional de Chile. En este último solo hay una carta de 1949 donde Graves le agradece a Mistral un cable a favor de Haya de la Torre.[34]

La primera carta de Mistral a Graves fue escrita en la ciudad de México y se puede fechar entre noviembre de 1923 y mayo de 1924 (periodo que dura la estadía de Haya de la Torre en México). Al momento de escribirla la chilena se había trasladado a la ciudad de México luego de residir en San Ángel, México, donde hospedó a Haya de la Torre. En su carta tranquiliza a Graves asegurándole que: "él se ha hecho ya de algunos amigos y V. no debe sentirlo solo. Yo me he venido de San Ángel a vivir a México, por la situación anormal que atravezamos [sic]; pero él queda allá con un compañero con quien se quiere mucho y yo no le haré ninguna falta" (Cartas a Anna Melissa Graves n. pág.). A través del intercambio epistolar se observa que Mistral simpatiza con la solidaridad y la generosidad que Graves demuestra hacia Haya de la Torre y busca mantener esa relación frente a ciertos conflictos que irán surgiendo entre ambos. Las otras tres cartas de octubre y noviembre de 1924 fueron escritas desde Suiza y se enfocan casi exclusivamente en los problemas de salud de Haya de la Torre, de Graves y hasta de la propia Mistral.

Más allá de su rol en la relación entre Graves y Haya de la Torre es precisamente la primera carta la que me interesa analizar, pues en ella Mistral establece los términos de su relación con los Estados Unidos y su intelectualidad justo antes de realizar su primera visita. En esta extensa carta ella se ubica en relación con los espacios ideológicos de la mujer escritora, activista e intelectual de los años veinte, reconociendo a su vez las diferencias geográficas y sociales que determinan dichos espacios. Me refiero particularmente al feminismo y a la posibilidad de operar en una red predominantemente femenina. Mistral rechaza ambas posibilidades y al hacerlo revela su particular modo de entrada y participación en la esfera cultural tanto local como transnacional.

> Siento que los informes que de mí le han dado las feministas me hagan hablar un poco sobre ellas, cosa que siempre evito por tratarse de mexicanas.
>
> El feminismo de este país tiene su cumbre en Yucatán, que rige al resto del país en ese sentido. Las cosas que lo distinguen del feminismo yanqui son la propaganda del amor libre y la del control de la natalidad. Yo no podía asimilarme a semejantes actividades, porque me divorcia de ella mi religión que es una de las pocas cosas que ya me importan sobre el mundo. Tampoco me interesa el sufragio femenino, porque él no hace sino llevar a la política y yo creo que la política ha fracasado en todas partes. (Cartas a Anna Melissa Graves n. pág.)

En esta carta de 1923 se distancia decididamente del feminismo mexicano y norteamericano: "He respetado siempre la labor de beneficencia de las feministas yanquis: pero tampoco me llevará al feminismo el deseo de hacer bien." Reconoce que ambos feminismos tienen distintas agendas y modos de operar. Sin embargo, se niega a participar por dos razones. Primero, porque "la beneficencia se hace muy bien en sociedades mixtas de hombres y mujeres" (Cartas a Anna Melissa Graves n. pág.) y segundo, porque como le explica a continuación, ella "elige" a las personas con quienes se relaciona con base en el nivel de admiración que las personas le generan, y en el caso de las feministas mexicanas no habría sentido esa admiración.

> Tengo, señorita, una capacidad de admirar, que no puede serme negada. Tengo el pequeño orgullo de creer que nunca ha pasado cerca de mi un espíritu alto sin que yo me diese cuenta y bebiera en él para sustento de mi misma. Creo que todos los hombres, excepto los genios, tenemos el deber de hacer extensivo a los seres superiores la reverencia tierna y conmovida que tenemos para el Señor. Creo que en el mismo plano de los genios está la bondad perfecta y que los justos son la misma obligación de culto que los hombres geniales. (Cartas a Anna Melissa Graves n. pág.)

Esta carta es una provocadora declaración de la joven Mistral, quien por medio de sus palabras y acciones se sitúa y crea alianzas con base en sus intereses y afiliaciones político-ideológicas. En última instancia su criterio de selección, subjetivo y altamente personal, marca la libertad con que Mistral aspira tejer sus redes, libertad que le será muy útil para moverse en espacios atravesados por tensiones políticas y debates estéticos, pero que sin duda estará limitada por sus circunstancias de empleo, su calidad de diplomática entre otros factores.

Luego de situarse con relación al feminismo así como explicitar el criterio que determina sus asociaciones, Mistral le habla a Graves de su posición frente a la relación de Estados Unidos con Latinoamérica. Tal como lo hará con Alice Blackwell más adelante, la chilena separa a los ciudadanos comunes y a los intelectuales del gobierno y los políticos:

> Respecto a mi odio a los yanquis, dígole con toda franqueza que lo que tengo hacia ellos es la actitud de espíritu que toda mujer conciente de mi raza tiene que sentir hacia el país que nos ha herido hasta el corazón. No tenerla sería inconciencia o bajeza.
>
> No caigo por cierto en la ingenuidad de hacer responsables de nuestra desgracia a las maestras norteamericanas, ni tampoco a los obreros; a los guías de la nación sí. (Cartas a Anna Melissa Graves n. pág.)

Su crítica del imperialismo de Estados Unidos no se limita al espacio más confidencial de las cartas sino que es una posición que Mistral expresa directamente en su primer viaje a ese país a los encargados del Boletín de la Unión Panamericana. Según le cuenta a Joaquín García Monge: "Les dije todas las violencias i las maldades yanquees vistas en Mex. desnudamente. Oyeron con tolerancia i aceptaron muchas cosas. Me prometieron hacer su periódico c/vez más comprensivo y cordial hacia nosotros" (*Antología mayor* 122). Pero al igual que Martí en "Nuestra América," Mistral también culpa a los latinoamericanos de ser cómplices de este mal y en la carta a Graves enumera lo que ella cree son sus grandes defectos: "nuestra pereza, nuestra corrupción política, nuestra falta de ambición y muchas veces, de dignidad."

Esta primera carta a Graves, que inaugura una relación que continuará por dos décadas, presenta a una joven Mistral de carácter fuerte, que habla con seguridad y firmeza frente a dos grandes temas de su tiempo, el feminismo y el imperialismo. Esta carta hace sentir a su corresponsal como una persona "elegida" por la poeta que solo acoge a seres excepcionales espiritual o intelectualmente: "la generosidad espiritual que he encontrado en la carta de V. que me hace contestarla rompiendo los moldes de mi habitual indiferencia" señala, lo que refuerza la idea de una escritora que sin duda quiere participar de redes transnacionales pero busca hacerlo en sus propios términos. La red tejida de ese modo desafía jerarquías, instituciones y límites nacionales y se transforma en una estrategia de validación no solo para Mistral sino para otras escritoras en espacios culturales patriarcales. Por otro lado, su énfasis en la genialidad, la intelectualidad y los "espíritus altos" es coherente con un discurso que desde el comienzo de su carrera enfatiza el aspecto intelectual de su identidad por sobre el de género.[35]

Alice Stone Blackwell (1857–1950) fue una escritora y traductora norteamericana que jugó un rol central en el movimiento sufragista. Fue editora del *Woman's Journal* por 35 años y traductora de poetas hispanohablantes, rusos y armenios. En 1929 publicó una antología de poesía latinoamericana titulada *Some Spanish American Poets* que incluía poemas de Mistral. Es probable que Blackwell le escribiera por primera vez a Mistral a principios de los años veinte.[36] De hecho la primera carta encontrada de Mistral a Blackwell, que data del 30 de noviembre 1928, alude a cartas anteriores. Sin embargo, antes de empezar a escribirse, ambas mujeres ya compartían ciertas redes de contactos. En 1921, cuando Blackwell comenzaba a interesarse en Mistral, ambas reciben la misma carta de invitación de Vasconcelos a colaborar en la nueva revista *El Maestro* de la Universidad Nacional de México, lo que sugiere que Blackwell era conocida en el ambiente intelectual mexicano y que a su vez Vasconcelos la veía como un sujeto o agente cultural de cierta importancia.[37]

Otro nexo para establecer el vínculo entre ellas fue el escritor y periodista chileno Ernesto Montenegro, corresponsal en Nueva York del diario *El Mercurio* de Santiago. En una serie de cartas de 1919 Montenegro ayuda a Blackwell a traducir algunos poemas de Mistral y también le da más detalles acerca de la vida de la maestra y de otros poetas chilenos, además de facilitarle sus direcciones postales.[38] Al mismo tiempo que Montenegro se escribía con Blackwell también lo hacía con Mistral, quien todavía no había salido de Chile.[39] En 1921 Montenegro le comenta a Blackwell que usará su gran interés por la poesía de la chilena para insistirle que publique un libro: "I am going to use your letter with her to insist in the necessity of having her collected poems given to the American public at large" (Carta a Alice Stone Blackwell n. pág.). Este intercambio epistolar es también un ejemplo del interés de un pequeño pero creciente grupo de intelectuales y académicos norteamericanos por la literatura latinoamericana, interés que da cuenta de la confluencia de voluntades que sirvió a Mistral para encontrar canales de difusión panamericanos a su proyecto pero también a un sector incipiente de la academia y de los circuitos literarios norteamericanos que necesitaban de sujetos que le dieran consistencia a proyectos de intercambio cultural.[40] Un poco más tarde, en los años 1930, muchos estados latinoamericanos vieron en las políticas de "buen vecino" que impulsaba Estados Unidos y en el auge del panamericanismo una oportunidad de promover a la literatura y el pensamiento como "pruebas" de civilidad y solidez de las naciones frente a Estados Unidos y Europa.

Luego de un comienzo intermediado, la relación entre Mistral y Blackwell se estrecha y los temas de conversación se amplían para incluir política, feminismo y asuntos prácticos tales como trabajos y viajes. Es evidente que Mistral una vez que vio a Blackwell como una aliada con un nivel de influencia se interesa en mantener una relación epistolar con ella. Este contacto no solo le significa a Mistral la traducción y publicación de algunos de sus poemas en inglés, sino que también hay evidencia de que Blackwell la ayudó en su búsqueda de medios de prensa con los cuales colaborar y para conseguir trabajos de profesora visitante y conferencista en Estados Unidos, todo lo cual la va consolidando como escritora e intelectual.

En una carta del 30 de noviembre de 1928 Mistral autoriza a Blackwell para usar "las poesías que desee" para su antología, y también le comenta su desconfianza hacia Estados Unidos por su intervencionismo (Nicaragua). Tras alabar "a los buenos y nobles amigos que allá tenemos" le hace la siguiente petición: "Me gustaría colaborar en algún buen diario de su país, pero enviando mis artículos en español. Yo querría decirles cosas que ignoran sobre nosotros y mostrarles aspectos que no han considerado en nuestras relaciones. Dígame usted si hay algún diario con el que yo pueda tratar" (Carta a Alice Stone Blackwell n. pág.). Este es un ejemplo entre muchos de la búsqueda activa de Mistral por aumentar su capital simbólico, por instalar su discurso en espacios estratégicos a lo largo del continente. También es coherente con su necesidad de asegurar fuentes de ingreso que le permitan mantenerse fuera de Chile.

Estas mujeres están participando de un diálogo panamericano que se desarrolla tanto a través de cartas privadas como de discursos públicos y que incluye a sujetos, como Blackwell y Graves, que funcionan como eslabones importantes en esta red. Recordando su encuentro con Blackwell en Boston, Mistral cita las palabras de la norteamericana: "Mi aproximación con la América Latina comienza con mi amistad de mujeres del sur que me impusieron, sin saberlo, este destino de divulgación: la ilustre profesora mexicana Juana Palacios y una conferencista, ¡Creo que chilena! ¡Vea usted qué misión sorda y efectiva tiene la mujer en los negocios espirituales!" (*Colombia* 1: 255).

Hasta qué punto la "cita" es textual o se entremezcla con las ideas de Mistral, no sabemos; sin embargo nos habla de una conciencia por parte de esta mujer de la importancia de la amistad en la ampliación de sus intereses intelectuales, del valor de los modelos femeninos en su formación intelectual y del silenciamiento que sufre el trabajo de la mujer en el ámbito de la colaboración literaria y cultural. Mistral también ayuda a Blackwell cuando, en 1931, publica en *El Tiempo* de Colombia y en el *Puerto Rico Ilustrado* un artículo acerca de la norteamericana titulado "Una amiga de los poetas suramericanos: Alice Blackwell Stone." Aquí alaba su labor de traductora y su recientemente auto-editada antología y termina invitando a los libreros que quieran encargar este libro a contactar a su autora, para lo cual incluye la dirección postal de Blackwell. *Networking* transnacional, amistad epistolar entre dos mujeres, interacción de lo cultural, lo político y lo personal que, como sugiere Camboni, amplía y diversifica la comprensión de un momento de la historia literaria.

Dentro del archivo de la NAWS (National American Woman Suffrage Association) hay una copia de una carta de Mistral a una persona no identificada y que estaría fechada en 1930, poco antes de que esta pasara una temporada enseñando en Vassar College:

> Recibí hace unos días una invitación para ir a dar una conferencia en Wellesley, cerca de Boston. Yo me dirijo a usted en la confianza que tenemos para preguntarle si no sería posible que otra universidad u otro colegio e institución que encuentre

> en el camino me de otra conferencia con remuneración
> semejante. En este caso yo podría ir. Consulte Ud. a sus amigos
> por mí y consulte si puede por allí a una vieja amiga mía, la
> señorita Alicia Blackwell Stone. (NAWS Collection)

Blackwell es para entonces mucho más que la traductora de algunos poemas de Mistral, es un sujeto importante en la red que Mistral está construyendo en Estados Unidos. Además quien quiera que sea el corresponsal en esta carta, la red de "amigos" está en funcionamiento con el objetivo de conseguir el trabajo y la remuneración que permitiera a Mistral efectuar ese viaje al noreste de Estados Unidos. Otro ejemplo se encuentra en la revista *News Bulletin of the Institute of International Education* publicado en Nueva York en octubre de 1930. Bajo la sección llamada "Foreign Lectures Available" (*Conferencias extranjeras disponibles*), y específicamente bajo el subtítulo "Latin America," aparece el siguiente anuncio:

> Gabriela Mistral, Advisor on Latin American Affairs to the
> International Institute of Intellectual Cooperation and the
> Institute of Educational Cinematography of Rome (League of
> Nations) ... Visiting professor, Barnard College and *available*
> for other engagements in the vicinity during Fall term. Subjects:
> Estado social de la América Española; Literatura femenina de
> la América Española; Carácter hispano-americano y relaciones
> de este con la América del Norte; Literatura infantil, virtudes y
> defectos de ella; Rubén Darío, José Martí. Lectures in Spanish
> only. (NAWS Collection; énfasis original)

A Mistral le interesaba mantener canales de comunicación con los Estados Unidos por medio de personas o a través de medios de prensa y otras tribunas públicas. Creía en el poder del discurso, un poder que ella desde su posición de intelectual podía ejercer. A diferencia de intelectuales que habían adoptado posiciones de oposición y corte de relaciones con los Estados Unidos, ella trabaja, junto con Vasconcelos y Manuel Ugarte, por "crear dentro de los propios Estados Unidos una opinión favorable de nosotros, aprovechando las grandes fuerzas morales de profesores y obreros, que intentan allá refrenar a sus políticos codiciosos y evitar a su raza una vergüenza" (*Gabriela y México* 239). Del mismo modo en que en su etapa chilena usa la prensa para promover una determinada imagen de Chile en el resto del Latinoamérica,

Mistral trabaja más tarde a favor de la difusión de ciertas ideas de Latinoamérica en los Estados Unidos.

En 1930, mientras se desempeña como profesora visitante en Barnard College, escribe una carta a Alfonso Reyes y su esposa Manuela, donde les pide "[a]lgún o algunos artículos que traducir al inglés para revistas literarias yanquis sobre cosas nuestras. Estamos haciendo aquí, tres pobres diablos, un pequeño movimiento porque la prensa y las revistas publiquen de manera estable, artículos y estudios nuestros" (Mistral y Reyes, *Tan de Usted* 57). El esfuerzo de Mistral estaba dirigido a la publicación de ensayos de manera estable en medios de la prensa, con el objetivo de instalar la cultura literaria latinoamericana en Estados Unidos más allá de circuitos académicos especializados. Para poder dar a conocer perspectivas latinoamericanas en Estados Unidos se necesitaba acceso a ciertos medios de prensa y es por eso que resultan clave las relaciones personales como las que Mistral tiene con Blackwell y Graves, así como la presencia de estos escritores en ciudades como Nueva York.

Panamericanismo e hispanoamericanismo

"Nos absorberán sin remedio. Mañana, pasado, después, pero no tenemos salvación, a menos que Dios ponga sus manos" (*Antología mayor* 3: 122), asegura Mistral en una carta privada a Joaquín García Monge poco después de concluir su primera visita a Estados Unidos. Haciendo eco del tono premonitorio de ensayistas como Martí y Rodó, Mistral reconoce las virtudes de los estadounidenses al mismo tiempo que advierte la enorme amenaza que significan para América Latina. El sentimiento anti-imperialista y las sospechas que la agenda panamericana impulsada por los Estados Unidos generaba entre los intelectuales latino-americanos está ampliamente documentada. No obstante, Mistral opera en un espacio físico y formula un discurso transnacional que incluye a los Estados Unidos. Esto la diferencia de otros intelectuales que levantan un discurso latinoamericanista exclusivamente desde y para Latinoamérica. En su búsqueda por profesionalizar su carrera de escritora e intelectual pública Mistral responde al interés que los EEUU, incluso desde antes de los años de la política del Buen Vecino, desarrolla en los intelectuales al reconocer su influencia en la opinión pública latinoamericana y por lo tanto la necesidad de incorporarlos a sus políticas diplomáticas.[41] Sin embargo, su desconfianza de los Estados Unidos es eterna así como su convencimiento de las profundas diferencias que separan el pueblo al norte del río Grande de los del sur.[42] Aún así el interés de Mistral por el proyecto panamericanista no fue solamente un modo de aumentar su poder en el campo cultural transnacional; sino un espacio para abogar por un panamericanismo que priorizara la paz y el respeto de Estados Unidos hacia la autonomía de Latinoamérica, un objetivo central para Mistral y que comparte con Frances Grant, fundadora de la Unión Panamericana de Mujeres. Las múltiples visitas de Mistral a la Unión Panamericana en Washington, sus ensayos de circulación panamericana que tratan la identidad continental confirman la centralidad de su rol en los debates acerca de la relación de Latinoamérica con el Norte; una participación subversiva, sin duda, para una mujer intelectual que en los años 20 y 30 ejerce un derecho no solo a interpretar el continente, sino también a representar a la región ante los Estados Unidos.

El pensamiento y la figura pública de Mistral se pueden identificar con el panamericanismo en su definición más idealista, aunque su compromiso real es con una ideología hispanoamericanista enfocada en la unión cultural, económica y estratégica de los países de habla hispana en el continente americano. Mistral se concentró primordialmente en construir y promover un hispanoamericanismo[43] fundado en la lengua española, la religión cristiana y la "raza," entendida como la particular mezcla indígena y española.[44] Su panamericanismo está presente en vertientes de su pensamiento e influencia internacional; no porque ella adhiriera al panamericanismo que promocionó Estados Unidos desde fines del siglo XIX y durante las primeras décadas del siglo XX. Un panamericanismo que era visto por los intelectuales de ese momento como una iniciativa de carácter imperialista, intervencionista, que tenía como objetivo final manipular política y económicamente a Latinoamérica para el exclusivo beneficio de EEUU.[45] Al leer la prosa política de Mistral resulta claro que ella comparte estos temores frente y que rechaza cualquier pretensión imperialista norteamericana. Consecuentemente, cuando habla acerca del panamericanismo a los norteamericanos (dicta conferencias magistrales en la Unión Panamericana en 1924, 1939 y 1946) pone como condición previa el reconocimiento de las diferencias nacionales, el respeto por la soberanía de cada país y la promoción de la paz y la educación. Mistral no apoya incondicionalmente el panamericanismo promovido por los Estados Unidos y se distancia de ellos cuando habla de "los panamericanistas" (*Colombia* 1: 335) en tercera persona. Sus discursos ante la Unión Panamericana son un intento por modificar su sentido desde dentro. En Washington Mistral alaba el ideal panamericano de unión pero siempre como "embajadora" de Latinoamérica, defendiendo sus diferencias y su derecho de autodeterminación: "La amistad de pueblos distintos, buscada por la Unión Panamericana sería fácil si todos nos penetrásemos, hasta el último límite de la conciencia, de este concepto de disimilitud sin inferioridad" (*Colombia* 1: 334). En esta primera visita a la Unión Panamericana, Mistral apela a un cristianismo con sentido social, como un modo distinto de abordar la unión panamericana, una unión que no se base en los intereses sino en un argumento moral: "Dios haga a Estados Unidos realizar, con norma cristiana la ayuda del mundo dolorido, enfermo de injusticia y de odio, y que las mujeres y los educadores sean, formada la generación que los alcance, algo así como las manos mismas de Dios" (*Colombia* 1: 335). Aunque pareciera que Mistral está promoviendo una relación asistencialista entre Estados Unidos y Latinoamérica, lo que hace en realidad es plantear un vínculo muy diferente al que busca la diplomacia panamericanista. Mistral sugiere "poner la conciencia sobre los intereses" e instalar un sentido de responsabilidad moral apelando a la religión, que ella identifica como central a la cultura norteamericana, para evitar así las intervenciones militares, las manipulaciones políticas y la explotación económica de Estados Unidos.[46] Es una estrategia que podría considerarse inocente, desconectada de la realidad política que Mistral conocía bien, pero que puede entenderse mejor al considerar que el público al que se dirigía este discurso no eran los poderosos, los políticos, sino más bien la opinión pública o quienes podían transmitir sus palabras a ella, como: "las tres señoras representantes de distintos organismos de mujeres … uno de los cuales comprende 700.000 maestros" (*Colombia* 1: 331) que se encontraban entre los asistentes el día de su discurso. En ese momento Mistral tenía una visión muy pesimista frente al poder de Estados Unidos sobre Latinoamérica, visión que aparece claramente en su correspondencia. En una extensa carta a Alfredo Palacios fechada el 27 de marzo de 1925 expone su perspectiva:

> No resto una sola línea a su afirmación de que los Estados
> Unidos aspiran a dominar sobre nuestros países y que ya lo
> han conseguido en buena parte. En mis tres años de viaje, me
> he formado la conciencia de que esta dominación tiene dos
> aspectos: el natural, y casi involuntario, del país enorme, de
> grandes pulmones activos, que, como un hombre fuerte, aspira
> el aire de los otros y les impone su mercado intenso; y el cons-
> ciente, el deliberado, de dirigir la política de nuestros países ...
> ("Carta a Alfredo Palacios" 115)

A pesar de que Mistral coincide con Palacios en el peligro
del imperialismo norteamericano, aquí ella defiende a ciertos
individuos y sectores de la población norteamericana, en este
caso los maestros y también Samuel Guy Inman, organizador del
Congreso de Iglesias Cristianas de Montevideo de 1925, quienes
considera instrumentales en el desarrollo de una relación en
oposición a la explotación y dominación imperialista. Otra de las
estrategias de Mistral por ganar el apoyo de un sector de la opinión
pública norteamericana es la de buscar plataformas para difundir
la perspectiva latinoamericana ante la violencia imperialista y para
hablar de sus problemas sociales y su cultura. En la carta citada
anteriormente en este capítulo que dirige a García Monge con los
detalles de su primera visita a Washington, cuenta que el personal
del *Boletín Panamericano* la invitó a hablarles "en privado." Luego
de las críticas que Mistral les plantea se comprometen a promover
una visión más comprensiva de Latinoamérica. No obstante, las
críticas que intelectuales como Mistral hacen "en privado" o en sus
ensayos escritos para Latinoamérica llegan también a los oídos de
los norteamericanos como, por ejemplo, del educador, misionero y
diplomático Samuel Guy Inman, quien en 1923 en un ensayo titulado "Why the Pan-American Conference Concerns the Church"
se refiere a las ideas que Mistral expone en "El grito" (1922): "The
most talked of Latin American at the present time, Gabriela Mistral, the Chilean poetess in an article that has been published in
every Latin American country says that there are two things that
must unite Hispanic America: first the beautiful Spanish Lan-
guage; and, second, the pain caused by the United States" (*Federal
Council Bulletin* 21).[47] Inman explica a continuación a qué se refiere Mistral con el dolor que Estados Unidos ha causado (la toma
de Panamá, la ocupación de Haití y Santo Domingo, etc.), para
llegar al punto de su ensayo: los intelectuales latinoamericanos

están en una campaña Pan-hispanista y adquiriendo cada vez más poder a nivel internacional (Liga de las Naciones, Corte Internacional) y, por lo tanto, Estados Unidos tiene que tener una buena representación y lograr influencia en la Conferencia Panamericana a celebrarse en Santiago de Chile en marzo de 1923. Inman refleja la ansiedad con que ciertos norteamericanos involucrados en los movimientos del panamericanismo (sin duda hay distintas variantes) sienten ante la influencia de intelectuales como Mistral.

El tono de los mensajes que Mistral da en la Unión Panamericana es muy distinto a sus ensayos dirigidos a los latinoamericanos (como "El grito" o la serie de textos en defensa de Sandino). Para apelar a Estados Unidos, Mistral, por medio de un hábil manejo diplomático, ajusta el tono y mide las demandas para adaptarse a sus interlocutores y a los objetivos que busca en un momento determinado. Una de las herramientas discursivas que emplea en el contexto del panamericanismo norteamericano es el uso de su identidad de mujer y maestra, mitificada en su trabajo por el bien común y su defensa de los más débiles, como "campamento base" para entrar en el espacio de la política internacional. Esto le da cierta inmunidad, ya que lo que ella diga no entra en el juego político y diplomático establecido (regido por normas e intereses nacionales y que puede tener repercusiones diplomáticas concretas). Por otro lado, al apelar a su identidad de maestra y mujer su discurso político se "despolitiza" estratégicamente para presentarse más bien como un discurso social y humanitario, lo que facilita su circulación y lo hace menos amenazador. Conocida es la anécdota de su entrevista en 1946 con el presidente Truman al que interrumpe para interrogarlo por la situación en República Dominicana. Sabemos del episodio por testimonio del traductor quien provee el siguiente relato:

> Truman siguió: "La felicito por el premio Nobel." Gabriela contestó: "Muchas gracias, señor Presidente." Truman continuó: "Le gusta Washington?" Ella le dijo: "Sí, mucho." Yo comencé a darme cuenta que mi labor se estaba poniendo no fácil sino trivial, hasta que Gabriela como ella acostumbraba, quiso trascender lo convencional con un gran estallido. Y Gabriela dijo: "Señor presidente, no le parece una vergüenza que siga gobernando en la República Dominicana un dictador tan cruel y sanguinario como Trujillo?" Truman por supuesto no contestó, limitándose a una ancha sonrisa. Pero Gabriela siguió: "Yo quería pedirle algo señor presidente; un país tan

rico como el que usted dirige, debería ayudar a mis indiecitos de América Latina que son tan pobres, que tienen hambre y no tienen escuela." Truman volvió a sonreírse sin decir nada, el embajador se puso nervioso y también el jefe de protocolo. (cit. en Figueroa et al. 12)

Ya se vea como un exabrupto, un gusto dado o una prueba de la distancia patética entre una intelectual y uno de los hombres más poderosos de su tiempo, el comentario de Mistral no tiene efectos políticos concretos. Días después, en una conferencia de prensa, el presidente Truman al ser consultado (por petición de los medios de prensa chilenos) acerca de la visita de Mistral, responde: "she is a very charming person and she made a good impression on me. [Laughter]" (comentario original de la transcripción; cit. en Woolley).

Fuera del sentido político-estratégico que el panamericanismo promovido por Estados Unidos tuviera, la relación de Mistral con ese país se puede poner en el contexto de un panamericanismo intelectual y cultural que se define como una relación de diálogo e intercambio así también como de crítica entre intelectuales y académicos norteamericanos e hispanoamericanos no directamente vinculados a la práctica política y diplomática oficial estatal. Esta relación está facilitada por la presencia de académicos hispanoamericanos en los Estados Unidos como Arturo Torres Rioseco y Manuel Pedro González. A su vez, Mistral mantiene relaciones personales e intelectuales con un número de norteamericanos tales como Waldo Frank, Leo Rowe (Director de la Unión Panamericana), Alice Blackwell, Samuel Guy Inman, Frances Grant,[48] y, por supuesto, con su compañera, Doris Dana. Con estas personas Mistral debate de modo más directo la relación entre Estados Unidos y Latinoamérica, separando la acción de los gobiernos de las relaciones personales y la admiración de Mistral por escritores e instituciones culturales norteamericanas. En 1928 en una carta inédita a Alice Blackwell le confiesa: "Me entristece ver que van de mal en peor las relaciones entre EEUU y la América Española. Lo de Nicaragua es fatal y yo siento una desconfianza cada vez mayor hacia EEUU en nuestros países. Pero no piense usted que yo olvide los buenos y nobles amigos que allá tenemos, como usted, como varios profesores y escritores" ("Carta a Alice Stone Backwell" n. pág.). Al margen de esta desconfianza, la chilena mantiene sus amistades con norteamericanos durante toda su vida y, como se ha visto, esto resulta, entre otras cosas, en las invitaciones, publicaciones y homenajes que recibe en los Estados Unidos. La campaña de propaganda a favor de Latinoamérica que algunos de estos intelectuales quieren realizar en Estados Unidos y Europa necesita primero acceso a ciertos medios; es por eso que las relaciones personales, y las estadías en otros países resultan claves.[49]

La dimensión ideológica del latinoamericanismo va de la mano con un proceso de reconfiguración del terreno del intelectual. Graciela Montaldo sugiere que:

> La opción por el hispanoamericanismo parece ser, en el *fin de siecle*, la alternativa de los letrados en conjunto frente a los cambios que las identidades nacionales están atravesando; pero, fundamentalmente, parece ser la alternativa de la clase intelectual frente a los desplazamientos y reacomodos de la esfera de la cultura impactada por los cambios de la industria cultural. (*Ficciones* 90)

Montaldo plantea el hispanoamericanismo de la generación intelectual anterior a Mistral como un esfuerzo por fortalecer "ciertas posiciones de la clase intelectual amenazadas por las aspiraciones de los nuevos sectores en ascenso" (*Ficciones* 90). Esta estrategia de consolidación de una clase supranacional si bien será redefinida por la siguiente generación, se mantiene. Tanto la creación de redes intelectuales transnacionales como la afiliación a un discurso latinoamericanista funciona para Mistral, al igual que para otros escritores e intelectuales, para reconfigurar su territorio: sus contingencias políticas y batallas internas fuera de los límites nacionales. Así operan los exiliados o autoexiliados de la patria y aquellos en búsqueda de un espacio discursivo mayor o un mercado continental.

Cuando Mistral llega en 1922 a México su visión del rol social y político de la escuela y del intelectual se redefine en el contexto de un proyecto nacional mexicano dentro del marco de una utopía hispanoamericanista. Este hispanoamericanismo que, como respuesta al imperialismo, tiene su origen en los discursos de Martí, Rodó y otros intelectuales decimonónicos es redefinido por Ugarte, Vasconcelos y Mistral que lo amplían para incorporar en él a las masas. Con respecto a la campaña latinoamericanista de Manuel Ugarte y su revisión del arielismo, Mistral dice que él:

"sacó del aula de Montevideo a la plaza y a la asamblea el *Ariel*, que se habría amojamado en el aire muerto" (*Gabriela y México* 236). El latinoamericanismo pretende en ese momento constituirse como un ideal continental y llegar a las masas por medio de la prensa, las conferencias en ateneos obreros y federaciones de estudiantes, sin embargo, sigue funcionando para garantizar poder a quienes se autodefinen como sus líderes, que justifican a su vez la visión de los intelectuales que les precedieron como sugiere Rama (Capítulo 1). Así, Mistral, en un ensayo sobre Ugarte traza la historia del hispanoamericanismo y destaca el aporte fundamental de los intelectuales, partiendo por Rodó:

> Rodó cumplió dentro de su mundo, que era la estética, poniendo en parábola la doctrina que le subía de la mente con esa suavidad de corola que tuvieron en él siempre los conceptos. La casta de los políticos, tan abundante en nuestra pobre América, aunque su negocio sea el de vigilar los intereses de cada pueblo y denunciar a tiempo el riesgo, no había dicho hasta entonces cosa que valiera la pena sobre la hora mortal que camina hacia nosotros con pasos sobrenaturales. (*Gabriela y México* 237)

El "mundo de la estética" ya no es el mundo desde donde se denuncia el imperialismo y se promueve la unión latinoamericana. Sin embargo, ella justifica la necesidad de la mirada abarcadora del intelectual por sobre los límites nacionales y lo reafirma como el mejor posicionado para ver más allá de los "negocios" de los políticos y entender la amenaza imperialista. El intelectual sigue siendo quien define la identidad latinoamericana, ya sea desde la altura de su torre o en medio de una masiva fiesta escolar. El discurso de Mistral niega la autoridad civilizadora del europeo pero mantiene la autoridad civilizadora de los intelectuales latinoamericanos frente a su propio pueblo. El ensayo recién citado, después de hablar de Rodó, regresa a Ugarte y rescata su lealtad a la causa hispanoamericanista, sus libros y sus giras enfocadas en los estudiantes y obreros. Muestra, eso sí, cierto escepticismo frente al real éxito de la campaña de Ugarte y reconoce como saldo positivo de ella "el haber clavado en las masas unos cuantos conceptos esenciales" (*Gabriela y México* 238).

La prosa de Mistral a partir de 1922 da cuenta de un cambio o más bien una transferencia de valores y sentidos que antes ella atribuía a lo nacional y que ahora promueve como propios de una identidad continental. Recogiendo un concepto de Ugarte, Mistral argumenta a favor de un "nacionalismo continental" que explica como "un agudo sentido de la raza" (*Gabriela y México* 230). Si antes de su llegada a México Mistral buscaba integrar a las regiones chilenas y los grupos desempoderados al tren del progreso nacional argumentando que son piezas claves sin las cuales la nación no alcanzará el anhelado estatus de civilización y modernidad, después propone que las naciones dependen de la unión hispanoamericana y el progreso de todos para enfrentar las amenazas del norte y perfilarse como un continente de igual peso comercial y cultural que Europa. Uno de los giros más importantes es con relación a su idea de patriotismo, y en el modo en que desde este momento habla de Chile como parte de un continente. Sus textos acerca de Chile, escritos desde el extranjero, pretenden insertarlo dentro de un imaginario continental que tanto Mistral como Vasconcelos y otros intelectuales crean por medio de un discurso de integración y unidad continental.[50] El patriotismo es caracterizado por estos intelectuales como un sentimiento limitado y viejo, que divide y debilita la posición de Latinoamérica frente al mundo: "Solo las almas de molusco siguen apegadas a la roca de la patria" (Vasconcelos, cit. en Skirius 104). Mistral también adoptará una posición crítica ante el patriotismo, sobre todo a medida que su pacifismo se intensifica con las guerras mundiales: "El patriotismo no debe volverse una religión ni la patria un Dios" (Mistral y Dana, *Niña errante* 243). La defensa del latinoamericanismo en oposición al patriotismo no estuvo exento de polémicas y, por ejemplo, provoca malestar público durante la visita de Vasconcelos a Chile (Fell 555).[51]

Si bien hay muchos ensayos de Mistral que revelan el cambio de un discurso enfocado en lo nacional a un discurso de unión latinoamericana, he querido enfocarme en "El grito," un ensayo fundamental escrito el mismo año en que llega a México. Este ensayo se publicó en ese momento además de en *Repertorio Americano* (1922) en: *El Heraldo de la Raza* (México), *Revista Universidad* (Colombia), *Revista de Revistas* (México), *El Maestro* (México), *Social* (Chile), *Revue de l'Amérique latine* (revista que en 1922 publica el texto traducido al francés).

> ¡América, América! ¡Todo por ella: porque todo nos vendrá por ella, desdicha o bien!

> Somos aún México, Venezuela, Chile, el azteca-español, el quechua-español, el araucano-español; pero seremos mañana cuando la desgracia nos haga crujir entre su dura quijada un solo dolor y no más que un anhelo.
>
> Maestro: enseña en tu clase el sueño de Bolívar, el vidente primero. Clávalo en el alma de tus discípulos con agudo garfio de convencimiento. Divulga la América, su Bello, su Sarmiento, su Lastarria, su Martí. No seas un ebrio de Europa, un embriagado de lo lejano, por lejano extraño, y además caduco de hermosa caduquez fatal. ("El grito")

"Nuestra América," de Martí, es un antecedente directo y evidente del que hace eco en varios de sus puntos centrales. En menos palabras y con un lenguaje simple, dirigido a la nueva clase profesional latinoamericana, Mistral reitera la arenga de Martí interpelando a todos quienes tienen cierto poder sobre el destino de los pueblos: maestro, periodista, artista e industrial, a sumarse a la causa latinoamericanista. Al igual que "Nuestra América," este ensayo alerta acerca del imperialismo norteamericano que encuentra despejado el camino por causa de los odios internos, la pereza y falta de organización latinoamericana. Los nacionalismos aparecen aquí como la realidad actual que frente a "la desgracia" futura, deben dar paso a la unidad Latinoamericana. Si antes Mistral pedía al maestro inculcar el amor supremo a la patria, ahora le pide clavar el sueño de Bolívar en el alma de sus discípulos. El empeño por pasar de un patriotismo a un nacionalismo continental le exige trazar nuevos mapas sobre los cuales fundamentar esta vasta "comunidad imaginada" que tiene como concepto central la unidad de "la raza" y como riqueza fundamental la extensión y variedad de la geografía:

> Describe a tu América. Haz amar la luminosa meseta mexicana, la verde estepa de Venezuela, la negra selva austral. Dilo todo a tu América; sí cómo se canta en la pampa argentina, cómo se arranca la perla en el Caribe, cómo se puebla de blancos la Patagonia. ("El grito")

El lector es persuadido para que participe de la defensa ya no solo de su nación, sino de su continente, el que se le entrega forzosamente por medio de una interpelación directa: "tu América." Los frentes de lucha que este texto identifica son tres: la educación, la prensa y los sectores industriales. El discurso le asigna un rol activo a cada uno de estos sujetos interpelados, ofreciéndoles un nuevo territorio, que más allá de los límites nacionales promete un nuevo estatus, de mayor prestigio y poder, frente a las amenazas imperialistas y el mundo civilizado: "¡América y sólo América! ¡Qué embriaguez semejante futuro, qué hermosura, qué reinado vasto para la libertad y las excelencias mayores!" ("El grito"). Este análisis y propuesta de acción concreta, al igual que otros ensayos políticos de Mistral, hace uso de la prensa como una extensión del salón de clases para entregar un mensaje pedagógico, simple y tajante, que llama a la acción más que a la reflexión.[52] De hecho critica el ejercicio analítico latinoamericano versus el impulso ejecutor de Estados Unidos y, a diferencia de los discursos conciliadores que da en la Unión Panamericana, funda la unión latinoamericana en oposición al país del norte: "Dirijamos toda esta actividad como una flecha hacia ese futuro ineludible: la América española, una, unificada por dos cosas estupendas: la lengua, que le dio Dios y el dolor que da el norte" ("El grito").

Finalmente, este discurso cumple una función central con relación al proyecto de Mistral como intelectual transnacional. Ramos en su análisis de "Nuestra América" de Martí propone que: "tras cada postulación de lo latinoamericano hay una voluntad de poder, ejercida desde diferentes lugares en el mapa de las contradicciones sociales" (*Desencuentros* 288). El discurso latinoamericanista de Mistral desempeña una doble función. Primero, la inserta en una tradición intelectual que se ha venido disputando la interpretación de la identidad latinoamericana. En el momento en que Mistral identifica a Bolívar como el "vidente primero" ella misma entra en esa la genealogía de videntes que anticipan el mal y proponen soluciones para el continente. Una genealogía a la que, en el concepto mistraliano, solo acceden quienes anteponen su compromiso con el destino del continente a su labor literaria: "Yo no soy una artista, lo que soy es una mujer en la que existe, viva, el ansia de fundir en mi raza, como se han fundido dentro de mí, la religiosidad con un anhelo lacerante de justicia social. Yo no tengo por mi pequeña obra literaria a que habéis aludido el interés quemante que me mueve por la suerte del pueblo" (*Colombia* 1: 335). En segundo lugar, el discurso latinoamericanista de Mistral y su cambio desde una identificación nacional a una continental la hace parte del proyecto central del campo intelectual de su tiempo. Este discurso continental responde a los intereses y deseos del campo intelectual en ese momento y, en ese sentido, contribuye al aumento del poder y el prestigio de la obra mistraliana. La inserta en mercados culturales continentales a la vez que le da visibilidad fuera de las naciones hispanoamericanas justo en un momento en que las elites culturales de otras latitudes se interesan por Latinoamérica y buscan ser "representantes" e "intérpretes" de ella.

Intelectual pública en cuerpo de mujer

Cuando en el 2007 se exhibe por primera vez el recién abierto archivo de Mistral, una de las cosas que capta más la atención de la crítica, la prensa y público en general fue una serie de fotografías de Mistral nunca antes vistas.[1] En Chile y en Latinoamérica estábamos acostumbrados a ver unas pocas imágenes, todas con expresiones similares, que se repetían en la mayoría de los libros de texto y ediciones de su obra. Las imágenes del legado donado a Chile por Doris Atkinson muestran, en cambio, a la escritora sonriendo, fumando, en compañía de sus mascotas y en la intimidad doméstica con su pareja Doris Dana (ver figura 1). Algunas de estas fotografías, junto con ciertos objetos personales y

Figura 1: Gabriela Mistral y Doris Dana en su casa en Roslyn Harbor. (Legado Mistral, Archivo del Escritor, Biblioteca Nacional de Chile)

manuscritos se transformaron en el centro de atención durante las exposiciones itinerantes y las ediciones de libros que aparecieron poco después de llegados los materiales a Chile. Luis Oyarzún dice en su libro *Temas de la cultura chilena* (1967), que hay poemas de Mistral que por ser tan conocidos ya ni se piensa si son buenos o malos, solo se aceptan. Hay fotografías de Mistral con las que ocurre algo parecido; su presencia constante (como en el billete de 5 mil pesos) fija su sentido y parece cerrar las posibilidades interpretativas. Las "nuevas" fotografías que aparecen en el 2007 desgarran la imagen solemne y monolítica de Mistral y se transforman en símbolo del proceso de reinterpretación, reapropiación, así como de los nuevos modos de silenciamiento que marcan el reencuentro de un país con las imágenes ya gastadas de su poeta y su madre.

Las fotografías, los manuscritos y los audios del legado, como piezas perdidas del rompecabezas mistraliano, revelan la resistencia del archivo a los intentos de composición final y cierre; el rompecabezas de Mistral se disgrega, se multiplica y se extiende forzándonos a cuestionar no solo la imagen y la obra, sino los marcos de interpretación y las intenciones con que el público, el Estado y la crítica se acercan a ella.

Poco antes de que los materiales del legado llegaran a Chile, la entonces presidenta Michelle Bachelet declara que Gabriela Mistral "se nos empieza a revelar ahora como una geografía en la que tenemos mucho por descubrir" ("Discurso"). Si bien la Biblioteca Nacional y otras bibliotecas del mundo ya contaban con una importante colección de materiales de archivo de Mistral, estos en su gran mayoría habían sido sub-estudiados. Las palabras de Bachelet hablan de un repentino, aunque bienvenido interés en el redescubrimiento y revaloración de los manuscritos y materiales de archivo de Mistral. La llegada de estos manuscritos, objetos e imágenes es presentado en el discurso oficial y en la prensa como un nuevo comienzo. Nivia Palma, Directora de Bibliotecas, Archivos y Museos de Chile, en su evaluación del nuevo legado, declara que estos archivos revelan a "[u]na Gabriela desmitificada. Una Gabriela humana. Una Gabriela sonriente y gozosa" (Mistral, Zegers, Harris y Schütte, 4). Aun cuando muchos de los mitos en torno a Mistral no han sido despejados, resulta interesante la valoración de Nivia Palma y Bachelet de que sólo ahora en el siglo XXI y gracias a evidencia antes desconocida aparece la "humanidad" de esta mujer en oposición a la imagen monumental y santificada. Recién ahora es posible ver la risa y el goce que revelan las nuevas fotografías (y ahora también en muchas de las antiguas): el placer de fumar, de acariciar a sus gatos y de mirar con complicidad a su pareja; las múltiples caras de una mujer; su sexualidad no normativa; sus contradicciones "humanas."

Los efectos del legado y el deseo de renovar la imagen pública de Mistral es tal que en el 2009 se llega a cambiar su retrato en el billete de cinco mil pesos (bajo el gobierno de la primera presidenta mujer, Michelle Bachelet). Si en los años 1920 y 1930 se la quiso ver como la maestra ideal, la madre de la nación y de Latinoamérica, a fines de la primera década del 2000 se la representa como una líder, una mujer compleja la que, de acuerdo a Bachelet, luchó por la democracia, la educación, la igualdad de géneros y los derechos de los pueblos originarios. Junto con destacar el legado de Mistral en estos diferentes ámbitos, Bachelet sostiene que al agregar esto a la imagen de maestra y escritora de rondas "tendríamos un retrato más completo que el que la tradición escolar nos pinta" ("Discurso"). Un punto de partida para formar un retrato más completo, en el sentido de más complejo y diverso, es explorar el funcionamiento de la imagen pública de Gabriela Mistral, particularmente con relación a su proyecto intelectual en el espacio público latinoamericano de las primeras décadas del siglo XX. Junto a esto me interesa cuestionar uno de los mitos centrales en torno a Mistral: la idea de que su presencia y su imagen reflejan su extrema humildad junto con una identidad asexual, casi monástica.

Imágenes multiplicadas

Gabriela Mistral era una mujer alta, de rasgos indígenas, vestir franciscano, que no usaba joyas ni maquillaje, y que construye una imagen pública compleja y altamente funcional para su éxito como sujeto intelectual panamericano.[2] Los escritores e intelectuales latinoamericanos en las primeras décadas del siglo XX crean y ponen en circulación una imagen pública por medio de mecanismos de difusión y recepción que involucran a las nuevas tecnologías y medios, y sobre los que una escritora como Mistral posee diversos grados de control.[3] El explosivo crecimiento de la prensa, en conjunto con la importancia progresiva de la fotografía, abrió nuevas formas de difusión, circulación y representación tanto para la obra como para la imagen de los escritores.[4] La imagen pública de Mistral es un producto —inestable y en permanente re-significación— que no está determinada únicamente por representaciones visuales, sino mediante la interacción de textos literarios, testimonios, fotografías, discursos orales y prácticas simbólicas, que dan forma al ícono cultural que fue y es Gabriela Mistral.[5]

El corpus de las representaciones visuales de Mistral es enorme e incluye una multiplicidad de soportes y medios. Por ejemplo, los astrónomos han visto su rostro en las estrellas —la Nébula NCG "Gabriela Mistral." En la década de 1980 la dictadura militar decidió hacerla figurar en el billete chileno de cinco mil pesos. A través del tiempo, ha sido objeto de retratos, esculturas, estatuas, murales y estampillas, a lo que se suman miles de fotografías, algunas de las cuales presiden sobre salones de clases y bibliotecas a lo largo de Latinoamérica. La magnitud de este corpus, sus efectos culturales y también la renovada visibilidad de Mistral en Chile hoy, invitan a un estudio crítico que aborde la representación visual y las narrativas que contribuyeron a formar la imagen pública de esta escritora en función tanto de su propio proyecto literario, intelectual y político como de los usos que el Estado y otras instituciones le han dado. Mistral fomentó —a nivel discursivo y performativo— muchos de los mitos que crecieron en torno a ella y, al igual que otras escritoras en ambientes intelectuales y creativos masculinos, contradijo en su práctica literaria e intelectual la pose de modestia y marginalidad que desplegaba, y que ahora reconocemos como "treta del débil" (Ludmer, "Las tretas"). Se caracterizaba a sí misma como una mujer humilde, lejana a los círculos intelectuales académicos, así como una ganadora de premios y objeto de homenajes "inmerecidos" (el escritor Luis Enrique Délano recuerda que ella se refería al premio Nobel como "lo de Estocolmo").

Las narrativas que trataron la biografía de Mistral tanto durante su vida como en las décadas posteriores a su muerte reforzaron los mitos que buscaban elevarla como la poeta dolorida, la maestra de América y la figura espiritual siempre virgen. Estas narrativas han sido descritas por Elizabeth Horan como "a nationalist adaptation of a hagiographic rhetoric, permeated and shaped by overlapping critical anxieties about sexual and ethnic and racial identity" ("Santa maestra" 27). De acuerdo a Horan, estas narraciones hagiográficas están dominadas por el pánico hetero-sexista que busca transformar la realidad de Mistral como mujer independiente, soltera y sin hijos biológicos mediante una defini-ción caracterizada por su dedicación a la infancia y su canto a la maternidad. Este pánico, que persiste aun después de haber sido expuesto por un sector importante de la crítica, adquiere parti-cular visibilidad, por ejemplo, en la prensa masiva, que desde la aparición del legado de su albacea, Doris Dana, ha dado espacio a voces y debates apanicados frente a la ya "comprobada" relación homosexual entre la escritora y Dana.[6] Su *queerness*, sin embargo, es mucho más que su homosexualidad. Mistral, como otras mujeres y artistas de su época, vivió su vida de modo *queer*; en oposición a lógicas heterosexuales y patriarcales de familia, sexua-lidad, reproducción y dependencia económica. Para comprender la hostilidad, la censura y el silenciamiento de la que han sido objeto ciertos aspectos de la obra, la imagen y la vida de Mistral, resulta esencial pensar en el concepto de *queerness* según lo plantea Judith/Jack Halberstam. Halberstam, a partir de la idea de "modo de vida homosexual" de Foucault, que él define, separado de la identidad sexual, propone una idea más amplia de *queerness*: "If we try to think about queerness as an outcome of strange temporali-ties, imaginative life schedules, and eccentric economic practices, we detach queerness from sexual identity and come closer to understanding Foucault's comment in 'Friendship as a Way of Life' that 'homosexuality threatens people as a "way of life" rather than a way of having sex'" (Halberstam 364). En muchos niveles, el modo de vida de Mistral, que incluye sin duda su sexualidad, resultaba amenazante. Ante eso la normalización, la mitificación, la santificación de la maestra fueron estrategias para controlar esa amenaza.

Considerando todas las fuerzas que se disputan el cuerpo y la representación de Mistral es sorprendente o sintomático que la representación visual y la imagen pública de esta figura icónica es todavía un área de estudio prácticamente inexplorada. Mi investigación, entonces, se ha enfocado en la construcción de Mistral como sujeto intelectual, incorporando objetos y prác-ticas visuales en relación dialógica con textos, discursos y prácticas culturales. Conozco tres trabajos dedicados exclusivamente al análisis de la imagen visual de Gabriela Mistral (Horan [1997],

Fiol-Matta [2002], Hurtado [2008]) que muestran de manera provocadora el enorme potencial que los estudios visuales tienen en el contexto de renovación de la crítica mistraliana.[7] Sin embargo, muy poco se ha analizado la imagen de Mistral entre 1905 a 1922, concentrándose la atención más bien en el periodo posterior a su salida definitiva de Chile (1922) y más allá de su muerte. Es fundamental acercarse a las primeras dos décadas de su formación e internacionalización donde se encuentran los orígenes de una vida pública y literaria que se sostiene en parte gracias a una cuidadosa y compleja auto-representación tanto a través de la letra como del cuerpo.

La imagen pública de Mistral y el manejo que ella hace de ésta desde sus comienzos juega un rol fundamental en el lugar e influencia que esta figura tuvo en la historia cultural chilena y latinoamericana de la primera mitad del siglo XX. Estos dos últimos capítulos continuan la pregunta acerca de la construcción de Mistral como una intelectual pública transnacional, pero lo hacen desde el plano de lo visual. ¿Hasta qué punto la escritora, en el periodo que va desde 1905 hasta 1922, manifiesta —en el plano visual— una voluntad de construirse como una intelectual pública? ¿Cuáles son las estrategias que pone en práctica en términos de su representación visual? Al mismo tiempo, resulta central tanto para este análisis como para entrar en un debate crítico más amplio preguntarse en qué medida su imagen adhiere a las normativas de género y clase social de la época o si exhibe un poder desestabilizador para estas categorías de identidad. Finalmente, en un intento por incluir nuevos elementos de análisis que permitan ampliar y complejizar la comprensión de la imagen de Mistral desde su recepción, he considerado un conjunto de textos de escritores de la época para establecer los vínculos entre la imagen que estos textos presentan y las imágenes de sí misma que Mistral promueve a nivel discursivo y visual.

Junto a cuestiones centrales como la representación visual y la circulación de la imagen del intelectual, es necesario abordar el "problema" de la auto-representación de género, en medio de un contexto histórico en el que ser mujer es incompatible con las ambiciones intelectuales y de figuración pública de mujeres como Mistral. Vicky Unruh, en *Performing Women and Modern Literary Culture in Latin America: Intervening Acts*, estudia la auto-construcción y el *performance* de escritoras contemporáneas a

Mistral y propone que el acceso de estas mujeres al mundo artístico se derivó en gran parte de su *performance* público donde fueron capaces de poner en escena su trabajo intelectual y su talento. Unruh explica el poder del *performance* público de estas escritoras: "performance activity —even when it shored up gender norms in the face of change— provided these women a far richer repertoire and more malleable site for negotiating their art of living as intellectuals than did reigning models of women's writing, embodied for example in the *poetisa*" (16). Efectivamente, el espacio y las expectativas asociadas con la "poetisa" no abrían un espacio amplio y flexible para que una mujer participara en el campo cultural más allá de la poesía. Mistral parece haber comprendido este hecho temprano en su carrera. Unruh incluye como uno de los ejemplos de *performance* pública, la auto-representación a través de la prensa. Mistral no solo se construyó como figura pública a través de sus palabras y las de otros en diarios y revistas, su imagen, tanto en vivo como a través de fotografías, puede considerarse como un modo de *performance* público que busca desmarcarse del lugar de la musa, para aparecer como una escritora e intelectual moderna y profesional. En ese sentido identifico como *performance* la auto-representación de Mistral por medios escritos, visuales, de movimiento y gestualidad corporal que tienen como efecto la consolidación de su imagen de escritora e intelectual. La figura de Mistral como escritora, su imagen, su *performance* no está aislada de su obra ni menos aún de su biografía, son hebras de un complejo tejido que constituyen su imagen pública.[8] Esta a su vez tiene consecuencias en el imaginario que va construyéndose en torno a ella, y que provoca reacciones como la que grafica el testimonio de Isolina Barraza:

> Cuando yo llegué a su presencia quise como hincarme pero ella me levantó rápidamente, me lo prohibió.
> ¿Por qué usted quiso hincarse frente a ella?
> Fue un impulso irresistible. Como a un ser superior, pero ella me levantó.
> ¿Usted había leído su obra?
> No.
> (Isolina Barraza en conversación con Luis Vera, *Gabriela del Elqui, Mistral del mundo*)

Esta mujer que no ha leído la obra de Mistral reacciona ante su presencia como si estuviera delante de un dignatario o figura religiosa. Este testimonio revela además que la imagen de Mistral transita por diversos estratos sociales y que tiene efectos en un sector popular a veces lejano al público lector. Otros hechos históricos, como por ejemplo, las multitudinarias ceremonias que en 1922 despiden a Mistral antes de su viaje a México, sirven para calibrar la visibilidad pública de la escritora, excepcional para una mujer en las primeras décadas del siglo XX.

A pesar de la escasa atención crítica a la imagen visual de Mistral, resulta un tema ineludible si se toma en consideración el interés y el debate que generaba la presencia física de Mistral desde el comienzo de su carrera literaria. Aun cuando no fue un objeto de estudio en sí mismo, mucho se habló y escribió sobre la presencia de la escritora, y hay testimonios e interpretaciones sugerentes que entregan claves de entrada al asunto. Fernando Alegría comienza su libro *Genio y figura de Gabriela Mistral* (1966) relatando la impresión que le causó su primer encuentro con la escritora. Allí también da testimonio del efecto que Mistral generaba y explica la atracción que ejercía sobre las personas "que iban hacia ella como quien entra a una iglesia" (14). Para Alegría, estas reacciones eran el resultado de que la presencia de Mistral permitía adivinar que "le había sido revelada la verdad primera":

> Algunos seres nos indican por su presencia que la conocen [la verdad primera] ... Algunos místicos, especialmente *los poéticos deciden entonces escribir en su presencia física los signos del más allá que ellos conocen.* De ahí nace una actitud especial; podemos llamarla *pose* sin intentar menoscabo y esta actitud debe ser eternamente cultivada. La influencia de esta *pose* es grandiosa. Mueve a las multitudes y transforma a los individuos. En casos como el de Gabriela Mistral, esa actitud llegó a ser una fuerza social de ímpetu admirable. (14; énfasis mío)

Ese "escribir en su presencia física" al que se refiere Alegría (quien sin embargo no dedica más líneas al asunto en el libro), junto con la lectura de esa "pose," la aludida "fuerza social" y el poder para mover multitudes, es lo que a mi juicio invita al estudio de la imagen pública de Mistral, particularmente en su etapa de formación y temprana internacionalización. Este como otros testimonios reflejan hasta qué punto Mistral logró a nivel visual y performativo ser percibida como un sujeto que entendía y veía más allá que el resto de la gente. Su porte, su modo de hablar y sus palabras contribuyen a establecer su autoridad intelectual, como lo señala el testimonio del entonces escritor anarquista José Santos González Vera publicado originalmente en *Claridad* en 1921:

> … me encontré en una oficina con una señora alta, imponente y de expresión sumamente agradable … Su voz aunque agradable tenía un no sé qué de cansado; cada palabra suya caía sobre uno como una gota; pero como una gota que variase constantemente y que tuviese el poder de sugerir, de agitar mentalmente y de llevar al espíritu muchas convicciones. Recuerdo que al despedirme, mi ánimo era como el ánimo de un hombre que hubiese encontrado un tesoro. (*Recopilación* 481)

En ambos testimonios además de la corporalidad de Mistral se describe su presencia, su voz, "la actitud especial" de la escritora como un poder, un poder que no es solamente el de una personalidad atractiva o carismática. Es el poder de un intelecto, de una sensibilidad de los que otros quieren participar. La imagen de Mistral como un sujeto excepcional es fundamental para entender su éxito en el acceso a ciertos circuitos intelectuales y creativos.[9]

Hay otras razones que exigen una lectura de la imagen —en realidad de las imágenes— de Mistral, particularmente a la luz del dominio de lo visual que caracteriza a la modernidad. En primer lugar, en el contexto histórico y cultural en que se desarrolla la carrera literaria y profesional de Mistral, la imagen de una figura pública y su reproducción en distintos medios se transformó rápidamente en un hecho ineludible y altamente deseado por el creciente público consumidor de medios de prensa y de tecnologías visuales en proceso de masificación. En segundo lugar, el corpus que componen las representaciones visuales de Mistral es enorme y la circulación que tuvieron y todavía tienen algunas de estas imágenes es continental. Los chilenos, por ejemplo, como consecuencia de su presencia en el billete emitido en la década de los ochenta y en otros lugares, identifican inmediatamente su rostro al mismo tiempo que reconocen haber leído poco o nada de su obra. Finalmente, la relación entre la performatividad de género y el poder, que se quiere evocar o confrontar a nivel visual, explica ciertos aspectos del proceso que transforma a Lucila Godoy Alcayaga, la maestra del Valle del Elqui, en el ícono panamericano que es Gabriela Mistral. La teoría visual aporta ideas y conceptos esenciales a este análisis, particularmente en términos de la relación entre la imagen y el discurso. W. J. T. Mitchell, en *Teoría de la imagen*, presenta la idea del giro *pictorial* como "un redescubrimiento poslingüístico de la imagen como un complejo juego entre la visualidad, los aparatos, las instituciones, los discursos, los cuerpos y la figuralidad" (23). Esta perspectiva, junto a la teoría de género, resultan productivas para examinar críticamente a una figura icónica como Mistral, que se relacionó visual, física y textualmente con distintos sujetos e instituciones, poniendo en juego identidades de género, raciales y sociales complejas. Estudiar la imagen de Mistral es fundamental entonces para definir con mayor precisión su lugar en la historia intelectual y literaria.

Si bien como señala Mitchell el discurso está limitado para traducir o representar lo visual en su complejidad, sí es possible concentrar el análisis, el discurso crítico, en los efectos culturales de las imágenes. Efectos que dan cuenta del poder de las imágenes, en su capacidad de evocar sentimientos, ideas y provocar reacciones. La profusión de discursos que intentan fijar, definir y regularizar la imagen de Mistral —tanto en vida como después— así como la persistencia con que aparece asociada su imagen al Estado y otras instituciones son testimonio de este poder. Horan, a partir de un análisis de la imagen póstuma de Mistral y sus manejos, sugiere que la diversidad de usos que se le dio a su imagen "exemplify Gabriela Mistral's status as an empty signifier, available for a variety of national projects and leaders, for she literally and metaphorically *circulates* within and beyond the boundaries of the nation" ("Santa maestra" 30). En tanto significante vacío, no solo la figura pública, sino por mucho tiempo la poesía de Mistral fue de-sexualizada, despolitizada y normalizada bajo los límites de una feminidad centrada en la maternidad y la infancia en el marco de una biografía marcada por el sufrimiento y el estoicismo. Durante la dictadura militar de los setenta y ochenta en Chile se busca elevar a Mistral al sitial de la "poetisa" nacional y al mismo tiempo borrar a Neruda, el poeta comunista. Soledad Falabella Luco reflexiona brevemente acerca de cómo la dictadura de Pinochet manipula la imagen pública de Mistral y borra su pensamiento crítico y marcadamente anti-autoritario. Falabella Luco sugiere que "durante los años del régimen militar la figura de Mistral fue utilizada por los aparatos institucionales con el fin de promover un nuevo *ethos* familiar-nacional" (121) en un contexto político donde la imagen de "la mujer chilena" es una fuerza simbólica clave al proceso de reformulación del imaginario social. De entre los muchos ejemplos de este periodo, uno de los más directamente relacionados con lo visual es la publicación en 1989 de un libro titulado *Gabriela Mistral: 1889–1957* (Rosasco) para conmemorar los cien años del nacimiento de la escritora. Publicado por la Fundación Nacional de la Cultura, presidida por la hija de Augusto Pinochet, Lucía Pinochet Hiriart, en este libro predominan imágenes de Mistral, acompañadas de una biografía y algunos poemas tales como "Todas íbamos a ser reinas." Este libro publicado por la dictadura y financiado por el sector privado (Banco Osorno) excluye cualquier texto que desarticule la imagen monótona y conservadora que se intenta promover y persigue en cambio, por medio de fotografías icónicas y poemas canónicos, una imagen monolítica que se ajuste a una ideología patriarcal conservadora.

Retrato de una joven escritora

Consciente de la imposibilidad de un análisis exhaustivo del tema, me interesa esbozar en este apartado algunos aspectos centrales de la imagen pública de Mistral durante el periodo chileno para explicar, al menos en parte, el proceso mediante el cual Lucila Godoy Alcayaga llega a ser en 1922 Gabriela Mistral, educadora invitada por el gobierno de México, poeta autora de *Desolación*, figura popular y controversial.

En el quinto capítulo de *A Queer Mother for the Nation: The State and Gabriela Mistral,* Fiol-Matta distingue tres contextos del archivo fotográfico de Mistral. El primero consiste en sus fotografías hasta 1922 y se divide a su vez en retratos pedagógicos (en su rol de profesora y directora) y retratos "in various 'feminine' guises, underscoring the idea of intimacy and dreaminess" (126). En el segundo, que cubre las décadas de 1920 y 1930, aparece Mistral "cutting a strikingly butch, handsome figure" (126) y finalmente queda el tercero, la etapa que va desde 1938 hasta su muerte. Fiol-Matta observa acertadamente que la imagen de Mistral evoluciona significativamente a través de su vida y trabaja a partir de la hipótesis de que Mistral fue extraordinariamente exitosa con su imagen de "la Madre," aun cuando era descrita al mismo tiempo en términos "masculinos," adoptando un estilo de vestir masculino o masculinizador en comparación con sus contemporáneas

(125). Por medio de un análisis de un corpus fotográfico que
no incluía en ese momento las fotografías del legado de Doris
Dana y también de otras representaciones de lo femenino en la
prensa, Fiol-Matta busca demostrar cómo la rareza, el *queerness* de
Mistral fue puesto a trabajar para el Estado. Plantea a su vez que
los cambios de su imagen demuestran que Mistral probó distintas
versiones de sí misma, algunas de ellas de acuerdo a los estándares
de fotografía de la época (125) y que en su etapa de formación
ensaya una imagen más tímida y femenina de maestra de escuela,
presumiblemente blanca, a la vez que insegura de cómo presentarse públicamente: "The young Mistral was uncertain about how
to promote herself publicly, both in print and visually" (130). Si
bien concuerdo en varios de los puntos con Fiol-Matta, es posible
sostener, a la luz de un corpus más amplio, que Mistral trabajó su
imagen pública desde sus comienzos de forma estratégica con el
objetivo de alcanzar reconocimiento intelectual y acceder a ciertos
circuitos de producción cultural. Fiol-Matta propone que Mistral
pasa de una imagen temprana muy prototípica de mujer soltera,
con poses indudablemente femeninas hacia una imagen explícitamente más *butch*. Con esto intenta probar que mientras más mas-
culinizó su imagen en el campo visual, se hizo cada vez más parte
de las proyectos del Estado y su propaganda (127). Los primeros
retratos de Mistral sí presentan una imagen normativamente más
femenina, pero para comprender la construcción de su figura, el
manejo estratégico de su imagen con relación a identidades de
género, clase y raza, deben considerarse al menos dos elementos
más. Primero, al incorporar textos tanto de Mistral como de otras
figuras públicas de la época, la imagen en su sentido más amplio se
complejiza al sumar discursos de auto-representación y recepción
de la imagen. Segundo, al considerar otras prácticas por las que
se construye y circula la imagen de Mistral —retratos firmados,
cartas, intervenciones en debates públicos— se hace más clara su
voluntad de hacer uso de su imagen en pos de su proyecto creativo,
intelectual y político. La figuración pública de Mistral desde
1905, en un principio exclusivamente a través de la letra impresa,
revela su intención de construirse como mujer escritora, pensa-
dora y promotora de políticas públicas por medio de estrategias
retóricas, visuales y performáticas que exhiben al mismo tiempo
que desbordan y trascienden las identidades de género y clase (el
manejo de la identidad racial como lo explica Fiol-Matta se hace

más evidente a partir de su estadía en México). Mistral se afirma en esas identidades y al mismo tiempo las re-significa, evitando así que se la circunscriba a categorías que la excluyen de los circuitos intelectuales o plataformas discursivas en las que, con dificultad, comienza a ingresar.

Ya en sus primeros textos literarios de tono subjetivo y testimonial, como lo son sus prosas poéticas del tipo "Carta íntima" (1905), "Espejo roto" (1905) o "Páginas de un libro íntimo" (1906), todas firmadas por Lucila Godoy o Alguien, Mistral va sentando las bases de los mitos en torno a ella, mitos que se irán imprimiendo progresivamente en su imagen y permearán los discursos de otros cuando la describan. Una idea persistente que los discursos de escritores, críticos y periodistas acerca de Mistral ponen en circulación es la imagen romántica y al mismo tiempo semi-religiosa de una mujer entregada al arte y al conocimiento. Este ideal de artista, que renuncia a los bienes materiales y, particularmente en el caso de la mujer, a la vanidad, será reforzado en adelante por Mistral, quien tanto en cartas personales como en prosa periodística, opondrá la intelectualidad a la vanidad de la mujer. La oposición que Mistral establece entre conocimiento y vanidad en la mujer aparece ya en 1906, en una de sus primeras publicaciones, titulada "Instrucción de la mujer," donde llama a quienes deciden acerca de la educación femenina: "Hágasele amar la ciencia más que las joyas y las sedas" (*Recopilación* 99). El efecto de esta idea resuena en los comentarios del crítico literario Carlos Soto Ayala quien, en *Literatura Coquimbana* (1908) —la primera antología en incluir textos de Mistral— destaca a la escritora como una de las pocas mujeres que prefiere ser reconocida por su talento que por su belleza o linaje. Se refiere a ella como "La inteligente prosista" (101) y haciendo eco de su pose romántica señala: "La señorita Godoi es un Lamartine femenino; es un Bécker con alma de mujer (103; ortografía original). En *Literatura Coquimbana* la descripción de la escritora y su obra recogen las ideas que la misma Mistral ha sembrado acerca de su persona, sus ambiciones e ideales estéticos, lo que resulta en la construcción de una imagen de una joven escritora en la que se destaca públicamente su talento literario, intelectualidad y precocidad. Soto Ayala es también el primero en describir a Mistral como un sujeto extraordinario, diferente del resto, por medio de comentarios tales como: "es tan hermoso a la par que interesante estudiar el *alma* de los elejidos"

(101; ortografía y énfasis originales). Este será uno de los tópicos que se reiteran incansablemente en los comentarios a su figura a lo largo de su vida, y más aún después de su muerte. Por otra parte, las primeras prosas poéticas, cuentos y crónicas que Mistral publica en periódicos locales y que la dan a conocer en la región de Coquimbo, promueven una imagen de la poeta como una joven sombría y amargada. Los temas de sus primeros cuentos y prosas poéticas: muerte, soledad, amor, enfermedad y locura, hacen a sus lectores fantasear respecto de la autora y su situación personal. Como ejemplo, basta citar las palabras de Soto Ayala quien supone que "esas pájinas están escritas en el santuario de la soledad, egoísmo enfermo de dolor" (104; ortografía original). Ahí estaría el origen de Mistral como la escritora dolorida, mito que más tarde ella querrá matizar al destacar otros tópicos de su poesía y labor profesional.[10]

Una de las pocas fotografías que existen de esta etapa, antes de su traslado a la zona central de Chile, es un retrato de 1906, dedicado al pintor y pianista Alfredo Videla Pineda (ver figura 2).[11] Este, al mismo tiempo que da cuenta de una imagen de Mistral más conforme al estereotipo cultural femenino, es un testimonio

Figura 2: Retrato de Gabriela Mistral, 1906. (Archivo del Escritor, Biblioteca Nacional de Chile)

de su práctica temprana de regalar retratos autografiados. El retrato dice: "A mi amigo Alfredo, Lucila." Aunque con este hombre Mistral mantuvo una correspondencia amorosa en el contexto de una relación aparentemente platónica, la costumbre de regalar retratos persistirá con fuerza. En el legado de Mistral, existen varios sobres que contienen decenas de retratos autografiados que ella tenía para regalar a la gente que la visitaba. Existen también innumerables cartas, tanto de personas desconocidas como de escritores, en que le piden a Mistral que envíe un retrato dedicado. Me detengo en este gesto, ya que Videla Pineda era, a la vez, un hombre que gozaba de una cómoda situación económica y era un actor de la vida cultural de la región, al que Mistral llega a conocer por carta. Mistral tenía la costumbre de escribir a cualquier persona que le interesara, desde un escritor emergente hasta Rubén Darío, a quien escribe en 1912. Esta estrategia, que la lleva a establecer lazos profesionales y de amistad, es reveladora no solo de su curiosidad intelectual y de una búsqueda de diálogo, sino también de su deseo de ser reconocida por estos sujetos, muchos de los cuales integrarán el canon de la historia cultural chilena y latinoamericana. El hecho concreto de incluir un retrato junto con sus cartas sin duda promueve una imagen más completa y memorable para el receptor junto con darle un tono más personal y cercano a una comunicación que, en la mayoría de los casos, es a distancia.

Respecto de este retrato en particular, y haciendo una breve lectura semiótica a partir de otros retratos de la época es importante resaltar que la expresión seria y la mirada desviada del retratado eran rasgos típicos de las fotografías de mujeres en este periodo. Creo, sin embargo, que la severidad de la mirada de Mistral es particularmente acentuada y es característica de otros retratos posteriores en los que posa en su rol de maestra o directora de escuela, y que parecen querer evocar la autoridad e imposición de disciplina que se exigía a las maestras. Es posible interpretar esta seriedad y sencillez en las poses como un mecanismo que por otro lado evita una pose sentimental o genéricamente marcada como la que se encuentra, por ejemplo, en la reina de los Juegos Florales de Santiago (ver figura 3).[12] Esta imagen al mismo tiempo que representa un ideal femenino de la época, premiado, por lo tanto, en el evento cultural y social más importante del año,

Figura 3: Srta. María Letelier del Campo, Reina de los
Juegos Florales, 1914. (Archivo del Escritor, Biblioteca
Nacional de Chile)

hace evidente que la moda y en general la imagen femenina tiene
relación directa con un tema de clase social. La minimalización de
los símbolos de la feminidad de la época: sombreros, maquillaje,
joyas, que revelan las fotografías de Mistral, es más evidente al
comparársela con esta mujer y con las mujeres de la corte de amor
de los Juegos Florales, todas señoritas de clase alta que ostentan
un exceso de adornos, pieles y peinados. De todos modos, aun
comparada con otras maestras, Mistral exhibe, sobre todo desde
los años 1920 en adelante, una pose más rebelde ante el modelo de
feminidad dominante que sus compañeras (ver figura 4). Si bien
la crítica y yo misma me he referido a la imagen "masculina" de
Mistral, me parece necesario advertir que su no conformación con
una imagen estereotípicamente femenina no es sinónimo de una
imagen masculina. Más bien puede leerse alternativamente como
una opción por desafiar las convenciones dentro de las cuales la
sociedad patriarcal chilena y latinoamericana de principios de siglo
define lo femenino y lo inscribe en el cuerpo de la mujer, como
argumento más adelante.

Fotografías y testimonios de la época desacreditan la idea de
que ella se veía como cualquier profesora de provincia, o que
su modo o trato eran comunes. Inés Echeverría (Iris), escritora

Figura 4: Gabriela Mistral en México, 1922. (Legado Mistral, Archivo del Escritor, Biblioteca Nacional de Chile)

contemporánea a Mistral, que se relacionó con ella a pesar de las grandes diferencias de clase que las separaban, hace una larga descripción de Mistral donde la pone en una categoría más allá de lo femenino y masculino: "Junto a la potencia de un guerrero aborigen, el gemido de una mujer irredenta. Trasciende bravura y nostalgia. Está más allá de los sexos. Palpita en su ser el alma colectiva y potente de la tribu" (523). Para Iris, Mistral estaría más allá de los sexos no solo por la austeridad y el hecho que "se mostraba al desnudo implacable de la naturaleza" (524), es decir, no se maquillaba, ni peinaba sofisticadamente, sino por ser un sujeto cuya fuerza y singularidad no calza en los esquemas de clase y género de su tiempo. Este testimonio que aporta la mirada de una mujer ante Mistral contribuye al presente análisis en tanto no explica la "rareza" de Mistral en términos binarios, juzgando su nivel de feminidad o masculinidad, sino que abre posibilidades identitarias "más allá de los sexos." La imagen de Mistral, entonces, en su sentido más amplio, tuvo (y debe tener) como uno de sus efectos hacer evidente las estrechas definiciones de género de su época y su relación con la intelectualidad, al borrar de una manera no explícitamente confrontacional, pero indiscutible, los límites de género, de clase y de raza.

Alejar a la mujer de la escritora

"to be feminine, in one commonly felt definition, *is*
to be attractive, or to do one's best to be attractive; to
attract. (As being masculine is being strong.) While it
is perfectly possible to defy this imperative, it is not
possible for any woman to be unaware of it."

Susan Sontag, *Women*

A los 25 años de edad Mistral le envía al escritor chileno Isauro
Santelices una breve carta que da inicio a una amistad de más de
cuarenta años: "Lucila Godoy, saluda a su estimado amigo señor
Santelices i le agradece sus felicitaciones y las lindas rosas de su
linda tierra que le ha mandado a esta buena vieja que hace versos"
(en Santelices 73). No es raro que Mistral se describiera como
vieja, fea y enferma frente a pretendientes y colegas escritores.
Estas auto-representaciones han sido tradicionalmente leídas como
producto de la inseguridad de Mistral ante su apariencia física
o una extrema humildad. Santelices mismo lo explica como un
"pesimismo que siempre tuvo ella por su físico" (73). Sin embargo,
la referencia a la vejez, codificada socialmente en el caso de la mujer
como sinónimo de no atractiva, jubilada del mercado amoroso y
de la función reproductiva, va de la mano de su auto-definición
como sujeto creativo e intelectual: "vieja que hace versos." Su
proximidad delata su relación en el discurso mistraliano. ¿Cómo
se enfrenta Mistral al imperativo del atractivo femenino? ¿Cómo se
relaciona esto con su construcción como sujeto intelectual? Las
cartas personales, textos en prosa, fotografías y testimonios revelan
una intensa ansiedad frente al intelectual en cuerpo de mujer.

La teoría feminista contemporánea entrega herramientas
básicas para enfrentarse al "problema" de la representación de la
mujer, su relación con el poder y la esfera pública, partiendo con
la idea del género como construcción cultural. Judith Butler define
el término "mujer" como un concepto inestable y que en tanto
identidad, no es unitaria ni coherente, siempre está en proceso y
construcción, y "[a]s an ongoing discursive practice, it is open to
intervention and resignification" (*Gender* 33). Entonces, cuando
identificamos a Mistral en la etapa inicial de su carrera con una
pose más "femenina," es a partir de un estudio de los parámetros
de la feminidad de la época, ya que para Butler el sexo de cada

cual solo puede ser reconocido en tanto asuma las características sociales aprobadas (*Bodies* 14). Otro hecho a considerar es que la imagen de la mujer y su relación con el espectador y consigo misma es diferente que la del hombre. Los planteamientos de John Berger en *Ways of Seeing* resultan claves para dimensionar estas diferencias. La hipótesis de la que parte Berger es que la presencia social de la mujer es distinta que la del hombre, porque la presencia del hombre encarna una promesa de poder, que es un objeto siempre exterior a él, ya sea esta moral, física o económica. En cambio, "a woman's presence expresses her own attitude to herself, and defines what can or cannot be done to her. Her presence is manifest in her gestures, voice, opinions, expressions, clothes, chosen surroundings, taste—indeed there is nothing she can do which does not contribute to her presence" (54). Todo lo que hace, dice y expresa Lucila Godoy en su proceso de construcción como escritora y maestra juega un papel en este proceso. Sus contemporáneos leyeron y significaron su *performance* a partir de los códigos de género, de clase y de raza de su tiempo y la crítica ahora puede leer tanto el *performance* de Mistral como esas lecturas de su tiempo. A partir de estas ideas es posible ver hasta qué punto Mistral trabajó por minimizar los aspectos, gestos, símbolos que la asociaban con identidades que obstaculizaban su desarrollo como escritora e intelectual, y cómo refuerza, por otro lado, los que le favorecían. Una de las consecuencias de esta manipulación de su imagen es la mencionada borradura de los límites que separan, por ejemplo, las identidades hombre y mujer, y es una de las razones por la que su imagen fuera percibida como "rara."

En el contexto de los desafíos que implica la representación de la mujer en el arte, Rosemary Betterton entrega claves importantes que iluminan el complejo proceso de auto-representación de la mujer:

> Women have always been visible as objects within culture, but only rarely have they been acknowledged as subjects of cultural production in their own right … This makes any attempt by women to represent themselves doubly difficult. It demands a continuing movement between the criticism of existing imagery and the creation of new kinds of representation for women. Nowhere is this more important than when women intervene to change the conventions by which femininity is circumscribed and mapped out on the female body. (203)

Las imágenes y los textos de Mistral durante esta etapa chilena dan cuenta de su visión crítica frente a las representaciones estereotípicas de la feminidad de ese momento. Si bien ella no parece querer promover un cambio general, sí es posible ver en su propio *performance,* en su resistencia a encarnar una feminidad "tradicional," un intento por probar una nueva forma de representación que, como identifica Betterton, cambie las convenciones por medio de las cuales la feminidad se inscribe en el cuerpo de la mujer.

La intervención de las convenciones por las cuales la feminidad se traza y encarna en el cuerpo de la mujer es lo que está en juego en la imagen exitosa de Mistral como una "Madre" que no es ni madre biológica ni performativamente femenina. Resulta contradictorio también que la identificación, aunque espiritual, con la función biológica del cuerpo de la mujer, ser madre, esté presente en el caso de Mistral de la mano de su lugar excepcional en la producción de la cultura. Sin embargo, como apunta Fiol-Matta, el discurso que promueve a Mistral como la "Madre" viene más bien del Estado, no de los discursos de intelectuales y escritores contemporáneos. Los modos en que sus contemporáneos leen e interpretan su corporalidad y *performance* indican los elementos que son funcionales a su rol de intelectual, en tanto facilitan su entrada y participación en las esferas de poder cultural y político. Si bien hubo quienes rechazaron a Mistral y castigaron su "diferencia," hay numerosos testimonios que sugieren que su imagen tuvo un rol en su éxito como intelectual. Es posible sugerir, en términos de Berger, que la presencia de Mistral —sobre todo hacia el final de su etapa chilena— será cada vez menos acerca de su imagen (como en el caso de la mujer) y más acerca de su poder cultural, su identificación con la nación y su capacidad de convocatoria.

La inteligencia excepcional, la genialidad, es un tópico constante en las descripciones que se hacen de Mistral, muchas veces mezclada con la identificación de la poeta como una figura mística, otro tema central. Mistral es percibida como fuera de las categorías en las que cae el común de la gente; un cronista de la época dice: "Fuera del mono de Juan Duval, todos los que conocen a Gabriela, la sienten aureolada por facultades casi únicas" (*Recopilación* 482). Ana Michelet, en una crónica publicada de 1913 en el periódico *La Mañana* de la localidad de Los Andes la describe en los siguientes términos: "una joven de cuerpo elevado, de rostro suavemente sonrosado, frente llena de nobleza espiritual, grandes ojos celestes que miran con esa bondad grave y tierna, de las hermanas de la caridad. Creía estar contemplando, en su serena austeridad a una religiosa que recién hubiera despojado a su cabeza de la toca" (Michelet 181). Aquí Michelet aplica una práctica retórica que la misma Mistral emplea en sus descripciones de otras figuras públicas al vincular los rasgos físicos, la estampa del sujeto, con sus características psicológicas e intelectuales como si tuvieran una relación de causalidad. Michelet da un cuerpo a Mistral que no cae dentro de una identidad mujer o hombre, sino en una categoría excepcional, la de religiosa, un sujeto que con la aprobación social y por su función mística vive fuera de esas normas en tanto no amenaza directamente los códigos sexuales pues se entiende que no "funciona" en esos términos.

Esta imagen de Mistral como una figura religiosa y asexuada ha sido también problematizada por la crítica contemporánea, y más allá de si se puede interpretar su figura como asexuada o no, que es algo que se hizo sobre todo hasta finales de los años ochenta en Chile, son interesantes los efectos de ese aspecto de su imagen pública durante su vida. Es evidente que la descripción de Michelet promueve una imagen de Mistral muy diferente a la de las feministas u otras mujeres de visibilidad pública en ese momento (1913), mujeres jóvenes, modernas, con un estilo *garçonne* y que representaban en las calles y revistas la fuerza del cambio en cuanto al lugar de las mujeres y sus derechos.[13] La imagen de Mistral y también su discurso no se identifica con la imagen de la mujer moderna o de la sufragista de comienzos del siglo XX. Su imagen se ubica en un lugar aparentemente menos amenazador, más único y, por lo tanto, más inasible. La idea de la maestra/escritora como una religiosa o una madre sin duda familiariza su imagen y la acerca a las normativas genérico-sexuales de la época.

Volviendo a sus comienzos como figura pública, me interesa examinar el propósito de Mistral de alejar a la mujer (en tanto objeto sexual y estereotipo negativo) de la escritora, idea que nace muy temprano en ella y se relaciona directamente con el manejo de su imagen. En 1911, mientras se halla en la ciudad de Antofagasta, Mistral reflexiona acerca de ciertas dificultades sociales que experimenta: "Noto que no tengo condiciones para ganarme la cordialidad fácil de la gente que me rodea. O me profesan una veneración que no me agrada o me demuestran desconfianza o cierta dolorosa frialdad" (cit. en Teitelboim 56). Resulta notable la explicación que ella se da y la fragmentación de la identidad que aquí se manifiesta: "Capaz que todo esto se deba a que todo en mi vida tiene un fondo intelectual. Primero soy eso y después, pero muy después recién soy mujer sin mucha gracia humana y sin mucha comunicación" (cit. en Teitelboim 56). Mistral traza una división entre dos elementos constitutivos de su identidad, organizados a su vez jerárquicamente: el ser intelectual determina su carácter y podemos asumir su imagen mientras la identidad de género sexual está relegada, o más bien perturbada por su incompatibilidad con la primera. Esta interferencia identitaria sería visible en su trato e imagen y podría ser la causa que entorpece sus relaciones sociales. De todas formas Mistral no expresa dudas con respecto a la identidad que es central para ella, la intelectual y no la reniega, sino más bien manifiesta un interés por manejar sus efectos y así funcionar socialmente.

Durante su estadía en la ciudad de Los Andes, Mistral se escribió regularmente con el joven Eugenio Labarca, aspirante a escritor, a quien aconsejaba y con el cual compartía sus juicios críticos y lecturas. En una de estas cartas, en 1916, Mistral hace una evaluación negativa de la historia y el estado actual de la literatura femenina:

> No está de más que le diga lo que pienso sobre la literatura femenina en general, sin especializarme en nadie. Hay una montaña de desprestigio y ridículo en Chile echada sobre las mujeres que escribimos. Hubo razón en echarla. Sin exceptuar ni a doña M. Marín del Solar, la mujer en Chile se ha extendido como las feas enredaderas en guías inacabables de poemas tontos, melosos y lagrimosos, galega pura, insipidez lamentable, insufrible gimoteo histérico. *Y lo que nos ha perdido es la pata (sic) de Uds., el elogio desatinado de los hombres que no se acuerdan al hacer sus críticas de los versos escritos por tal o cual mujer, sino de sus ojos y de su enamoradizo corazón* … Sé que la obra hermosa de una nos prestigiará a todas y cubrirá siquiera en parte, las vergüenzas de tanta hojarasca loca y necia. (cit. en Alegría 30; énfasis mío)

Mistral hace patente su desprecio por la literatura femenina chilena que la antecede, aunque cabe señalar que valoraba a varias precursoras fuera de Chile (Sor Juana, Delmira Agustini). Lo que resulta interesante es que la culpa, según Mistral, no es solo de la mujer que ha escrito malos versos, sino del hombre que al hacer crítica literaria no se acuerda de los versos sino de la imagen, del cuerpo de la mujer. El cambio vendría al escribir buena literatura, pero Mistral no alude a una solución respecto de la actitud del crítico. Podría concluirse, sin embargo, que la escritora que pudiese evitar ser un sujeto atractivo, un objeto de deseo para el hombre, conseguiría un juicio crítico de su obra y no de su persona. Otra estrategia para evitar ser vista sin ser leída, sería entonces para Mistral borrar el atractivo femenino y relacionarse con los hombres en un plano intelectual de igualdad. Eso es lo que ella hace por medio de esta carta a un joven escritor; se separa de ese grupo de mujeres "histéricas," y hace gala de su conocimiento y capacidad intelectual evitando cualquier rasgo de coquetería o limitándose más bien a una coquetería intelectual con el destinatario.

Esta estrategia y la ansiedad que la motiva está presente en varios epistolarios con escritores e intelectuales de este periodo. Durante su tiempo en la ciudad de Antofagasta y con poco más de 20 años de edad, Mistral comienza a escribirse con un maestro y poeta chileno, Antonio Bórquez Solar (estas cartas permanecen todavía inéditas). La primera carta de Mistral a Bórquez Solar comienza así: "Poeta: He aquí a una que le admira silenciosamente hace mucho tiempo, i que hoi ha querido expresárselo" (Carta a Bórquez Solar n. pág., ortografía original). El deseo de contacto y diálogo está presente a lo largo de la carta y es tal vez lo que más tarde Mistral teme que pudiese haber sido interpretado como interés amoroso por su intención de conocer al poeta en persona: "Escribí algunas veces en 'La Ley' ¡Cómo sentí el deseo, cada vez que pasé por la Imprenta, de encontrarle en ella, reconocerlo i hablarlo!" (Carta a Bórquez Solar n. pág., ortografía original). En la segunda carta (en 1911), Mistral aborda directamente el problema de establecer relaciones con escritores hombres y la necesidad de borrar o trascender cualquier posible tensión sexual para así entablar un intercambio en términos más igualitarios y fraternales. Mistral aclara: "Le agradezco mui en hondo que mi extraña presentación no le haya sugerido la idea de que busco mas el hombre que el poeta … Busco en realidad la comunicación hacia un alma que sé hermosa … Así pues olvide Ud. que es una mujer quien le escribe i dispénsele la ternura que le dispensaría a un alma cualquiera" (Carta a Bórquez Solar n. pág.). Alejar a la mujer de la escritora no pasa porque Mistral reniege de su identidad femenina como rechazo a la definición cultural o la identificación genérica. Mistral hace uso frecuente de su identidad de género tanto en sus poemas como en sus textos en prosa y se apropia y resignifica los estereotipos femeninos que predominan en la época (maternidad, pacifismo, sensibilidad, relación con la naturaleza, entre otros).

En su comunicación con colegas escritores y en su búsqueda de participación en redes intelectuales predominantemente masculinas Mistral separa a la mujer de la escritora porque reconoce que el atractivo sexual de la mujer es un obstáculo para un juicio crítico justo, para un intercambio intelectual profundo y para una participación estable y respetada en un campo literario manejado por hombres.[14] En su carta a Bórquez Solar, luego de que Mistral le aclara que su deseo es conectar con el "alma bella" del poeta, encontramos una pista de lo que podría haber provocado la necesidad de esta aclaración por parte de la joven escritora: "Me habla Ud. de una fotografía si no es osadía pedirle … y si fuera osadía enviarla? Permítame que ese pedido lo haga yo mío, a pesar de que conservo más de una fotografía suya, recortada de revistas" (Carta a Bórquez Solar n. pág.). Ambos corresponsales reconocen que el pedir una fotografía en este caso puede implicar cierta "osadía" porque, a diferencia de las fotografías que Mistral en otras cartas pide a sus amigos, estos jóvenes no se conocen personalmente y —dado que Mistral en 1911 aún no era famosa— es improbable que Bórquez Solar hubiese visto alguna imagen de la escritora en la prensa. Entonces es la curiosidad que el poeta expresa por el posible atractivo físico de la joven escritora lo que la llevaría a negarle la fotografía y a aclararle que su intención es establecer un diálogo espiritual e intelectual.

El deseo por la imagen

El cuerpo de Mistral es, en sí mismo, un elemento significativo de su *performance* de género, y por lo tanto esencial en el lugar que ocupa en los esquemas de poder simbólico y cultural. Cuando se la describía físicamente, se destacaba su altura inusual y cierta dureza de sus rasgos los que fueron asociados a un carácter imponente y a una autoridad "natural." El ministro chileno Enrique Gajardo, quien se relacionó amistosamente con la escritora en reuniones diplomáticas, establece una relación directa entre el cuerpo de Mistral y su impronta: "Gabriela Mistral estaba mejor hecha para oírla que para admirarla por su belleza física. De alta estatura y de porte severo, estaba más bien hecha para mandar que para obedecer" (Gajardo 14). En el marco de un sistema patriarcal de estructuras binarias, que la teoría feminista ha puesto en evidencia en tanto relega lo femenino como secundario o no-existente, se es: el que habla o el que escucha, el que manda o obedece, el que crea o el que reproduce, el sujeto o el objeto. El cuerpo de Mistral parece no caber "naturalmente" en la categoría del subalterno. Sus excesos —altura, discurso— y sus carencias —belleza, sumisión— desarticulan los parámetros arbitrarios que regulan lo masculino y lo femenino tanto a nivel corporal como intelectual. Cabe preguntarse entonces por la relación entre su cuerpo y su proyecto intelectual. Hasta qué punto sus rasgos y talante la excluyen de la categoría "femenina," al negarla, por ejemplo, como objeto de deseo masculino (sí fue objeto de deseo femenino). Mistral, como es natural, tiene control y conciencia de esto, pues no hay evidencia de que ella buscara adornar ni "remediar" su cuerpo; ella entiende, y aquí sigo la idea de Susan Sontag citada anteriormente, que la feminidad está en directa relación con la capacidad de atraer, pero la poeta se resiste a este mandato (al menos en cuanto a ser atractiva sexualmente para los hombres). Sin embargo, Mistral logra conciliar hábilmente una imagen que al mismo tiempo que resiste las definiciones tradicionales de género sexual encarna —para los Estados y un público amplio— la imagen poderosa de la madre de América, la de "santa maestra."[1] Por otro lado, y precisamente por negarse a trabajar una representación de género basada en la validación desde el deseo masculino, su *performance* y su corporalidad son asociadas a una serie de rasgos valorados por el campo intelectual y que hacen eco de sus prejuicios, como la oposición entre vanidad e intelecto. Joaquín Edwards Bello en su testimonio de su encuentro con Mistral en París (posiblemente 1925) confirma esta lógica: "Lucila Godoy tenía una cabeza admirable. Unos ojos divinos y una risa de diosa ... No he conocido mujer menos coqueta. París no es sino un muestrario de mujeres catalogadas de uno a un millón. Es un inmenso almacén de accesorios para ellas ... Lucila pasó aparte de eso. No lo vio. Ensimismada soñaba con la democracia, con el reparto agrario, con la suerte de Puerto Rico y de Nicaragua" (cit. en Alegría 58). La falta de coquetería, la indiferencia ante el creciente mercado de consumo masivo que se le ofrece a la mujer moderna parece ser la consecuencia de la intensidad de su pensamiento, de su compromiso político. Aquí Edwards Bello no propone una imagen romantizada de la poeta como un sujeto ensimismado, desconectada del ajetreo del mundo, sino que representa a Mistral como una mujer extraña, excepcional frente al comportamiento de la mayoría de las mujeres. Su pensamiento acerca de problemas continentales aparece en oposición a la conducta y los valores del resto de las mujeres.

El cuerpo

Gabriela Mistral, ya en 1916 y seis años antes de publicar su primer libro *Desolación,* parece entender que la imagen femenina estereotípica, en tanto señal de una posición social pasiva y vulnerable al deseo masculino, no es favorable para el éxito literario verdadero. El cuerpo de Mistral reproducido en fotografías podría ser para algunos el de una mujer poco "femenina" de acuerdo a los parámetros de la época, pero para otros de sus contemporáneos sería en cambio una prueba de profundidad y sobriedad estética frente a un estereotipo negativo que asocia la superficialidad a la mujer tradicional. El poeta uruguayo Carlos Sabat Ercasty describe en estos términos el cuerpo de Mistral: "El cuerpo era la digna columna de aquella testa soberana. Alto, de abierto contorno, trazado en madera de cedro que no en duro granito, cubierto de largos ropajes en donde la sobriedad del color denotaba la seriedad y la honradez del gusto" (cit. en Mistral y Fernández Larrain, *Cartas de amor* 225). Una revisión de sus retratos de esta época da indicios de una puesta en práctica de estas ideas con relación a la imagen. Las fotografías de Mistral muestran a una mujer sin maquillaje, carente de adornos o joyas, y que viste casi siempre ropas oscuras y amplias que esconden su figura. A partir de sus textos periodísticos y cartas se sabe que ella juzgaba la moda como una debilidad femenina, sinónimo de lo mundano y opuesto a lo profundo y lo intelectual.[2] A la imagen de la que dan cuenta las fotografías debe agregarse la *performance* que Mistral hace en tanto mujer intelectual, del que nos queda un interesantísimo conjunto de testimonios de terceros que se relacionaron con ella durante este tiempo. Mistral participa en grupos intelectuales masculinos que funcionan a modo de "fraternidades" en las que ella llega a ser considerada, aunque con ciertas excepciones, un "hermano" más. Al poeta Magallanes Moure le escribe en un principio (antes del comienzo de su relación amorosa por carta y nunca consumada) como "Hermano-poeta" o "Poeta" y se despide "fraternalmente."[3] El trato fraternal se encuentra temprano en su carrera, y particularmente en un conjunto de cartas entre Mistral y ciertos integrantes de la hermandad artística y teosófica denominada Los Diez.[4] Su identificación simbólica como hermana, además de un trato de tono familiar, figura en mucha de su correspondencia con escritores e intelectuales. A Fernando Alegría lo llama "niño chileno" (Carta a Fernando Alegría), Carlos Pellicer se refiere a Mistral como: "Gabriela, la gran Gabriela, mi hermana mayor amada" (Pellicer et al. 20), solo por mencionar un par de ejemplos.

Esta fraternidad le permitió a Mistral desarrollar amistades muy duraderas e instrumentales con hombres destacados de las letras y la política, quienes en varios momentos jugaron un rol determinante en su carrera profesional. Es posible asumir que el trato fraternal contribuyó a la estabilidad de estas relaciones. La inteligencia, el talento poético y la visión única eran cualidades frecuentemente alabadas por quienes han dejado testimonio de su amistad con Mistral. Hay evidencia que confirma que el alejar a la mujer (en tanto objeto de deseo masculino) de la escritora resulta en una mayor recepción de Mistral como intelectual. El escritor brasileño Mario de Andrade, quien la conoció a Mistral en 1937, expone los prejuicios que negaban la idea de la mujer intelectual y cómo Mistral es una "excepción":

> Es la inteligencia femenina más exacta, más sincera que jamás conocí. Algo me desagrada siempre en todas las mujeres que toman la forma de "intelectuales": algún abuso de sí mismas, algún exceso, algún olvido igualmente falsificador. Fue por eso que me deslumbró Gabriela Mistral. Desprovista ya de los encantos más visibles de una joven, ¡cuánta profundidad, cuánta complejidad había en su encanto de entonces! ... Pero envuelta siempre en una gracia delicada, que sabía disfrazar su placer en los aires cómodos de la hermana. (cit. en Pizarro, *Gabriela Mistral: El proyecto* 106)

Esta idea de la mujer intelectual como alguien que abusa de sí misma, se falsea, es decir, que violenta su naturaleza e identidad, pretendiendo ser algo que no es, parece desvanecerse en Mistral. Andrade dice ver una inteligencia sincera, desprovista de los encantos de la mujer joven, es decir, a alguien que no exhibe los rasgos femeninos que la hacen atractiva a los hombres y revela por tanto —sin obstáculos— una profundidad y una inteligencia encantadora. A ojos de Andrade, Mistral no violenta la irreconciliable oposición entre la idea de mujer y la identidad de intelectual. Al no aparecer ante Andrade como un objeto sexual, sino como una "hermana" no "incómoda" al hombre intelectual, quien recién entonces puede apreciar las cualidades de su pensamiento.

Ya desde joven Mistral revela un elevado nivel de conciencia acerca de la importancia que tiene su propia imagen. Entre 1905 y 1922 se esfuerza por construir una imagen pública que le permita ganar un lugar en el mundo literario y a la vez asegurar un ascenso en su carrera pedagógica. Aunque en muchos niveles se mantiene sujeta a las convenciones de su tiempo y es una defensora de un ideal femenino enfocado en la maternidad, la escritora se enfrenta —en el plano visual y performático de su propia imagen— al discurso imperante de la feminidad que imponía un ideal de belleza y apariencia, coherente con una concepción de la mujer como un sujeto pasivo, objeto de la mirada masculina y confinado al espacio doméstico. La no conformación de Mistral con este estereotipo femenino de la época ha sido relacionado directamente al tema de su identidad sexual. Si bien este ha demostrado ser un acercamiento provechoso, no permite considerar también el valor fundacional que tiene el hecho que ella, tanto en su imagen pública como en su vida privada, resistió un modelo estrecho y opresivo de identidad femenina, al mismo tiempo que logró abrirse paso en una multiplicidad de espacios dominados por los hombres. Ana Pizarro fue la primera en denunciar esta trampa (algunos años antes de conocerse el nuevo legado), en cuestionar la respuesta fácil y repetida ante "La complejidad que estructura el erotismo de la chilena ... [que] a menudo genera ideas sobre una eventual opción lésbica —en donde juega también un estereotipo del lesbianismo—, que como hemos tratado de explicarlo *no es tal, pero tampoco deja de serlo* en una situación mucho más compleja que lo que la simple discusión quiere zanjar" (*El proyecto* 61; énfasis original). ¿Qué pasa con el cuerpo de la mujer, con los cuerpos —más y menos sometidos— a la normalización? ¿De qué modo el cuerpo de la mujer hace visible su irrupción en el campo poético e intelectual de la primera mitad del siglo XX? ¿Cómo es que Mistral pone en movimiento una imagen pública funcional a su éxito como escritora e intelectual en este contexto?

Visibilidad y fama literaria

Desde el siglo XIX las tecnologías de captura y reproducción mecánica de la imagen permitieron la proliferación de periódicos y revistas ilustradas que daban vigor a la escoptofilia que caracteriza la cultura de ese periodo.[5] Los escritores, del mismo modo que otras figuras públicas, aparecen en retratos fotográficos, dibujos y caricaturas junto a sus textos literarios o artículos críticos.

> Daguerreotype images of each republic's illustrious authors could now appear, ranged as in a family album, on the pages that explained their merits in the constitution of a national literature. Newspapers and magazines displayed such modern technology in more widely visible media. In fact, the artistic life of the country suggests the need to rethink the meaning of "reading" when it comes to the late nineteenth-century press. (González-Stephan 227)

El llamado a re-pensar el sentido de "leer" la prensa decimonónica es aplicable a su vez a la prensa de las primeras décadas del siglo XX y no solo a ella sino a las prácticas literarias que contienen importantes elementos performáticos y visuales. Un ejemplo son los Juegos Florales de Santiago, concurso literario que tiene como componente central una fiesta de premiación en un teatro donde se combina el concurso de belleza con lo literario y teatral. El poeta laureado debe no solo leer su poema ganador sino que componer versos en honor a la reina, los que junto a los poemas de otros poetas consagrados se publica en *El libro de los Juegos Florales*, donde las fotografías son una parte central.[6] El libro de 1914 (el año que ganan "Los sonetos de la muerte" de Mistral) se abre con una página dedicada enteramente a la fotografía de la reina de la fiesta (ver figura 3, capítulo anterior), le sigue el poema que le dedica Mistral a la reina, después una prosa poética de Jorge Hubner, más adelante fotografías de las nueve señoritas que componen la corte de amor, seguidas por una crónica que relata la noche de la premiación y finalmente la fotografía de Mistral y la del resto de los poetas. Mistral figura en el libro de los Juegos Florales pero es ampliamente conocido el hecho que ella no asistió a la ceremonia oficial. Sin intención de hacer un análisis de este evento, hábilmente deconstruído por la especialista en teatro chileno, María de la Luz Hurtado, me interesa destacar el efecto de la fotografía como una tecnología que es rápidamente incorporada tanto en la prensa como en otras publicaciones culturales y literarias. La fotografía de Mistral que aparece en el libro de los Juegos Florales inaugura la difusión de su imagen junto a su poesía y da a conocer su rostro al público que no la llegó a ver en la premiación de los Juegos Florales. Con respecto a su ausencia la noche de la premiación, Mistral recuerda muchos años después: "Dicen que yo no fui a leer mis versos porque no tenía una traje apropiado. Esto último es muy probable y debe haber sido así. Pero no recuerdo los detalles de aquella noche. Tampoco están las gentes de acuerdo en si fue Víctor Domingo Silva o Julio Munizaga quien leyó mis versos. Yo creo que fue Julio Munizaga" (en García-Huidobro, *Moneda dura* 59). Consciente de las leyendas que su ausencia alimentó y sin intención de aclarar las circunstancias, Mistral decide no contradecir el rumor del traje inadecuado, frente al de las otras participantes en la fiesta. Sin embargo, la fotografía que asumimos que la misma Mistral entregó para su publicación en *El libro de los Juegos Florales* la muestra con un vestido a rayas, con botones y un peinado que no encontramos en ninguna otra fotografía de Mistral joven. Por lo tanto, aunque ella opta por no asistir a la ceremonia, sí aparece más tarde en una fotografía que intenta acercarse visualmente a la estética y los códigos de género, puestos en práctica en el evento y consecuente publicación (un gesto solo posible en el retrato y no en la aparición en el teatro). Es posible deducir que esta fotografía fue hecha con motivo de su triunfo en los Juegos Florales y pensada para ese contexto; bajo esa lógica es posible matizar y agregar otro elemento de análisis a la propuesta de Fiol-Matta cuando considera que esta fotografía es una prueba de una feminidad convencional de Mistral joven y de su incertidumbre frente a cómo representarse (*Queer Mother* 131).

¿A qué deseo responden los retratos de escritores en la prensa? ¿Qué produce la circulación de la imagen del escritor en estos medios? Las revistas culturales de las primeras décadas del siglo XX latinoamericano incluyen frecuentemente imágenes de escritores. *Repertorio Americano,* la revista que dirige García Monge en Costa Rica, incorpora en su portada si no una foto con texto una foto a página completa. En la mayoría de los casos se trata de un intelectual o escritor aunque en otras ocasiones son retratos de "Damas costarricences," mujeres jóvenes y atractivas de clase alta. De todos modos al revisar revistas como *Repertorio Americano*, *Familia*, *Zig-Zag* y algunos números de *Caras y Caretas* queda establecido que la circulación de la imagen de los escritores se toma como una medida más de su éxito y popularidad. Luisa Luisi escribe un artículo en 1924 acerca de Juana de Ibarbourou que aparece acompañado de una fotografía que ocupa la mitad de la página en *Repertorio Americano*. El artículo, en el mismo número donde se publican siete poemas de Ibarbourou, comenta la vida y obra de la poeta y relata lo que parece un rápido camino hacia la fama:

> A nadie sorprendió más que a ella misma ese triunfo sin precedentes en la literatura americana. *Un artículo de "Caras y Caretas" dio la vuelta a América. Su retrato apareció en todas las revistas:* y España y Francia, que habían vuelto los ojos a este continente, en busca de una amistad que desdeñaran durante tanto tiempo, se apresuraron a recoger este nuevo valor literario, y a ensalzarlo y a patrocinarlo, como gaje de solidaridad espiritual. La Editorial Cervantes coronó la obra con la inclusión de Juana entre los mejores poetas del mundo. (Luisi 58; énfasis mío)

Este texto de Luisi mezcla la visualidad dada por la prensa con el éxito literario. Ibarbourou, de acuerdo a Luisi, "cantó su verso ignorante e inconsciente de su propia oportunidad" (58) y es la prensa la que la pone en el centro de las miradas internacionales lo que lleva a la publicación de su obra y finalmente a la validación, al ser incluida dentro de un conjunto de poetas consagrados. Si esto es en parte cierto resulta obvio que los escritores buscarían figurar en la prensa. Tanto la difusión de los textos como de las imágenes contribuyen a posicionar al escritor en la escena pública, a hacerlo visible y por tanto deseable. Los retratos además satisfacen la curiosidad de un público lector que saca conclusiones y crea fantasías a partir de ellos, en un contexto en que aún se creía, con bases "científicas," en la relación entre el cuerpo y el carácter.

Uno de los efectos que tienen las fotografías de Mistral en la prensa es que facilitan el conocimiento por parte de un público mayor de su rostro y aumentan el estatus de celebridad que alcanza desde su llegada a México. Esto ayuda a explicar la popularidad de Mistral en México que analizaré más adelante. Al igual como sus textos, las imágenes generan pre-concepciones respecto de la autora, muchas de las cuales quedan plasmadas en la prensa. En una entrevista a Mistral que se publica en 1924 en Nueva York, el periodista español Alfredo Elías comenta con respecto al dibujo de Mistral que aparece en *Desolación*:

> A decir verdad, el bosquejo de la carátula de *Desolación* me predisponía a la reserva. Las líneas del rostro algo severas, el pelo liso recogido a ambos lados, la frente despejada, me recordaban la fría silueta de Concepción Arenal. [...] me hacían prever una conversación fría, académica, complimentosa [...] Al verme frente a la ilustre hispana, se desvanecieron completamente mis temores. Gabriela Mistral es alta, de correctas y redondeadas facciones, de moreno cutis, de mirar dulce y de cautivadora sonrisa (¿por qué no muestra su sonrisa el bosquejo de *Desolación*?). (García-Huidobro, *Moneda dura* 150)

La prensa populariza la idea de que Mistral no es en realidad como parece en las (pocas) fotos que circulan de ella, y que en cambio sorprende y encanta al conocerla en persona. Las lecturas "equivocadas" que muchos de sus contemporáneos hacen, confirman la tendencia a sobre-interpretar los rostros ya sea en fotografías como en persona. Esto es a su vez parte del origen de los mitos, aun válidos, que hablan de Mistral como una mujer seria, dura, triste, solitaria y que irónicamente algunos de los encargados del nuevo legado (Ministra de Cultura, Director del Archivo del Escritor) tratan de desterrar a partir de las nuevas fotografías que la muestran riendo, acariciando unos cachorros, con amigos y que serían una "prueba" de su calidez y espontaneidad.[7]

Las entrevistas a Mistral, que fueron muchas y publicadas en una enorme variedad de medios, son una instancia única para acercarse al proceso de construcción de su imagen pública. La entrevista, en tanto diálogo, es un juego de miradas en donde los lectores se enfrentan a un retrato construido por un periodista que, en tanto contemporáneo al sujeto de la entrevista y como resultado de su encuentro directo con él o ella, revela discursos sociales de su tiempo. A lo largo de este capítulo se ha hecho uso de los textos periodísticos a través de los cuales otros pintaron el rostro así como la imagen Mistral en su sentido más amplio. Estas descripciones físicas y de comportamiento, del tipo: "De complexión robusta, sin llegar a ser gruesa, de cara redonda, simpática y morena" y de los gestos, "Alguien le ofreció un cigarro y, ante mi sorpresa lo aceptó" eran muchas veces los momentos más personales y de mayor subjetividad de las entrevistas ya que luego el diálogo se centraba más bien en la opinión de la entrevistada respecto de temas culturales y políticos (Guerra Cunningham 147).[8] Cecilia García-Huidobro, al introducir su libro de entrevistas de Mistral, señala: "Hoy estamos habituados a que la entrevista sea un espacio para la opinión personal e incluso de revelaciones íntimas. Pero no siempre ha sido así. Cuando este género comenzaba a desarrollarse, las expresiones propias eran omitidas o rechazadas" (*Moneda dura* 12). Al leer muchas de las entrevistas a Mistral queda claro que este fue un medio por el cual ella difundió sus opiniones, habló a favor de sus causas sociales y políticas y dio muestras de su conocimiento de los países que visitaba y sus problemas. Mistral, consciente del peso de sus palabras, y tras varias polémicas e impases provocados por sus opiniones, busca regular lo que de ella se publicaba. En ocasiones refutó datos publicados en entrevistas así como también intentaba limitar lo que podía ser citado de sus charlas con amigos y colegas. Lorenzo d'Auria y Azucena García registran una conversación con Mistral, luego de una charla que dio en Nueva York. El periodista cuenta que al hacer Mistral unos comentarios delicados acerca de América sucede que: "Yo tomo nota. Ella comprende que si se publicara el detalle, algunos países de América pueden resentirse, y me dice, —Guarde esos papeles, no eche a perder el encanto de una conversación con un reportaje periodístico … Ya he andado mucho por las gacetillas, ahora déjeme hablar sin que mis palabras se repitan." El periodista le pide a cambio unos versos inéditos para su periódico, y Mistral responde: "Estos periodistas son terribles —me dice—: vea a qué precio compra mi libertad" (Guerra Cunningham 149).

En 1923 Mistral le escribe a Joaquín García Monge al comienzo de lo que sería una gran amistad y relación intelectual: "Le agradezco mui de corazón, mui efusivamente, el enorme sitio dado a artículos sobre mí en el número del 'Repertorio' que lleva mi retrato" (*Correspondencia inédita* 83) (ver figura 5). *Repertorio Americano* (1919–58) fue una revista de circulación continental en la cual Mistral tuvo una activa y prolongada participación desde 1919 hasta 1951.[9] Este es uno de los medios más importantes en que publica desde antes de *Desolación* y como ella misma señala: "A García Monge no sólo yo le debo parte de la difusión de mi obra. En América tiene muchos deudores" (cit. en Segura 314). Como he señalado en capítulos anteriores la prensa es un medio crucial para la difusión de la obra de Mistral tanto literaria como ensayística y explica en gran parte por qué llegó a tener tanta fama continental antes de la publicación de su primer libro. Desde un punto de vista de análisis visual, *Repertorio Americano* ofrece la posibilidad de evaluar el estado de la cuestión de la presencia y usos de la imagen en una revista periódica de carácter cultural. Al estudiar todos los números de la revista entre 1919 y 1924 se observa que cada número incluía entre cero y tres fotografías de tipo retrato y adicionalmente entre cero y tres fotografías de otro tipo (paisajes, flores, edificios) así como también un número menor de dibujos y caricaturas. A medida que pasa el tiempo la revista dedica más espacio al texto y menos a la imagen, pasando de un promedio de 2.4 fotografías por número en 1919 a 1.4 en 1924. De todas maneras una observación básica es que la fotografía es un elemento aun escaso pero constante en esta y otras publicaciones culturales y literarias.[10] Ante esta información acerca del uso restringido de fotografías es posible calibrar el significado de la portada que *Repertorio Americano* le dedica a una fotografía de Mistral (ver figura 5). Este retrato, que no está en el Archivo de Gabriela Mistral en Chile, y por lo tanto debe haber sido tomada en México durante su primer año ahí, la muestra de perfil y mirando hacia la derecha (en oposición a las fotos que miran a la izquierda y representan a personas muertas, como se ve en estampillas póstumas y otros homenajes). Es una fotografía que sin necesidad de aclaraciones se diferencia inmediatamente de

Figura 5: Gabriela Mistral en *Repertorio Americano,* 16 de abril 1923.

las portadas que perfilan a las "damas costarricenses" quienes son retratadas de medio cuerpo o cuerpo entero. En ese sentido la fotografía de Mistral se integra al conjunto de fotografías de personajes culturales distanciándose de las poses marcadamente femeninas que buscan mostrar además del rostro, la ropa, y otros accesorios. La fotografía de Mistral es limpia de elementos decorativos y se enfoca en dibujar el rostro de la escritora quien tiene una expresión seria, tranquila, concentrada, casi ida; dando la impresión que es más el deseo de retratarla que de ella hacerse retratar.

La diferencia evidente entre la foto del escritor y la de la dama de clase alta es mucho menor en la fotografía que se publica de Juana de Ibarbourou en la misma revista (ver figura 6). La fotografía de Ibarbourou en traje de noche, maquillada y adornada con una corona evoca las fotografías de actrices y socialités y poco tiene que ver con la pose, la composición y el estilo de la imagen anterior de Mistral. Este ejemplo me permite volver a una idea anterior; la imagen de Mistral que comienza a circular a partir de los años veinte era la imagen de un sujeto femenino que lentamente y no sin tensiones va abriendo el campo visual a encarnaciones de género femenino más amplias.

Figura 6: Fotografía de Juana de Ibarbourou. *Repertorio Americano*, abril 1924.

La fotografía como amenaza y promesa

Allan Sekula en su artículo "The Body and the Archive" estudia distintos archivos fotográficos del siglo XIX y plantea que la fotografía desde un comienzo promete y amenaza. Para Sekula la promesa es el mejor dominio de la naturaleza y la amenaza, de carácter anárquico, es de la nivelación del orden cultural existente (4), entonces, por un lado está la promesa de mayor conocimiento y difusión de la naturaleza y por otro la amenaza que la fotografía presenta para la alta cultura. El análisis de Sekula se enfoca en la doble cara del retrato fotográfico en tanto una forma de masificar y por tanto subvertir los privilegios del retrato pictórico. Al mismo tiempo la fotografía cumple un rol que ningún retrato pintado hubiera podido cumplir: "This role derived not from any honorific portrait tradition but from the imperatives of medical and anatomical illustration. Thus photography came to establish and delimit the terrain of the *other*, to define both the *generalized look* —the typology— and the contingent instance of deviance and social pathology" (7; énfasis mío).

Sekula demuestra hasta qué punto la función represiva de la fotografía se funde con la función clásica del retrato lo que resulta en que el retrato del criminal emerge de cierto modo en el retrato de estudio de las clases emergentes, como un archivo oscuro.

> Notwithstanding the standard liberal accounts of the history of photography, the new medium did not simply inherit and "democratize" the honorific functions of bourgeois portraiture. Nor did police photography simply function repressively, although it is foolish to argue that the immediate function of police photographs was somehow more ideological or positively instrumental than negatively instrumental. But in a more general, dispersed fashion, in serving to introduce the panoptic principle into daily life, *photography welded the honorific and repressive functions together. Every portrait implicitly took its place within a social and moral hierarchy.* The private moment of sentimental individuation, the look at the frozen gaze-of-the-loved-one, was shadowed by two other more public looks: a look up at one's betters, and a look down, at one's "inferiors." (10; énfasis mío)

¿Con qué amenaza y qué prometen las fotografías de Mistral? ¿De qué manera une lo honorífico y lo represivo? A la luz de las ideas de Sekula se hace necesario leer las fotografías de Mistral no solo como un instrumento productivo en su proceso de construcción de sujeto intelectual sino también como un medio que amenaza. Los primeros retratos de Mistral son parte de su estrategia de difusión privada —retratos firmados— pero al mismo tiempo la ubican dentro de una jerarquía social. La joven ayudante de maestra no es la jovencita de clase alta capitalina, ni tampoco la mujer indígena que capta la cámara del etnógrafo; es un nuevo sujeto social, una mujer independiente, trabajadora, intelectual.

Si la fotografía, como sugiere Sekula y otros, crea y difunde un "look" generalizado y a la vez expone al "otro," la fotografía de Mistral en la prensa en tanto desviación de la norma y sobre todo a medida que crece su fama, contribuye a perfilar una nueva categoría, la de la mujer intelectual. Al examinar ciertos medios de prensa de la primera mitad del siglo XX en Chile, Argentina, Costa Rica y México, se observa una fuerte presencia de fotografías de mujeres tanto en el contenido como en la publicidad. Una gran mayoría correspondían a fotografías de la vida social o páginas de moda femenina. Sin duda estas imágenes construyen un modelo de feminidad muy estrecho, acorde a los esquemas de género de la época y que se limita a mujeres jóvenes, blancas, de clase alta que aun si se les muestra "escribiendo" es por medio de una mirada que sexualiza el cuerpo femenino con el uso de símbolos fálicos (la pluma), ropa semi-transparente, componiendo una escena que apela a la fantasía y el deseo de la mirada masculina. Las fotografías donde la mujer retratada figura exclusivamente por belleza y posición social aparecen tanto en revistas de variedades de amplia difusión como en revistas culturales como *Repertorio Americano*.

En otros casos, y cada vez más a medida que se acerca la mitad del siglo XX se encuentran fotografías de mujeres artistas, escritoras o profesionales que aparecen junto a sus textos y/o biografías, entrevistas o reseñas críticas. ¿De qué modo se representa visualmente a estas "nuevas" mujeres en medios que hasta entonces exhiben a la mujer por razón de su clase, belleza y como imperativo de un modelo genérico sexual impuesto por el patriarcado? La representación visual de la mujer escritora presenta muchas de las problemáticas que se encuentran en la recepción crítica de su obra. Se halagan sus facetas menos amenazantes (lo maternal, romántico y religioso) y se silencia lo perturbador (lo erótico, político y *queer*). Por lo tanto, uno de los modos en que se representa a la mujer escritora es por medio de imágenes que destacan clase, belleza y feminidad en una relación de armonía con los proyectos creadores. Son las mismas mujeres blancas, bellas, de clase alta, que ahora suman un elemento "nuevo," moderno. Inés Echeverría, "Iris" (1848–1949), escritora contemporánea a Mistral, autora de más de una docena de libros, tiene alta figuración en la prensa de la época. Nieta de Andrés Bello, Iris pertenece a la aristocracia chilena. En 1915 la educadora chilena Amanda Labarca le hace una entrevista en su casa titulada "La vida del espíritu" donde tratan temas de literatura, educación y viajes.[11] En el texto de la entrevista Iris se muestra irreverente frente a muchas de las convenciones de su clase social, sin embargo, las fotografías que acompañan la entrevista por medio de una cuidada composición se concentran, por sobre todo, en la posición social de la escritora y el lujo de su entorno: dos fotografías de la elegante casa de la escritora donde destacan los muebles y la decoración (una de ellas dice al pie: "Sala Luis XVI de la casa de la señora Inés Echeverría de Larraín"), una fotografía de un retrato pintado de su hija Rebeca —una belleza santiaguina de la época— y una fotografía de un retrato de la escritora cuando niña. No hay ninguna fotografía de la escritora por razones imposibles de saber, pero en cambio acompañan sus palabras con lo que el público lector de una revista de variedades como *Familia* quiere ver: lujo, belleza, pautas de moda y elegancia. El discurso de Iris que con todas sus contradicciones subvierte limitaciones de género y critica rasgos de la sociedad chilena queda encapsulado por el discurso de las fotografías que la destaca no en tanto intelectual sino como miembro de una clase social dominante, tradicional y conservadora.

Aun cuando la mujer escritora no sea normalizada ni contenida por su afiliación a la clase alta en su representación visual, las fotografías construyen un modelo de belleza y sensualidad que las ubican nuevamente en el lugar de objeto, de "musas," negándoseles entonces el figurar públicamente (y visualmente) más allá de su afiliación de clase o su belleza física (Delmira Agustini, Juana Borrero). En 1924 la fotografía de la poeta y ensayista cubana Emilia Bernal aparece en *Repertorio Americano* junto a un breve texto que comenta su último libro. Del libro se alaba su "suave temperamento poético," "actitud de coqueteo" y "fluidez y dulzura," la fotografía por su parte, teatral, evoca una estética de retrato de estrella de cine y muestra a Bernal con los hombros descubiertos, mirando directamente al espectador. La imagen de la mujer poeta aquí fomenta la identificación de la belleza, el romanticismo y la sensualidad de la mujer con su poesía (ver figura 7). La belleza es sin duda una cualidad que la prensa de principios de siglo atribuye a muchas de las mujeres artistas y profesionales que perfilan en sus páginas. ¿Qué pasa entonces cuando no se puede alabar ni la belleza ni el abolengo de una mujer?

Para poder examinar críticamente estos regímenes de representación hay que preguntarse qué es lo que excluyen. Lo que

Figura 7: Revista *Repertorio Americano*, abril 1924.

se excluye, lo que se opta por no representar en estos medios de prensa es a la mujer que "carece" de belleza y abolengo o que se desvía y amenaza los límites de la identidad de género en un esquema heterosexual patriarcal (a menos que sea una caricatura). Griselda Pollock asegura que al identificar la historia dominante en los regímenes de representación existentes se puede descubrir la resistencia de una cultura patriarcal a representar a la mujer, el deseo femenino y su diferencia ("The Visual" 175). Esta no representación de la diferencia de la mujer resulta productiva para el patriarcado en este contexto histórico en que la mujer ya comienza a salir de un estrecho molde que la confinaba al espacio privado y pasivo del hogar. La mujer intelectual, escritora o activista impone el dilema de su diferencia a los regímenes de representación visual.[12]

El dilema de la diferencia, la amenaza de un nuevo tipo de mujer genera como respuesta social mecanismos de invisibilidad, violencia y manipulación. Un modo que tienen ciertos medios de prensa de enfrentar esta irrupción es la normalización de la mujer escritora e intelectual por medio de una puesta en escena de género estereotípica a nivel visual. Las fotografías así como la manipulación editorial minimizan la diferencia y la desviación de la norma que estas mujeres encarnan y dan testimonio de la ansiedad social que su independencia creativa, económica e intelectual genera.

Dos ejemplos de bien entrado el siglo XX son el reportaje que la popular revista argentina *Caras y Caretas* hace a la poeta Alfonsina Storni y, una fotografía de Mistral comprando ropa de mujer incluida en un extenso reportaje especial de la revista *Ercilla* con motivo del premio Nobel (ver figura 8). El artículo periodístico dedicado a Storni incluye una fotografía que muestra a la poeta, con un delantal de cocina, inclinada sobre una olla, bajo la cual se lee: "La exquisita poetisa no desdeña los quehaceres domésticos, siendo una excelente cocinera" (Revista *Ercilla)* y que pertenece a una fascinante serie de fotografías domésticas (ver Gliemmo).

Figura 8: "La Mistral se viste a la moda." "Una mañana cualquiera salió de compras con el mismo entusiasmo de una buena señora de casa. Es que Gabriela Mistral, poetisa excelsa, es, ante todo mujer. En ella se conjugan todas las virtudes de la feminidad." (Revista *Ercilla*, 1945).

"La Mistral se viste a la moda" además de mostrar una foto casi surreal de Mistral tras una pierna de maniquí que luce medias femeninas, hace evidente el deseo de la prensa por domesticar la imagen de la entonces recién laureada poeta. El mensaje apela a la mujer chilena para mostrar como Mistral a pesar de su fama y gloria mundial es una mujer con la que la dueña de casa se puede identificar, ya que al igual que ella sale a comprar ropa. No se trata solamente de acercar la imagen de la entonces "celebridad" a la gente común, sino de acentuar el *performance* femenino de Mistral; Mistral es una mujer, porque actúa como una. La presencia de la imagen de Mistral en los medios no satisface las lógicas que motivaban la exhibición del cuerpo femenino de la época: no era simplemente etnográfica, en tanto representación de un tipo social o étnico, ni tampoco símbolo de belleza o clase, era la imagen de un sujeto femenino nuevo. Mistral al mismo tiempo que otras mujeres profesionales de su tiempo abre el campo visual a un nuevo tipo de mujer, la mujer intelectual que cuya imagen circula producto de su obra y acciones y que, sin negar su feminidad, rechaza los modelos que buscan normalizar el cuerpo de la mujer y mantenerlo como un objeto de la mirada masculina por medio de la moda, gestos, hábitos (como la condena hacia el fumar), etc.

Volviendo a la idea de Sekula de la fotografía como promesa y amenaza, las fotografías de Mistral al exponer su clase, raza y distancia con los modelos de feminidad de elite que dominan los medios de prensa la hacen vulnerable a la catalogación, a ser ubicada dentro del ordenamiento social (ver ejemplos de los Juegos Florales). Si bien los medios de prensa publican frecuentemente fotografías de escritores, políticos e intelectuales, la exposición pública del sujeto femenino presenta mayores "peligros" que la del hombre (hombre público versus mujer pública). La aparición y el éxito (como escritoras, figuras políticas, etc.) de mujeres que no se ajustan a los limitados cánones de belleza y que provienen de la clase obrera o media llama a una revisión crítica de la representación de estos nuevos cuerpos a nivel visual para preguntarse desde dónde tanto ellas como los medios construyen y validan su identidad sexual en los espacios culturales y sociales públicos.[13]

Performance fundacional

La idea de *performance* de género que propone Butler (*Gender Trouble* 1990) está constituida por actos repetitivos, que citan discursos culturales altamente regulados. El género se "hace," es "a matter of ritualized, public perfomance" (272) y a pesar de operar en una marco restringido contiene posibilidades de subversión, "as an ongoing discursive practice, it is open to intervention and resignification" (33). En el sentido más teatral del concepto de *performance,* es posible sugerir que Mistral se distancia —por medio de su *performance* de género— de roles subordinados, para así re-dibujar una identidad que la perfile como un sujeto extraordinario y que le dé acceso a las esferas de producción intelectual. Si bien se podría contra-argumentar que Mistral no teme a identificarse con grupos minoritarios: las mujeres, los indígenas, el pueblo, esto es siempre funcional al modelo mayor que ella construye. El ser mujer, campesina, maestra rural, el "indio que lleva adentro" (*Pensando* 117) son partes de un todo que suma un sujeto que escapa la esencialización y que en un constante movimiento performativo se desencaja de identidades asignadas para así construir una identidad única, móvil, atractiva; efectiva para su éxito como intelectual transnacional. Su discurso auto-descriptivo refuerza una imagen que no responde al deseo social ni a las normativas de género: "Empecé a trabajar en una escuela de la aldea Compañía Baja … A la Directora no le caí bien. Parece que no tuve ni el carácter alegre y fácil ni la fisonomía grata que gana a las gentes. Mi jefa me padeció a mí y yo la padecí a ella. Debo haber llevado el aire distraído de los que guardan secreto, que tanto ofende a los demás …" (*Magisterio* 43).

Mistral compone una narrativa de sus inicios profesionales para explicar su doble profesión como maestra y escritora. Mediante una autocrítica afectada, la escritora declara carecer de las características necesarias para el éxito interpersonal. No tiene la belleza ni tampoco un carácter alegre ni fácil, rasgos que una sociedad patriarcal exige a la mujer que aspira a ser el "ángel del hogar." Pero las líneas finales hacen imposible pensar que Mistral aspiraba realmente a estas cosas de las que "lamentablemente" carece. Su indiferencia, su "aire distraído" y el guardar un secreto que los demás perciben pero no pueden entender componen una narrativa de sí misma como "diferente," un sujeto extraordinario que por su vida interior, su conocimiento, aliena a "las gentes," aunque no así a quienes ella en otros textos identifica como sus "iguales" en términos de sensibilidad e intelecto. Muchos de sus relatos autobiográficos fundan su identidad en esa diferencia que para Mistral es parte de su naturaleza, no pose, y que ella misma explica la ha determinado desde la infancia: "Yo era una niña triste … Y tú sufrías de que tu niña no jugara como las otras y solías decir que tenía fiebre cuando en la viña de la casa la encontrabas conversando con las cepas retorcidas y con un almendro esbelto y fino que parecía un niño embelesado" (*Colombia* 2: 452). La historia de la niña que habla sola, que tiene una relación especial con la naturaleza, que crece alimentando su imaginación con la Biblia, contribuye a crear un mito de genialidad, de diferencia con los demás niños, de creatividad y sensibilidad extrema.

Alberto Gerchunoff comienza su artículo y entrevista a Mistral para *La Nación* de Buenos Aires en 1925 así:

> El que ha visto alguna vez un retrato de Gabriela Mistral la imagina como una mujer de rasgos duros, que recuerda en algo las líneas abultadas de la máscara de Rubén Darío. El retrato que más ha popularizado su fisonomía nos la presenta así, con los párpados tristemente caídos y los labios apretados en un pliegue doloroso. Pero esa expresión ásperamente viril se borra cuando se la ve. Comprendemos en seguida que Gabriela Mistral es distinta y su mirada y su voz nos dan una imagen diferente ... ¿Qué impresión confusa removía en mi memoria? No creáis que al contemplarla evocaba los seres poéticos, estilizados por la tradición literaria y que concebimos, en su prestancia magistral, con los atributos reales del esplendor y de la belleza. Y a pesar de alejarse tanto de las figuras femeninas que resumen en su apariencia un ideal de perfección, pensé, al hallarme delante de ella, en los versos que el poeta principesco, el ingenioso y galante Carlos de Orleáns, consagra a Bonne d'Armagnac:
>
> *Dieu! Qu'il fait bon la regarder.*
>
> Pensé más bien en las heroínas de las leyendas rurales y en las efigies que exornan los viejos devocionarios. Parecíame una campesina venida a la ciudad (...) o una santa, como debían ser las santas en la realidad de su piadosa militación ... (Gerchunoff 143)

A diferencia de otras mujeres escritoras y artistas —Norah Lange, Delmira Agustini, Juana Borrero— que tuvieron que luchar o vivir con el lugar asignado de la musa, Mistral, al "alejarse tanto de las figuras femeninas que resumen en su apariencia un ideal de perfección" queda en un limbo que cada cual trata de resolver y que hasta hoy la mantiene en disputa. Alberto Gerchunoff, quien la compara con la máscara mortuoria de Rubén Darío, confunde desde el comienzo los límites entre el "ver" y el "imaginar" cuando sugiere que quien ve el retrato de Mistral "la imagina como una mujer de rasgos duros." Si la ve, ¿qué imagina?, ¿sus rasgos en el sentido de su carácter?, ¿o el imaginar y el ver son una misma operación? El periodista al verla descarta la primera impresión/imaginación de Mistral como viril pero también confiesa que no la puede identificar con la belleza femenina ideal, "Gabriela

Mistral es distinta." Distinta sin dejar de ser atractiva, distinta sin ser masculina, hace bien mirarla dice Gerchunoff, lo que respalda la importancia de la pregunta inaugurada por Fiol-Matta acerca de cómo explicar la atracción general que Mistral provocaba.[14]

"If one wished to be seen, imitate the style of those who are seen or celebrated already" (Braudy 481). El gesto mistraliano de negarse a imitar el ideal femenino de su época, de rechazar activamente muchas de las marcas y modos impuestos a la identidad femenina y celebrados por la sociedad, no es simplemente omisión, es un acto significativo. Por otro lado, Mistral sí "imita," sí incorpora a su *performance* corporal y discursivo elementos asociados al poder y a la autoridad en la sociedad patriarcal de su época; en ese sentido su *performance* demuestra comprensión del funcionamiento del poder en el campo cultural. No son los elementos hasta entonces celebrados en una poetisa, pero sí en políticos e intelectuales: como el carisma, la presencia en espacios de poder, el monopolio de la voz y el discurso (darse la palabra y no permanecer en silencio), la participación en debates públicos y privados.

El valor de la *performance* fundacional de Mistral no se limita a su subversión visual de las definiciones de género sino que también de clase, ya que su opción por encarnar la estética de maestra rural durante toda su vida se puede leer como un acto político. Como he señalado en capítulos anteriores, el discurso de Mistral reafirma su pertenencia y lealtad a la clase campesina y al pueblo. A nivel visual ese discurso se mantiene a través de su *performance* de clase, su resistencia a cambiar su forma de vestir, a cambiar su tono campechano, en un gesto que simbólicamente lleva a la maestra rural a todos esos espacios de poder a los que Mistral va accediendo. Esto sin embargo no significa que Mistral no tuviera un interés personal y estratégico en el cultivo de esta imagen, simplemente me interesa reconocer uno de los efectos culturales de su persona pública. Se producen efectos políticos cuando la mujer, la campesina, la figura *queer* entra a los espacios de poder: "La exhibición de lo femenino en las tribunas del poder … contribuye a redelinear contornos que ayudan a la individuación, al reconocimiento y la identificación de las mujeres como sujetos (desde siempre negados) de la visualidad pública (Richard, *Feminismo*, 78–79). Estas mujeres, estos cuerpos, no solo cuestionan el orden tradicional, sino que también, como quiero sugerir, fundan y abren nuevos espacios, aumentan la diferencia agregando posibilidades.

En este sentido, la *performance* de Mistral es fundacional porque no responde a ninguno de los modelos disponibles para la mujer en la esfera privada o en la pública, espacios donde la mujer intelectual, artista o escritora —con pocas excepciones— seguía siendo representada en relación a los modelos de belleza y clase dominantes. Mistral no solo desestabiliza las categorías de identidad sino que lo hace de manera efectiva, escapando esencializaciones e inaugurando una imagen de mujer escritora, de intelectual transnacional distinta.

Su autodefinición como un sujeto excepcional la he leído como una arma de lucha, una estrategia para resistir la normatividad, un modo de escapar de las expectativas y restricciones heteropatriarcales que se le imponen a las madres, a las esposas y a la mujer en tanto objeto de deseo masculino; pero sin por eso identificarse con los modelos emergentes de rebelión femenina, como la *flapper* o la feminista. Su imagen se convierte así en una *performance* fundacional de género, en el sentido de su posición con respecto al poder, su atractivo y su resistencia, lo que abre modelos alternativos y exitosos de representación para la mujer y su discurso en el siglo XX.

Notas

Introducción

1. Ver Ramos, *Desencuentros* 222.

2. La identificación del éxito internacional de Mistral con la poesía, y en segundo lugar con la pedagogía, predominó durante su vida y hasta hace muy poco en la prensa, los textos escolares y el imaginario público. La focalización en su poesía, dentro de su carrera literaria, diplomática y su función como intelectual pública, también se refleja en que los estudios críticos se han dedicado primordialmente a su obra poética y sólo en las últimas dos décadas han comenzado a estudiar aspectos de su prosa. El discurso de Hjalmar Gullberg, miembro de la Academia Sueca en la entrega del premio Nobel es un ejemplo de una narrativa enfocada en el talento poético, el destino trágico y la vocación pedagógica de Mistral. Gullberg identifica como el primer hito de su carrera el triunfo en los Juegos Florales de 1914 con los "Sonetos de la muerte" que el escritor sueco vincula a la muerte de Romelio Ureta, hecho que daría origen al poema y por consiguiente a la carrera literaria de Mistral: "A banal tragedy of everyday life lost its private character and entered into universal literature. Lucila Godoy Alcayaga became Gabriela Mistral" *(Nobel Lectures, Literature 1901–1967)*. La prensa al momento del premio Nobel la caracteriza primeramente como "poetisa" al mismo tiempo que idealiza su vocación de maestra (*Vea* 345, 21 nov. 1945), discurso que incluso Laura Rodig, escultora chilena que vivió con Mistral por siete años, refuerza en el imaginario público en 1945 cuando señala que desea hacer una escultura a modo de "tributo a la poetisa que solo ha vivido para cantarles a ellos [niños], a quienes tanto ha amado" (Rodig, "Honremos a Gabriela Mistral").

3. Mistral no publicó su prosa en forma de libro durante su vida, aunque *Lecturas para mujeres* (1923) incluye bastante prosa de Mistral. Los libros de poemas que publicó en vida fueron: *Desolación* (1922), *Ternura* (1924), *Tala* (1938) y *Lagar* (1954). Póstumamente se publicaron dos libros: *Poema de Chile* (1967), *Lagar 2* (1991) y *Almácigo* (2008).

4. Bourdieu advierte: "Para romper radicalmente con la representación romántica de la biografía de la que aún tiene la filosofía del proyecto original, es preciso preguntarse no cómo un determinado escritor ha llegado a ser lo que es —a riesgo de caer en la ilusión retrospectiva de una coherencia reconstruida—, sino cómo dados su origen social y las características socialmente condicionadas que están correlacionadas con éste, pudo ocupar, o, en ciertos casos producir, las posiciones que le preparaba y a las que lo llamaba un estado dado del campo de producción cultural" ("El campo literario" 14).

5. Por otro lado, su no-afiliación explícita a la lucha política de la que participaron la mayoría de las otras mujeres escritoras e intelectuales contemporáneas a Mistral empuja a un sector de la crítica a destacar sus causas sociales, como si existiera una necesidad de probar que Mistral —aunque no derechamente desde el feminismo— sí defendió causas de justicia social, derechos de la infancia y otros (que en ningún caso voy a negar).

6. Mary Louise Pratt describe el canon del ensayo como androcéntrico y observa que Gabriela Mistral es frecuentemente la única mujer que se incluye en las antologías de ensayo latinoamericano. Identifica los ensayos canónicos con el concepto de "*criollo identity essay*," "whose topic is the nature of criollo identity and culture, particularly in relation to Europe and Latin America" (14). La contracara de las intelectuales mujeres, según Pratt, es el "gender essay": "As a label, I use this term to denote a series of texts written over the past 180 years by Latin American women, whose topic is the status and reality of women in modern society" (15).

7. La idea de interseccionalidad fue desarrollada por teóricas feministas afro-americanas. Kimberle Crenshaw desarrolla este concepto (1989) como respuesta a los análisis que trataban raza y clase como categorías mutuamente excluyentes (139). Crenshaw plantea que: "Because the intersectional experience is greater than the sum of racism and sexism, any analysis that does not take intersectionality into account cannot sufficiently address the particular manner in which Black women are subordinated" (140).

8. Quisiera destacar la importancia del *Encuentro con Gabriela Mistral* que se llevó a cabo en la Casa de la Mujer La Morada en agosto de 1989 y que junto a la publicación de *Una palabra cómplice: Encuentro con Gabriela Mistral* de Soledad Fariña y Raquel Olea dieron inicio a una nueva etapa en las lecturas críticas de Mistral. Otra instancia que reunió a académicos de distintas latitudes y generó lecturas renovadoras fue el simposio "Re-leer hoy a Gabriela Mistral. Mujer, historia y sociedad en América Latina" organizado en 1995 en Ottawa, Canadá y a partir del cual se publica en 1997 un libro con el mismo título editado por Gastón Lillo y J. Guillermo Renart.

9. Esta idea la desarrolla Roberto Fernández Retamar en su conferencia para la inauguración del VII Encuentro Internacional de Cátedras Martianas, celebrado el 10 de noviembre de 2009 en el Aula Magna de la Universidad de La Habana.

Capítulo uno

1. En 1921 le escribe a Magallanes Moure: "¿A dónde me voy? Parece que a la Argentina. Estoy cansada de la enseñanza, no de ella misma en verdad, sino de agregados odiosos que tiene" (Mistral, et al., *Cartas de amor* 153).

2. Antes de recibir la invitación de José Vasconcelos para trabajar en México, Mistral ya había alcanzado en Chile una posición relativamente segura como administradora de escuelas, como se refleja en los documentos consulares que prueban el deseo del gobierno de Chile de que regresara luego de un año en México y la decisión de Mistral de renunciar a su puesto de maestra en Chile (ver *Antología mayor* 3: 99–103). En varias ocasiones expresó su idea de una vida retirada. En 1917 aparecen un artículo y una breve entrevista que ya instalan este deseo de Mistral: "A primera hora nos había hablado sobre el gran ideal de su vida: tener un pedazo de tierra a orillas de un río, al sur de Chile, y dedicarse ahí a las flores, a los árboles y enseñar a leer a los niños indígenas" (Michelet, *Recopilación* 181). Más adelante tanto en México como en Chile recibió ofrecimientos de terrenos para instalarse en el campo, tranquila como ella decía querer, pero nunca los concretó (ver Santelices). También recibió ofrecimientos para irse a Uruguay.

3. Una versión preliminar y abreviada de este apartado fue publicado con el título "Gabriela Mistral artesana de sí misma: multifuncionalidad de la prosa mistraliana en su construcción como sujeto intelectual," *Taller de Letras* 41 (2007): 53–67.

4. Primer texto de Mistral que aparece en la revista *Repertorio Americano* el 20 de septiembre de 1919.

5. Ver Virgilio Figueroa, 51.

6. Mistral se negó a una vida doméstica y al matrimonio desde muy joven, según sus propios textos autobiográficos y la correspondencia que sostiene con hombres como Alfredo Videla Pineda y Manuel Magallanes Moure (ver *Antología mayor* 3). En unos apuntes autobiográficos declara: "en un ímpetu de rebelión, que es de los más vergonzosos que haya tenido en mi vida, decidí no aprender ni a lavar la ropa ni hacer la comida y ni siquiera creo que ayudaba a arreglar la habitación. Yo supe que si obedecía a esa voluntad de volverme ama auxiliar de una casa en que bastaban una madre y una hermana, yo estaba perdida para no sé qué, porque sería tonto pensar que yo creyese en mí" (cit. en *Antología mayor* vol. 3: viii, original en Cuaderno 95 p. 43 000961489, Biblioteca Nacional de Chile).

7. Mistral en su campaña por la instrucción de la mujer declara: "La instrucción hace nobles los espíritus bajos y les inculca sentimientos grandes" (*Recopilación* 99). Con el mismo argumento Mercedes Cabello de Carbonera en 1874 defendía el derecho a la educación de la mujer en Perú: "Para que ella pueda ejercer esa influencia bien hechora con la que pueda ser siempre la rehabilitadora de los errores del hombre es preciso darle instrucción sólida y vasta" ("Influencia de la mujer").

8. Ver *Homenaje del Ateneo de Santiago al Sr. Barros Arana.*

9. *Figulinas* es una revista que, bajo la dirección de Eugenio Labarca, apareció en 1915. En la Biblioteca Nacional de Chile se conservan dos números. El juicio crítico de Mistral acerca de Prado no llega a aparecer porque la revista tiene corta vida.

10. En Chile hay una expansión editorial significativa entre 1930 y 1950. Ver Subercaseux, *Historia del libro en Chile.*

11. En sus cartas de este periodo, Mistral vincula frecuentemente su juicio estético con una sensibilidad marcada por el campo y otros elementos de su diferencia. Un ejemplo: "He vivido en el campo la vida entera. Esto me ha dado la comprensión más profunda que es dable desear para la Tierra en lo que tiene de égloga" (*Recopilación* 288).

12. La revista *Zig-Zag* introduce así el juicio de crítico de Mistral del poeta Carlos Acuña, el 6 de julio de 1918: "Gabriela Mistral ha expresado sobre el último libro de Carlos Acuña el interesante juicio que damos a continuación y que tiene el mérito de una espontaneidad absoluta, porque ni la poetisa y el autor aludido se conocen siquiera de vista" (*Recopilación* 288).

13. Mistral escribe textos de crítica literaria a públicos amplios, por ejemplo "María Enriqueta y su último libro" (1923); "Algunos semblantes: Alfonsina Storni" (1926); "Gabriela Mistral habla sobre la poesía chilena con motivo de la obra 'Nuestros poetas'" (1925), una carta a Armando Donoso, el editor de dicha antología, que aparece en *El Mercurio* el mismo año de la publicación del libro.

14. "No nos desinteresamos de la humanidad, trabajamos por ella, pero por ella en conjunto. No conocemos los pueblos. Conocemos tan solo el Pueblo único, universal, el pueblo que sufre" (Rolland, "Un manifiesto de los intelectuales del mundo").

15. Francisco Bilbao Barquín (1823–65), intelectual, escritor chileno y figura política central de una generación educada en los principios liberales de mediados del siglo XIX que luchó por cambios políticos radicales. Su ensayo *Sociabilidad chilena* (1844) aboga por la democracia y ataca al clero. En 1849, de vuelta de Europa crea, junto con Santiago Arcos, la Sociedad de la Igualdad que reúne a artesanos e intelectuales radicales. Fue exiliado varias veces y pasó un breve periodo en la cárcel.

16. Camilo Henríquez (1769–1825), sacerdote, nació en Valdivia, Chile, se dedicó durante toda su vida a la causa de la independencia. Fundó en 1812 el primer periódico de la nación independiente, *La Aurora de Chile*, del que fue uno de sus principales redactores. Escribió ensayos, sermones, proclamas, poesía y textos dramáticos.

17. Mistral afirma esta idea en la conferencia que da a los estudiantes mexicanos en 1922: "No cuajan en hechos las reformas sociales si no está su ansia derramada en toda la esperanza de las masas; si no han traspasado, por decirlo así, el ambiente. ¿Y a quiénes corresponde surcar así los espíritus de ideas si no a sus intelectuales?" (cit. en Valenzuela 206).

18. "La confusa y tumultuosa democratización va generando un distinto tipo de intelectual que al no ser rozado por el preciado instrumento de la educación letrada sistemática ha de proporcionar una visión más libre, aunque también más caótica, indisciplinada y asistemática" (Rama 186).

19. De modo casi inverso a la relación de lo político frente al arte en el *fin de siècle*: "Pero la actitud que genera la política en estos intelectuales es un verdadero y pesado impedimento que no los deja en paz, que les reduce la dedicación exclusiva a las cuestiones 'del espíritu'" (Montaldo, *Ficciones* 94).

20. "Pero tampoco leeremos esa multiplicidad de roles como índice de un tipo de autoridad tradicional o armoniosa, ni como instancia de un campo intelectual pre-moderno: aún en los escritores más politizados, es notable la *tensión* entre las exigencias de la vida pública y las pulsiones de la literatura" (Ramos, *Desencuentros* 30; énfasis original).

21. Mistral parte a México en junio de 1922 invitada por el gobierno mexicano para colaborar con la reforma educacional liderada por José Vasconcelos, hecho que abordaré con mayor detalle en los capítulos siguientes. José Vasconcelos se desempeñó como rector de la Universidad de México entre 1920 y 1921 al ser nombrado por el presidente interino Adolfo de la Huerta. En 1921 asumió como el primer Secretario de Educación

Pública de México. Un análisis detallado de Vasconcelos durante el periodo entre 1920 y 1925 se encuentra en el libro *José Vasconcelos: Los años del águila, 1920–1925* de Claude Fell.

22. Antes de la llegada de Mistral a México Vasconcelos publica textos de Mistral como "El grito" (un llamado a la unidad latinoamericana) y "La maestra rural" (que refuerza la idea de la maestra como la santa laica). También, niños mexicanos han memorizado sus poemas que luego recitarán en los muchos homenajes que se le hacen a Mistral durante su estadía.

23. La identificación y solidaridad entre la mujer y otros sujetos desempoderados es un fenómeno que aparece también en el siglo XIX, como por ejemplo, en la novela de Gertrudis Gómez de Avellaneda, *Sab* (1841), donde existe identificación entre la mujer y el esclavo mulato y en la novela indigenista de Clorinda Matto de Turner, *Aves sin nido* (1889).

24. Ella recoge sus éxitos como escritora para validar, por ejemplo, su labor de maestra, ya que ante el cuestionamiento por su falta de título arguye que la comprobación de su cultura está en "dieciocho años de servicios y por una labor literaria pequeña pero efectiva" (*Recopilación* 471).

25. Revistas argentinas *Claridad* (1926–41) y *Los Pensadores* (1922–24).

26. "… el único valor social que reconoce mi corazón es el pueblo" (*Recopilación* 468).

27. Noviembre de 1923, "El canto popular y el alma americana."

28. Humberto Díaz-Casanueva fue exiliado en 1928 por Carlos Ibáñez del Campo, periodo durante el cual vive en Montevideo, Uruguay.

29. "Los obreros, señores y señoritas que repletaban la sala, la oyeron con respetuosa devoción. La maestra tiene un ascendiente de sacerdotisa sobre los que la escucharon" (*Recopilación* 465).

30. En una carta al Ministro de Relaciones exteriores fechada el 7 de noviembre de 1935 Mistral escribe: "Tengo la honra de elevar a la consideración de VS, un proyecto sobre la propaganda que yo podría desarrollar, en conformidad con la labor que me ha asignado el gobierno … [l]a propaganda más fructuosa y la que abarca mayor radio de lectores es el de la prensa diaria … En otras ocasiones he manifestado al Ministerio las facilidades que tengo para esta labor, desde los diarios de la América, donde tengo, hace 10 años colaboración estable" (*Antología mayor* 3: 243).

31. Mistral exige al escritor y al artista un arte para el pueblo (al menos una cuota de su arte como hizo ella misma): "Poetas haced versos para los niños … Sobran los poetas que se deslíen en poemas eróticos, sobran también los que hacen apoteosis de la espada y de la coraza, sobran los que lloran sus lepras íntimas revolcándose en el escepticismo. Los poetas de los niños faltan" (*Recopilación* 172).

32. "En lugar de eso sigue el cine en muchos países corrompiendo a las masas con unos repertorios de filmes que divulgan crímenes famosos en una especie de antología para enseñar el delito … Cada vez que yo he hablado con dueños de cines sud-americanos sobre la calamidad de ciertos espectáculos se excusan diciendo que las empresas productoras más el gusto popular y no ellos, son los culpables. Yo les respondo que lo único que pide el llamado bajo pueblo es que el filme sea interesante y que lo mantenga en tensión hasta el final" (*Magisterio* 203).

33. "Since the autochthonous cultural order is judged consubstancial with the community, its recoverability can always be portrayed as an imminent potentiality. Therefore, accession to it is conceived as a matter of collective volition, as a momentous project to be undertaken by the community in its entirety. In this sense, the cultural critic asumes the self appointed role of officiant in a portentous ritual of collective redemption" (Alonso 12).

34. Jean Franco en su artículo "Loca y no loca. La cultura popular en la obra de Gabriela Mistral" propone una lectura de la cultura popular en cierta poesía y en los géneros folklóricos mistralianos "como figura y formas de escapar del proyecto modernizador de la época que, por otro lado, animaba su obra pedagógica" (29). Su lectura, si bien se enfoca en la poesía derivada de la tradición oral como un espacio que "permitía ciertas fugas hacia lo irracional, lo que ella llamaba 'locura' o 'desvarío'" (33), reconoce al mismo tiempo la función muy diferente que tiene la difusión del folklore en la prosa de Mistral en un contexto pedagógico: "Por la pedagogía se salvará el espíritu de la raza, por la pedagogía se podrá modernizar sin perder los rasgos originales del país. Como maestra casta y soltera la mujer podía compartir este proyecto" (33). Mi análisis de esta categoría en la prosa de Mistral quiere agregar la función que cumple en relación con el proyecto intelectual por medio del cual Mistral se perfila como un sujeto privilegiado para traducir la cultura popular al discurso intelectual y pedagógico, y cómo —a través de su particular comprensión y apreciación de las culturas populares— su identidad como un nuevo tipo intelectual latinoamericano se consolida.

35. Julio Ramos establece cómo en el contexto de la revolución mexicana surgió la necesidad de popularizar y democratizar el concepto de la cultura. Ramos revisa la desarticulación del concepto de "alta cultura" que hace Henríquez Ureña (de modo parecido a Mistral) y su forma de reescribir el arielismo: "el ex discípulo desarma el recinto de la 'alta cultura,' defendiendo el acercamiento a la 'cultura popular' —otro exterior del campo estético en el *Ariel*. Y en respuesta al clasicismo y occidentalismo de Rodó, Pedro Henríquez Ureña propone un retorno a la *tierra*, porque 'lo autóctono, en México es una realidad' (p. 4)" (284; énfasis original).

36. Como señala Luz Horne en su análisis de la producción ensayística de Teresa de la Parra, partiendo de la base que una de las características de las construcciones identitarias latinoamericanas fue la de definirse como homogéneamente masculinas (según Montaldo en *Ficciones*), Horne afirma que los discursos que traigan la presencia femenina como discurso histórico representan una instancia perturbadora para la ficción de identidad propuesta (7).

37. Durante la dictadura desde la izquierda se denuncia la manipulación de la figura y el pensamiento de Gabriela Mistral. Por ejemplo, en 1989, en *El Fortín Mapocho* aparece la noticia que los pobladores de La Legua y

Cerro Navia recuerdan el Centenario del nacimiento de Mistral y cita a los organizadores del homenaje: "Quisimos rescatar el carácter democrático y el sentido latinoamericanista de la poetisa, defensora de los derechos humanos, elementos del que el régimen la despoja para presentarla como ajena a la historia que le tocó vivir e insensible a la realidad social de su país y del mundo" (17 oct. 1989: 20).

38. Ya vemos cambios, por ejemplo, en algunos cuentos para niños (ver Alejandra Toro, *Gabriela la poeta viajera* [2007]) y en la información que se presenta en el sitio de la Biblioteca Nacional de Chile (http://www. memoriachilena.cl/602/w3-article-3429.html) y en documentales de televisión como *Locas Mujeres* de María Elena Wood (2011). Lamentablemente los textos escolares en su mayoría siguen reproduciendo solo su poesía de tema infantil o romántico, como los poemas "Meciendo," "Miedo" o "En dónde tejemos la ronda" (ver Mineduc, http:// www.curriculumenlineamineduc.cl).

39. Ver Guerra, *Mujer y escritura: fundamentos teóricos de la crítica feminista.*

40. —Me llamaban "cuatro añitos"
y ya tenía doce años.
Así me mentaban, pues
no lo hacía lo de mis años:
no cosía, no zurcía,
tenía los ojos vagos,
cuentos pedía, romances,
y no lavaba los platos …
¡Ay! y, sobre todo, a causa
de un hablar así, rimado. (Mistral, *En verso y prosa* 465)

41. Agradezco a Mariela Méndez sus comentarios acerca de esta idea del campamento base que me hicieron pensar en los efectos desestabilizadores de esta estrategia en los espacios seguros.

42. Ver Sarlo, *La máquina cultural: maestras, traductores y vanguardistas.*

43. Un ejemplo de cómo la identidad de maestra, uno de los estereotipos femeninos, deviene en intelectual transnacional en un momento en que difícilmente se puede acomodar la idea de la mujer "hombre de letras" se encuentra en este texto del uruguayo Raúl Montero Bustamante: "Gabriela Mistral además de ser uno de los más altos espíritus poéticos de la América española, es también una profesora de energía y una maestra de almas. Ella ha creado una nueva pedagogía universal que tiene su origen en el amor maternal que le inspiraron y le siguen inspirando los niños. La escuela primaria le dio los elementos para conocer al hombre, la sociedad y a las naciones; sus estudios y sus viajes a través del planeta ahondaron su sentido filosófico y avivaron la sed del sociólogo y del moralista" (Mistral, *Ojo atravesado II* 136; subrayado original).

44. La integración de elementos femeninos y masculinos en la personalidad de un sujeto o una nación figura en la prosa mistraliana como una característica ideal y positiva. Al hablar de Martí dice: "¿de dónde sale este hombre tan viril y tan tierno, por ejemplo cuando en nuestra raza el viril se endurece y también se brutaliza," y también: "El hombre que según varios comentaristas contiene a la mujer y el niño …" (Mistral, *Gabriela y México* 287). En el caso de las naciones esgrime un argumento similar al hablar de Chile en "Menos cóndor y más huemul" donde quiere promover el equilibrio de fuerzas viriles —cóndor— y femeninas —el huemul.

45. La relación entre locura, libertad y mujer ha sido ampliamente estudiada en su poesía. Grínor Rojo en su estudio de Mistral, a partir de ideas de Foucault, Sontag, entre otros, busca contextualizar el tema de la locura en la poesía mistraliana al señalar que "Las mujeres eran 'locas' no por ser locas sino por ser 'otras'" (*Dirán que está en la gloria* 347). Mujer como sinónimo de locura es una estrategia para segregar, oscurecer e invalidar, al menos en el campo intelectual, el trabajo de la mujer cuando este no busca imitar el molde masculino, en cuyo caso podría ser condenado por travesti.

Capítulo dos

1. Un ejemplo del alcance transnacional de sus ideas es su famoso ensayo "La cacería de Sandino" que en 1931 aparece en el periódico español *ABC* de Madrid en octubre, en *El Mercurio* de Santiago de Chile en junio y en la revista *Repertorio Americano* en julio.

2. Ver Lavrin, *Mujeres, Feminismo y Cambio Social en Argentina, Chile y Uruguay, 1890–1940*.

3. Ver Squires, *Gender in Political Theory*; Tilly, "Introduction," *Women, Politics and Change*.

4. Vasconcelos expresa ideas similares en *La raza cósmica*: "Pero la América es la patria de la gentilidad, la verdadera tierra de promisión cristiana," "Las tendencias todas del futuro se entrelazan en la actualidad: mendelismo en biología, socialismo en el gobierno, simpatía creciente en las almas, progreso generalizado y aparición de la quinta raza que llenará el planeta, con los triunfos de la primera cultura verdaderamente universal, verdaderamente cósmica"(*The Cosmic Race* 79). Mistral dice de Vasconcelos: "Vasconcelos es la democracia inspirada y moderna, un poco mesiánica y un poco año 2000, y los mozos lo ven parecido a la lengua de fuego de la Pentecostés, sobre el bulto del país" (*Gabriela y México* 243).

5. 1933: "Soy socialista, un socialismo particular, es cierto, que consiste exclusivamente en ganar lo que se come y en sentirse prójimo de los explotados. Pero política no hice nunca" (Mistral, en García-Huidobro, *Moneda dura* 57). 1938: "No soy socialista porque el socialismo sostiene la doctrina marxista, y yo tengo ideas religiosas. Tampoco soy conservadora" (Mistral, en García-Huidobro, *Moneda dura* 58).

6. Ver Egaña Baraona, *La educación primaria popular en el siglo XIX en Chile: una práctica de política estatal*.

7. "During the late nineteenth and early twentieth century—a period often described in terms of oligarchic domination—central state power consolidated in Mexico, Argentina, and Peru. State elites saw the school as the key institution for modernizing and nationalizing society. School programs, curricula, and teacher training were brought under the direct control of the respective central government, and state authorities installed special textbook approval commisions [Bertoni 2001; Contreras 1996; Vaughan 1982]" (vom Hau 131).

8. Carlos Silva Cruz: profesor de literatura en el Instituto Nacional de Chile. Viaja a los Estados Unidos (1901) para elaborar un reporte acerca de la educación pública de ese país. A su regreso es nombrado sub-secretario del Ministerio de Instrucción Pública. En 1911 es nombrado Director de la Biblioteca Nacional de Chile. Publicó ensayos sobre educación y arte, entre otros temas.

9. Este libro es una respuesta al debate público entre dos posiciones contrarias que habían generado polémica entre intelectuales y políticos: *Nuestra inferioridad económica* de Francisco Antonio Encina y las conferencias dadas por Enrique Molina en la Universidad del Estado (1912).

10. En el contexto de la revisión crítica de la nación y su situación que se lleva a cabo durante el centenario en Chile, las críticas ante el precario estado de la educación fueron centrales. Las explicaciones difieren, siendo una de ellas la negligencia de la clase dirigente. Al respecto Alejandro Venegas dice en 1910: "El atraso vergonzoso de la instrucción de nuestro pueblo, tiene su causa en el espíritu conservador clerical y las tendencias profundamente oligárquicas que han predominado hasta el presente … Por otra parte, los magnates de todos los partidos políticos y los aspirantes a tales no pueden mirar sin ojeriza esa maldita instrucción que, redimiendo siervos, los va dejando poco a poco sin inquilinos" (cit. en Reyes del Villar 176).

11. "Tan potente denuncia sobre la mediocridad de la educación chilena llevó al Gobierno, al Congreso Nacional e incluso a *El Mercurio*, a preocuparse del tema de la obligatoriedad. Es así como se dicta la Ley N° 3654 de 1920, que hace obligatoria la educación primaria, la que sería de seis años para el sector urbano y de cuatro, para el rural. La obligatoriedad queda absolutamente remachada cuando la Constitución de 1925 señala que, además, de asegurar la libertad de enseñanza a todos los habitantes de la República, la educación pública es atención preferente del Estado y que la educación primaria es obligatoria" (Soto, "El Estado y el Instituto Pedagógico" 25).

12. Un ejemplo de esto son los reportes y frecuentes comparaciones en materias de educación pública, libros, mapas y otros asuntos educativos en los Boletines de la Unión Panamericana. Ver, por ejemplo, Boletín Vol. LVI de enero–junio 1922.

13. Ya más entrado el siglo XX hubieron mujeres en puestos importantes en el Ministerio de Educación y también como formadoras de maestras como fue el caso de Amanda Labarca. Estas mujeres fueron más bien una excepción y no surgieron de los rangos de las maestras de provincia sino que tuvieron acceso a una educación privilegiada y a una posición social que las ayudó en la difícil tarea de alcanzar un lugar de influencia en el campo de la educación pública.

14. En 1904 publica un total de seis textos en *El Coquimbo*: "El perdón de una víctima," "La muerte del poeta," "Las lágrimas de la huérfana," "En la siesta de Graciela," "En el campo santo," "Amor imposible." Al año siguiente publicará treinta y un textos (sin contar repeticiones) en *El Coquimbo*, *El Tamaya* y *La voz del Elqui*, todos periódicos de la región de Coquimbo. En 1921 comienza a escribir para el diario *El Mercurio* de Santiago en el que publicará más de trescientos textos.

15. La creciente autoridad de Mistral como pedagoga y su potencial para influir en una comunidad más allá de los límites de la escuela quedan establecidos en 1919 cuando Mistral es nombrada directora del Liceo de Punta Arenas con el objetivo, de acuerdo a ella, de chilenizar Magallanes, en ese entonces habitado por grandes comunidades de inmigrantes.

16. Manuel Guzmán Maturana publicó una serie de cinco textos escolares de lectura (1916–17) en los que se incluyen más de 50 textos de Mistral. Estos textos incluyen poemas y prosas poéticas donde la maestra extiende su labor pedagógica y de formación valórica a su poesía.

17. Luis de Arrigoitía afirma que ambos textos habían tenido amplia difusión en México antes de la llegada de Mistral (12), pero no cita las publicaciones específicas. Un testimonio personal del impacto de la "Oración de la maestra" está en un breve texto de Rosario Ibarra, dirigenta del partido de los Trabajadores en México y senadora, quien recuerda: "Después, mi madre, maestra de preceptos universales que no olvido. Ella, con su modestia a cuestas, repetía con Gabriela Mistral, sintiéndose transmisora de sus enseñanzas: 'Señor Tú que enseñaste perdona que yo enseñe ...,' y solía leer para mí la *Oración de la maestra* de la genial chilena" (*El Universal* 15 mayo 2007).

18. La obra lleva por título "La maestra rural." Para un análisis de esta obra y su relación con Mistral, ver David Craven y Raquel Tibol.

19. La escuela libre se plantea como una escuela independiente de la influencia directa del estado, "la cual operaría sobre la base de que ellos, los profesores y las comunidades locales, no sólo debían realizar la reforma del sistema sino también administrarlo a través de Juntas Locales de Educación, dejando al Estado solo funciones de financiamiento y supervigilancia" (Salazar Vergara 62).

20. Las conclusiones del Segundo Congreso Americano del Niño aparecen publicadas en *Repertorio Americano* acompañadas de una carta del Consejo de Profesores de la Escuela Normal de Costa Rica a Joaquín García Monge, secretario de Estado en el Despacho de Instrucción Pública, solicitándole la publicación del texto: "como una manera de desarrollar en Costa Rica las formas de acercamiento a los más altos grados de cultura de los países americanos; pide al señor Secretario la publicación y amplia difusión del folleto que contiene las conclusiones del Segundo Congreso Americano del Niño ..." (106).

21. "Es ridículo, y ojalá no fuera sino eso; pero es también desmoralizador, es una injuria hecha a más de mil maestros que han de llevar, con el decoro que la profesión exige, una miseria silenciosa en las aldeas ... Pesa sobre la Instrucción Primaria en Chile un claro, un evidente desprecio de la clase alta y hasta de la clase media" (Mistral, *Recopilación* 438).

22. "Yo desdeño esas sesiones académicas de maestros en que se leen actas, se vota sin interés, se lee con tiesura y se pelean los cargos de directorio … Vea Ud. lo que son la mayoría de las sociedades pedagógicas: ¡qué heladas, qué impotentes y qué inútiles!" (Mistral, *Magisterio* 182). El rechazo que ella sintió por un sector del magisterio ante su ausencia de título profesional (ver "La intrusa" en Mistral, *Recopilación* 370) es un antecedente importante al considerar su relación con las organizaciones profesionales, así como también su impresión negativa de los maestros que se allegan a estas instituciones: "Intrusos los que descansan, desde que salen de su Instituto paternal y amparador, de toda investigación y se sientan en la cima de una cultura mediocre a reposar satisfechos" (Mistral, *Recopilación* 370).

23. "De ahí que debamos procurar, desde la prensa, el enaltecimiento de este valor social tan deprimido que es el maestro primario, hasta corregir un error fatal para una colectividad" (Mistral, *Recopilación* 437).

24. "Por educación debemos entender todo lo que concurre a suscitar hombres cada día más útiles, superiores y perfectos. De suerte que abarca desde la alimentación y la higiene que son base y resorte de la conservación de la vida y del franco desarrollo de la personalidad, hasta las inducciones filosóficas más difíciles" (Ugarte, cit. en Barrios, *El latinoamericanismo en el pensamiento de Manuel Ugarte* 113).

25. "This is one reason I take the long historical view which makes it possible to understand the different discursive positionings of Woman within a Mexican society whose history has been marked by discontinuity and violence. The idea is not to focus solely on the state discourse on women nor to claim an alternative tradition of feminine writing but rather to trace those moments when dissident subjects appear in the social text and when struggle for interpretative power erupts" (Franco, *Plotting Women* xii).

26. "Definitions of the political is now frecuently argued, are neither empirically true nor simply reflections of the underlying social relations but rather active means to shape the real world" (Squires 8).

27. Ver, por ejemplo, Mistral y Quezada, *Siete presidentes de Chile en la vida de Gabriela Mistral* (2009); *Pensando a Chile. Una tentativa contra lo imposible* (2004); Mistral y del Pozo, *Por la humanidad futura. Antología política de Gabriela Mistral* (2015).

28. "Este discurso pedagógico dominado por una ideología positivista (casi siempre más pragmática que su instancia en Hostos), le negaría al emergente sujeto literario una posición en el aparato escolar, obstaculizando el desarrollo de la literatura como disciplina académica hasta la primera década del 1900" (Ramos, *Desencuentros* 84).

29. "[E]sa fractura entre las letras y la ley, posibilita la emergencia de la facultad en 1896, a la vez que registraba una reorganización de la vida pública y de lo político como esfera separada de la literatura. A partir de ese desprendimiento, la literatura emerge como disciplina académica" (Ramos, *Desencuentros* 89).

30. Cuando Carlos Ibáñez del Campo le quitó a Mistral su pensión por razones políticas, tuvo entonces que dedicarse casi por completo al periodismo; años durante los cuales casi no escribió poesía según ella (ver Figueroa, *La divina Gabriela* 207). La necesidad económica es señalada tanto por ella, como luego por otros, como la principal razón de Mistral para escribir en los periódicos. Aunque en sus cartas existe evidencia de lo importante que llegó a ser este ingreso para ella, no es razón suficiente para poner su prosa en un nivel inferior a su poesía, ni para tachar su labor de "mercenaria." La relación del escritor moderno con la prensa es más compleja, en un nivel puede significar dependencia económica y límites editoriales (estéticos, formales e ideológicos) pero también, como en el caso de Mistral durante el gobierno de Ibáñez del Campo, puede significar una independencia política.

31. "En nuestro tiempo, a esta hora en que escribo, y con el derecho internacional que jiba al mundo, se está 'discutiendo en La Habana el derecho a discutir la cuestión de Nicaragua,' y se oye con una paciencia que yo llamaría de otra manera, el discurso, con inflexiones a lo Marco Aurelio o a lo cuáquero, de Mr. Coolidge. Su discurso de apertura a la Conferencia Panamericana será el ejemplar mejor de la literatura política del sepulcro blanqueado que suelen enseñarnos las razas anglosajonas" (Mistral y Quezada, *Poesía y prosa* 424).

32. Ejemplos de discursos oficiales son "El juramento de la bandera," que se institucionaliza en 1898, y el himno nacional (1847), ambos de tema militar enfocados en la fidelidad del hombre a la patria y la defensa de ésta ante el extranjero. Para más ejemplos y análisis del Estado de la identidad nacional en el Centenario, ver Soledad Reyes del Villar, *Chile en 1910. Una mirada cultural en su centenario.*

33. En 1936, en ocasión de su incorporación a la Academia Chilena de la Lengua, Mistral comenta la revisión histórica que el presidente Arturo Alessandri hace en su discurso y agradece la consideración que le da tanto a políticos como intelectuales en la construcción nacional: "el señor Alessandri puede gustar y regustar la labor de los otros artesanos de la chilenidad, disfrutándoles los aciertos y comprendiéndoles los yerros; les atribuye derechos a la devoción nuestra y no les deja mérito o bondad sin elogio" (*Pensando* 271).

34. En Punta Arenas escribe "Inmigración," una defensa de la inmigración extranjera, que Mistral considera positiva para el país y la democracia. Otro ejemplo es "Conversación con los presos" donde expone sus ideas acerca de las pésimas condiciones de las cárceles y la necesidad de reformar el sistema (Mistral, *Recopilación* 370, 372).

35. Crear enemigos dentro de los sectores políticos complican sus nombramientos o al menos le generan cuestionamientos públicos. Estas situaciones marcan los últimos años de su residencia en Chile donde ciertos políticos como también personas con poder en su gremio intentan bloquear, por ejemplo, su nombramiento como Directora del Liceo de Niñas N° 6 de Santiago en 1921. A propósito del conflicto por este nombramiento le escribe a Manuel Magallanes Moure y le menciona a quienes se le oponen entre los que están el senador Ricardo Valdés: "Tú sabías que Valdés, Senador por Cautín, me acusó de intervención en política. Es el Juan Duval que me insultó tres meses en *Sucesos*, hace años" (Mistral Y Magallanes Moure, *Manuel* 147).

36. Mistral contrapone las mentiras e intereses creados —"comprendo a la mala gente que hay en todas partes, desprestigiando a los gobiernos, en el propio país, con su prensa pagada y en el extranjero"— con su propia honestidad y probidad ética: "Quiera usted oir a su compatriota que nunca ha mentido, y que haga cuanto sea posible, porque no se verifique una indignidad" (*Pensando* 368).

37. "Ahora tenemos su Canciller aristócrata. Mas hubiera esperado yo de Barros Jarpa ... Yo no entiendo de esos senderos tortuosos que las diplomacias, esa cosa repulsiva de nuestras democracias, que deberían ser abiertas y de acción transparentes hacia los pueblos, pero lo que sé es que hay actos que no se puede lavar un pueblo con ninguna excusa diplomática, y el acto a que aludo es de estos" (Mistral, *Pensando* 367).

38. Ludmer se refiere al fin de siglo como "un cruce plural de fronteras temporales y espaciales. Esta posición de desplazamiento, que implica un proceso y también un 'entre' específico, genera relatos e historias" (*Culturas* 7). Esta imagen de trance colectivo forjador de relatos es un lugar a partir del cual se pueden leer los textos de Mistral.

39. En "DissemiNation" Bhabha argumenta que las naciones no deben ser comprendidas en términos histórico-lineales, pues a Bhabha le interesa la nación como forma de narración, la ambivalencia de la metonimia en términos de la multiplicidad y simultaneidad de posibilidades que nunca son estables. Las categorías de identidad sexual, de clase y otras se desplazan constantemente en la definición de la nación.

40. "In the production of the nation as narration there is a split between the continuist, accumulative temporality of the pedagogical, and the repetitious, recursive strategy of the performative. It is through this process of splitting that the conceptual ambivalence of modern society becomes the site of *writing the nation*" ("DissemiNation: Time, Narrative, and the Margins of the Modern Nation" 297; énfasis original).

41. Existe un texto anterior titulado "La Patria" que apareció en *La Voz del Elqui* en 1906 con el seudónimo de Alguien. Esta breve crónica, que no reflexiona directamente acerca del patriotismo en el sentido que lo hacen los otros dos textos, resulta interesante de mencionar ya que, desde una óptica más subjetiva, expresa la rabia de la joven escritora frente a las injusticias que sufre el "genio" en su propia patria: "Y vivirá el genio así en su patria; bajo la erupción colérica de la envidia incontenible en el pecho de los unos, y el silencio, aún más hostil de los otros" (*Recopilación* 110). Aunque la patria sea en este texto una fuerza enemiga, se reconoce la imposibilidad de deshacerse de ella y termina reconociéndosele como fundamental: "Y la madre y la patria son los orfebres del espíritu humano" (*Recopilación* 110).

42. "La matrícula es hoi de 310 alumnas. Llegaría a 500. El interés del gobierno es ése. La nacionalización del territorio debe empezar con la conquista de los extranjeros que llenan los colegios particulares" (Carta de

Mistral a Pedro Aguirre Cerda). Hay numerosos testimonios de escritores y viajeros de comienzos de siglo que hablan de la Patagonia y de Punta Arenas como un territorio fuera de los límites nacionales, con una sociedad dominada por ciertos *ghettos* (los ingleses, los croatas, los alemanes) al mismo tiempo que denuncian la escasez de recursos del Estado para el desarrollo de la zona. Joaquín Edwards Bello, en un borrador para una novela nunca publicada, dice: "los habitantes de Punta Arenas son políticamente chilenos, técnicamente antárticos, étnicamente revueltos y monetariamente argentinos" (cit. en Scarpa, *Desterrada* 1: 63). Edwards Bello también se refiere al esfuerzo del gobierno central por arraigar a la población por medio de la prensa y la educación.

43. Se validan todas las voces que tengan algo que aportar. En 1919, en un texto que escribió para la fiesta del 18 de septiembre, dice: "Es una hora para los hombres justos y para los pensadores. Nunca ha sido tan necesario como hoy, meditar y actuar sucesivamente, y con todas las fuerzas del alma" (*Recopilación* 348).

44. Licia Fiol-Matta es quien a mi juicio ha desarrollado más frontalmente el "racismo de Mistral (lo pongo entre comillas por ser una perspectiva moderna de esa idea). "As shocking as it may seem today, the young Mistral was attracted to white supremacist beliefs … Interestingly, she abandoned this virulent discourse and began speaking on behalf of the indigenous peoples only after her first visit to Mexico, in 1922, when Vasconcelos invited her as part of his educational reforms" (*Queer Mother* 8). Como apunta Fiol-Matta la referencia a las ideas supremacistas de Mistral aparece mencionada en una nota al pie de un artículo de la académica Ana Pizarro, quien no se detiene en la discusión del asunto, pero sostiene que esa actitud cambió pronto. Un cambio que, según Pizarro, se consolidó durante su estadía en Brasil, idea que según Fiol-Matta no sería así.

45. "The supplementary strategy suggests that adding 'to' need not 'add up' but may disturb the calculation" (Bhabha, "DissemiNation" 305).

46. "The power of supplementarity is not the negation of the preconstituted social contradictions of the past or present; its force lies … in the renegotiation of those times, terms and traditions through which we turn our uncertain passing contemporaneity into the signs of history" (Bhabha, "DissemiNation" 306).

47. Mistral quien se declaraba pacifista puso particular énfasis en alejar la asociación de la patria, sus héroes e historia con lo militar. Es útil recordar una cita del Capítulo 1: "He contribuido mucho a que en América no se siga creyendo que somos un país exclusiva y lamentablemente militar y minero …" (*Recopilación* 471).

48. "Creo de más en más en los delitos colectivos y aunque sé que en la América criolla la clase dirigente tiene tremendas responsabilidades, he llegado a la conclusión de que la clase media no es nada inocente pues no la veo mucho más generosa en el festín nacional …" (Mistral, *Pensando* 66).

49. Esta exclusión y marginalización es incluso mayor en Chile que en otras naciones latinoamericanas. Un ejemplo es lo mucho que demora la

Ley de Instrucción Primaria Obligatoria que se aprueba en 1920, 36 años después que la ley argentina.

50. La historia nacional mistraliana retoma el mito clásico de la dura dominación española sobre el pueblo mapuche, pero se diferencia de historias oficiales en su insistencia por actualizar la presencia indígena si no a nivel político al menos a nivel simbólico: "La Araucana, que para muchos sigue siendo una gesta de centauros de dos órdenes, romanos e indios, para los chilenos ha pasado a ser un doble testimonio, paterno y materno, de la fuerza de dos sangres, aplacadas y unificadas al fin en nosotros mismos" (Mistral, *Pensando* 39).

51. "Persiste todavía en América una indigenidad del paisaje, de la luz, del aire; existe aún en la Argentina de la sangre rectificada … En no sé que calofrío que da la tierra austral, en no sé que juego de ecos de las cuchillas cordilleranas, en no sé que estupor del silencio, el indio nuestro, el araucano como el diaguita, para a la vez invisible e indudable, y tiene muy gruesos oídos quien no lo oye" (Mistral, *Pensando* 49).

52. "Pequeño territorio, no pequeña nación; suelo reducido, inferior a las ambiciones y la índole heroica de sus gentes … La raza existe, es decir, hay diferenciación viril, una originalidad que es forma de nobleza. El indio llegará a ser, en poco más exótico por lo escaso; el mestizaje cubre el territorio y no tiene la debilidad que algunos anotan en las razas que no son puras" (Mistral, *Pensando* 16).

53. La compleja relación de Mistral con Chile ha sido objeto de numerosos comentarios y análisis por parte de los estudiosos de Mistral. Si bien en un extremo están quienes argumentan que esto es más bien un delirio de la poeta y que en Chile siempre se la apoyó y quiso, hay suficiente evidencia para sostener que efectivamente hubo personas y gobiernos que apoyaron a Mistral —ver actas de los debates de proyectos de ley en torno a pensiones y homenajes a Mistral en *Gabriela: … a 60 años de su premio Nobel* (2005)—, pero también, desde el comienzo de su carrera pedagógica, existieron quienes se opusieron a sus nombramientos y más tarde la atacaron por varias razones como el vivir en el extranjero. De esto se queja en una grabación inédita (parte del nuevo legado) donde dice: "Alone me detesta este libro y dice que yo he caído tanto a causa de haber dejado mi país, no quise ni seguir leyendo …" (audio Doris 21, Reel 7.21). Más recientemente el hecho de su orientación sexual ha llevado a críticos (Fiol-Matta, Horan, Olea) a plantear su homosexualidad como unos de los motivos por los que Mistral fue atacada y la principal razón de que ella decidiera auto-exiliarse.

54. Fernando Unzueta sugiere que las lecturas de discursos nacionalistas e historias patrióticas afectan la vida de las personas. Si bien es una idea un tanto especulativa, me parece interesante y, como señala Unzueta, necesita mayor investigación. Su análisis de Sarmiento a la luz de esta idea me parece productivo para acercarse a algunos textos de Mistral: "A life that, according to the author, is modeled after his readings of other lives, including Benjamin Franklin's a 'sublime model.' Echoing a tradition well established in Latin American novels (starting with *El Periquillo*), Sarmiento argues that

these models help readers become good citizens. In addition, by also propos-
ing as a model his own efforts to 'make himself a place in American letters
and politics,' and his own life story as inseparable from his country's, he
nationalizes the reading of exemplary lives. Thus, he articulates a 'patriotic'
way of reading, where the audience is inspired to act on behalf of the nation
upon reading a life's history" (157).

55. "Muy olvidado se le tiene entre los padres de la patria que cargan
atributos de espada, y quienes menos hemos cuidado de honrarlo a su medida
somos precisamente los periodistas, sus ahijados, venidos de él en línea recta,
por lo que no hay modo de renegar su vínculo" (Mistral, *Pensando* 254).

56. José Manuel Balmaceda fue uno de los presidentes chilenos más
controvertidos. Su gobierno (1886–91) fue interrumpido en 1891 por una
crisis política que comienza con la negativa del Congreso a aprobar el presupuesto nacional ante lo cual Balmaceda aprueba el presupuesto de facto
y se declara como única autoridad. Estalla una guerra civil y ante el triunfo
de la Escuadra apoyada por las fuerzas congresistas Balmaceda se refugia en
la Legación Argentina donde escribe su testamento político y finalmente se
suicida el 19 de septiembre de 1891.

57. El rol de Mistral como crítica literaria, como pieza clave de las
industrias culturales y editoriales continentales, es enorme y excede los
propósitos de este libro. La escritora fue, en general, muy generosa con sus
críticas y ayudó efectivamente a muchos escritores latinoamericanos en sus
carreras profesionales. Evita ante todo la crítica negativa por una razón más
bien estratégica: "Muchos no saben levantar a uno sin castigar al otro; no
saben que pierden tiempo, pues después deben curar al lesionado" (*Ojo II*
148). Por otro lado, también tuvo relaciones problemáticas con algunos
escritores que aunque no se perciben en su prosa periodística sí quedan claras
al estudiar su epistolario (Pablo Neruda).

58. En 1924 alaba el talento del escultor chileno Tótila Albert y dedica
una parte importante del texto a criticar el ambiente artístico e intelectual
nacional: "Yo prefiero que se vuelva a Alemania. Desde lejos servirá a la
patria, sin sentir sobre su oído el comentario envenenado de los hermanos
de nacionalidad; en sosiego viviendo en medios donde la obra de arte se
defiende sola y cuando menos impone respeto, trabajará en paz, sin más
limitación que la de su propia alma. En Chile, para vivir tendría que hacer
clases y gastar su entusiasmo en explicar una pedagogía de arte en la que no
cree" (Mistral, *Pensando* 149).

59. "Las naciones fuertes dejan al crítico propio como al extraño penetrar
su gran cuerpo y consienten ser palpadas y también punzadas, porque al
igual que las presas fuertes no tienen miedo de la pequeña hemorragia por
estar bien regadas de sangre y saber que cirujano que no mata cura" (Mistral,
Pensando 69).

60. Horacio Legrás, en su análisis de El Ateneo en México post-
revolucionario, plantea que los intelectuales pueden ser a la vez "los
constructores de un nuevo espacio social y sus críticos (no necesariamente los

mismos intelectuales, aunque el Ateneo hizo de esta coincidencia improbable un sistema: Vasconcelos, Alberto J. Pani, Guzmán)" (52). Mistral fue crítica y esto, por momentos, le valió conflictos serios con gobiernos (España, Italia, Chile). Consciente de los límites que su dependencia del Estado significaba, Mistral reorganizaba estratégicamente lealtades y conflictos de modo de poder asumir riesgos contando con respaldos por otro lado. Un ejemplo: cuando Carlos Ibáñez del Campo pidió cartas públicas de apoyo a su gobierno a figuras públicas, entre ellas a Mistral. La escritora, por negarse y criticar al gobierno, se quedó sin sueldo por un tiempo durante el cual vivió de sus colaboraciones en los periódicos. En otros momentos se le dieron instrucciones en su calidad de diplomática que ella no obedeció, como cuando el gobierno de González Videla le prohibió dar asilo a Neruda en el consulado. Mistral más tarde recordaría: "me prohibieron desde allá, recibir en el consulado a Neruda ¡Qué poco me conocen! Me hubiera muerto cerrándole la puerta al amigo, al más grande poeta del habla hispana y, por último a un chileno perseguido. Yo fui perseguida. ¡Y cómo!" (Ladrón de Guevara 49).

Capítulo tres

1. Bourdieu, "Campo intelectual y proyecto creador"; "Le champ littéraire"; *The Field of Cultural Production*.

2. *Elegancias* (París) 1913, *Pegaso* (México), *Nosotros* y *Atlántida* (Buenos Aires), *Repertorio Americano* 1919, *Revista Interamericana* (Nueva York) 1919, *Bulletin of High Points* (Nueva York), entre otros.

3. Con circuitos me refiero a las redes de escritores, editores y medios que en su conjunto actúan como agentes claves de la difusión de los textos literarios y ensayísticos y particularmente de la circulación internacional. Un ejemplo claro está en una carta que Mistral escribe en 1922 donde se ve su rol de *broker* de la literatura latinoamericana: "Hemos hecho aquí [México] cariñosas y solamente justas sobre el 'Repertorio' con Heliodoro Valle, con Torres Bodet y especialmente con don Federico de Onís, quien tiene una estimación muy grande por la revista. No sé si usted recibió mi artículo sobre 'Tropicalismo.' ... Quiero también molestarlo pidiéndole aquel número de *Repertorio* que traía versos de Emilia Bernal —poemas recientes— para comprender a esta fina poetisa en un artículo que enviaré a *El Mercurio* de mi país sobre escritoras cubanas" (Mistral y García Monge 81).

4. Carlos Soto Ayala en su libro *Literatura Coquimbana* de 1908 (primera antología en incluir a Mistral) ofrece su juicio acerca de la división cultural entre la capital y la provincia: "Las provincias, i particularmente las del Norte, son miradas con profunda indiferencia por el centralismo de la capital. Fuera de Santiago, el arte es una ridiculez, la industria un sueño, el trabajo una utopía ... *Literatura Coquimbana* viene a ser una reparación de justicia, un homenaje póstumo a los hombres de ideas, a los luchadores incansables de esa provincia heroica ..." (vii).

5. En medio de la polémica por su nombramiento como directora del Liceo de Santiago en 1921 Mistral dice: "Y el haber hecho esto por mi país, [dar buena fama a Chile] creo que no me hace digna de ser excluida de la vida en una ciudad culta, después de dieciocho años de martirio en provincia" (*Recopilación* 471).

6. Por ejemplo, la relación muy cercana que tenía con Joaquín García Monge, como señalé en el Capítulo 1. En 1924 le expresa su intención de participar más en *Repertorio Americano*: "Mi amigo, cuando quede en paz, fija, empezaré a ayudarle en su periódico. Ud. me lo recordará. Deseo tener sitio a su lado —de un confín a otro— i decir muchas cosas" (Mistral y García Monge 86).

7. Desde antes de la partida de Mistral a México los medios de prensa chilenos informan acerca de su reconocimiento internacional. La revista *Zig-Zag* en 1922 dice: "En los últimos números de las revistas mejicanas llegadas a nuestra redacción, nos hemos impuesto gratamente del elevado concepto que en los círculos intelectuales de aquella República se tiene por la que tal vez es en Chile nuestro más alto prestigio poético" (Mistral, *Recopilación* 513).

8. El dato que se esgrime como ejemplo máximo del tardío reconocimiento nacional es que Mistral recibió el Premio Nacional de Literatura seis años después que el premio Nobel. Enrique Lihn se refiere a Mistral como una fundadora de la poesía hispanoamericana y al mismo tiempo una "desconocida ilustre" (cit. en Lastra 97).

9. "Oración de la maestra" fue el primer texto de Mistral publicado en *Repertorio Americano* en 1919.

10. "Señor, Tú que enseñas, perdona que yo enseñe, que lleve el nombre de maestra que Tú llevaste por la tierra. Dame el amor único de mi escuela, que ni la quemadura de la belleza sea capaz de robarle mi ternura de todos los instantes" (Mistral, *Recopilación* 464).

11. Gabriela Mistral, carta a Maximiliano Salas, 19 de diciembre de 1919.

12. Para más detalles acerca de la afinidad entre Mistral y Antonio Caso, ver Horan, "How Lucila Godoy Became Gabriela Mistral" 137–40.

13. Algunos de los datos que presento en esta sección me han sido facilitados por Elizabeth Horan. Ver "How Lucila Godoy Became Gabriela Mistral."

14. "Se retiró Vasconcelos, y con él Obregón, se van dos fuerzas grandes y puras. Lo que viene es oscuro y menos honesto. Ojalá se limpie el nuevo gobierno 'gobernando'" (Carta de Mistral a Armando Donoso y María Monvel). A pesar de lo que Mistral dice acerca de no aceptar la oferta de Obregón hay evidencia en sus cartas de que México pagó su viaje a Europa y también el de Palma Guillén. Ambas recibían su correspondencia en los consulados de México.

15. Algunos de los principales políticos chilenos con los que mantuvo frecuente correspondencia son: Pedro Aguirre Cerda, Eduardo Frei Montalva y Arturo Alessandri. Discutía de política chilena también con escritores políticamente comprometidos como Pedro Prado, Joaquín Edwards Bello, Pablo Neruda y Eduardo Barrios.

16. La necesidad económica es señalada por muchos críticos como la principal razón de Mistral para escribir en los periódicos. Sus cartas evidencian lo importante que llegó a ser este ingreso para ella. Sin embargo, esto no es razón válida para poner su prosa en un nivel inferior a su poesía, ni para tachar su labor de "mercenaria." La relación del escritor moderno con la prensa es más compleja que una relación de dependencia económica y también, como en el caso de Mistral desde 1922 en adelante, puede significar una independencia política. Ver Rotker (2005).

17. Un ejemplo claro de esta labor aparece en una carta que Pedro Aguirre Cerda en su calidad de Presidente de la República escribe en 1939 (circa): "En *El Mercurio* del 12 de febrero tuve ocasión de leer su interesante artículo sobre el terremoto, y creo que en Europa su pluma puede prestar grandes servicios al país, sobre todo cuando se trate de mover el interés de los inversionistas para colocar los emprestitos que necesitamos a fin de aliviar tanta desgracia y levantar ciudades nuevas y confortables, a la vez que revitalizar la economía general de la nación" (*Epistolario de Pedro Aguirre Cerda* 33). Efectivamente el epistolario de Aguirre Cerda confirma que Chile recibió numerosas donaciones tanto de gobiernos como de Legaciones chilenas en el extranjero para ayudar frente al terremoto de 1939.

18. Mistral empezó a escribir regularmente para *El Mercurio* en 1921.

19. Dentro del medio intelectual, integró desde su fundación El Círculo Femenino de Lectura, fundado en 1915 por Amanda Labarca. En el ámbito social, realizó diversas obras destinadas a los niños, las que financió con las ganancias de su ejercicio periodístico. Una de éstas fueron las colonias escolares de verano dirigidas a los niños y jóvenes de escasos recursos. Por otra parte, organizó la Inspección Femenina en fábrica y talleres con el fin de verificar el cumplimiento de la ley de permisos maternales y guarderías infantiles y resguardar la dignidad de las mujeres en sus trabajos. También, creó la Comisión de Vigilancia de las plazas infantiles en Santiago.

20. La demanda por una reforma agraria comenzó a tomar fuerza en Chile a comienzos del siglo XX y a pesar de que fue una de las promesas de campaña del Frente Popular (1936–41) no se concretó hasta 1962 cuando el Presidente Jorge Alessandri promulgó la primera ley de reforma agraria que permitió la distribución de tierras estatales entre campesinos. Se consolidó y expandió durante el gobierno de Eduardo Frei Montalva (1964–70) y luego fue revocada durante la dictadura militar de Augusto Pinochet.

21. Ver *Magisterio* 169.

22. Este apartado fue publicado con el título "Tejiendo un sueño americano: El poder de las redes de Gabriela Mistral con Estados Unidos en los años 1920 y 1930," *Redes, alianzas y afinidades. Mujeres y escritura en América Latina. Homenaje a Montserrat Ordóñez (1941–2001)*, compilado por Carolina Alzate y Darcie Doll.

23. Además de su primer viaje en 1924 (Nueva York y Washington), Mistral vive en Estados Unidos entre 1930 y 1931 (profesora visitante en Barnard y Middlebury College), luego entre 1946 y 1948, para trasladarse definitivamente allí en 1953, periodo que termina con su muerte en Nueva York en 1957.

24. Para un análisis detallado de la publicación de *Desolación* en Nueva York y el rol de Federico de Onís y Arturo Torres Rioseco, ver Horan, *Gabriela Mistral: An Artist and Her People.*

25. "El grito" aparece publicado en *Repertorio Americano* en abril de 1922 (4.4, pág. 45). La revista *Inter-America* lo publica con el título *The Slogan* en octubre de 1922 (6.1, pág. 21). Es significativo que *Repertorio* pone luego como una noticia la publicación del ensayo de Mistral en *Inter-America.*

26. Un ejemplo de acción política está en la correspondencia de Haya de la Torre, quien desde el exilio hace "'política epistolar' transcontinental a través de la cual diseña la táctica de expansión del APRA" (Bergel 311).

27. Ver Casáus Arzú, *Redes intelectuales y formación de naciones en España y América Latina 1890–1940*; Gambrell, *Women Intellectuals, Modernism and Difference: Transatlantic Culture*; Alzate, *Redes, alianzas y afinidades: Mujeres y escritura en América Latina*. Otro proyecto en esta línea es el dirigido por la académica Pura Fernández (CSIC-Madrid) y que ha resultado en la publicación de: *Redes transatlánticas: escritores, editores y lectores en el entresiglos hispánico (XIX–XX)* y *No hay nación para este sexo. La Re(d) pública transatlántica de las Letras: escritoras españolas y latinoamericanas (1824–1936).*

28. "By making a sheaf of intertwined historical possibilities or strands, by making 'networking' the basis of our cultural model, we are moving out of static representation and entering a plural and dynamic one" (Camboni 6).

29. Entre 1937 y 1939 Mistral hace una exitosa gira por Latinoamérica, publica su tercer libro *Tala*, viaja a Estados Unidos invitada por varias organizaciones y universidades, y es recibida con grandes honores en Chile.

30. Ver de Anna M. Graves, *Both Deeper Than and Above the Mêlée: Letters from Europeans*; *But the Twain Do Meet: Letters from the Near East*; *Benvenuto Cellini Had No Prejudice against Bronze: Letters from West Africans*. Y de Yuan-lung Liu, Shou-ming Wang y Anna M. Graves, *The Far East Is Not Very Far: Letters from Liu Yuan-lung and Wang Shou-ming.*

31. Las organizaciones internacionales de mujeres por la paz, así como otras organizaciones de cooperación panamericana, funcionaron como un espacio de poder, difusión pública de ideas y participación política. Ver Schott, *Reconstructing Women's Thoughts: The Women's International League for Peace and Freedom before World War II.*

32. "Such an excursion was made possible for Haya by Anna Melissa Graves, whose personal wealth helped support numerous peace and social justice efforts. In fact, Graves' generosity would enable Haya to study in England and to devote himself full time to building his APRA movement" (Weaver 22).

33. En ese sentido estoy de acuerdo con Camboni quien, en el contexto de su proyecto acerca de las mujeres del modernismo y las vanguardias, señala que su objetivo no ha sido revelar a estas mujeres como nuevos "peones" en el tablero de ajedrez modernista, ni como sujetos excepcionales esperando canonización, sino "as critical junctions of a complex network of human, political, cultural and artistic relations worth exploring" (9).

34. En todas las cartas citadas se conserva la ortografía original, incluyendo los errores.

35. Mistral reconoce la dimensión intelectual como constitutiva de su personalidad: "Capaz que todo esto se deba a que todo en mi vida tiene un fondo intelectual. Primero soy eso y después, pero muy después recién soy mujer sin mucha gracia humana y sin mucha comunicación" (cit. en Teitelboim 56).

36. Mi investigación se basa en dos postales de Alice Stone Blackwell del archivo de la Biblioteca Nacional de Chile, así como numerosas cartas, recortes de prensa y otros materiales de los papeles de la familia Blackwell y los papeles de NAWS (National American Woman Suffrage Association), ambas colecciones en la Biblioteca del Congreso de los Estados Unidos.

37. Reciben exactamente la misma carta firmada por Vasconcelos. La de Blackwell está fechada el 25 de febrero de 1921.

38. La forma en que Montenegro describe a Mistral confirma la fuerza con que ya en ese entonces circulaba el mito de la maestra espiritual, de la mujer dedicada enteramente a la pedagogía después del suicidio de su "novio" (Romelio Ureta), y cómo su biografía se consideraba al momento de valorar su poesía: "The meaning will be more clear to you if I say that the poetess was in her youth betrothed to a young man who went astray and died by his own hand. Since then she gave herself entirely to the school life, graduated as a teacher and has remained one of those spiritual mothers of the children of the more fortunate" ("Cartas a Alice Stone Blackwell" 2 de diciembre 1919).

39. En 1931 Mistral escribe: "Me hablaba hace quince años el chileno Ernesto Montenegro de una mujer norteamericana que andaba siempre golpeando a la puerta de diarios y revistas para hacerse aceptar un poema o un estudio de nuestros escritores" (*Colombia* 1: 253).

40. La primera conferencia panamericana que se celebró en Washington, DC en 1890 marca el comienzo de las políticas panamericanistas impulsadas por Estados Unidos. Mistral, al igual que otros intelectuales, sentía desconfianza y rechazo por esta iniciativa como por la actitud imperialista y paternalista que la determinaba. De todos modos Mistral, aunque con una perspectiva crítica, visita y es homenajeada en tres ocasiones en la Unión Panamericana (1924, 1939 y 1946) y publica numerosas veces en su Boletín. Para un análisis de esta relación, ver Cohen.

41. Ver Fox, Preface, *Making Art Panamerican: Cultural Policy and the Cold War.*

42. "No creo que la diferenciación de los pueblos signifique una fatalidad sobre la tierra. Pienso que ella, en la humanidad con la naturaleza, es una forma de enriquecimiento. De este modo, lo latino, hasta en sus aspectos de contraste más agudo es, frente a los anglosajón, uno como erguimiento de distintas virtudes, de otras modalidades de vida, pero no un destino de discordia" (Mistral, *Colombia* 1: 333).

43. "Él [Manuel Ugarte] pondrá siempre el de la propaganda hispano-americanista. (Él dice latinamericanismo. Yo, que no creo actualmente en el latinismo nuestro, por lo menos bastante hipotético, cambio maliciosamente sustantivo y adjetivo)" (*Gabriela y México* 238). Vasconcelos hablaba de "iberoamericanismo": "Iberoamericanismo quiere decir defensa de la universalidad y defensa del porvenir" (cit. en Fell 555). Mistral, por su parte, en 1923, le escribe a Pedro Aguirre Cerda y defiende su hispano-americanismo como anterior a la influencia de Vasconcelos: "Por otra parte, no sólo ahora, que trabajo con Vasconcelos, soy hispanoamericanista; lo soy desde hace años y no siento extraño ningún país de mi lengua" (*Antología mayor* 3: 101).

44. "Hay muy pocos comunes denominadores entre nuestros países: uno es la lengua, ya se sabe; otro es la religión —este común denominador, se ha quebrantado mucho, desgraciadamente—; el otro es el indio, y la unidad de América tiene que apoyarse en estos puentes aunque sean débiles" (Mistral, *Pensando* 117).

45. El punto de partida está en la doctrina Monroe de 1823. La primera conferencia Pan-Americana se lleva a cabo en Washington, DC en 1889, tras lo cual se establece la Unión Panamericana con sede en la capital estado-unidense. "El movimiento integracionista panamericano fue propiciado por Estados Unidos desde 1881, cuando James G. Blaine advino a la Secretaria de Estado bajo la presidencia de James Garfield. El término apeló al prefijo griego para sugerir la unión de los países americanos a imitación de otras corrientes unionistas puestas de moda en Europa, como el paneslavismo (1846) y las que le siguieron, panlatinismo, pangermanismo y otras. El término apareció por vez primera en 1882 en *The Evening Post de Nueva York*. Se popularizó en la prensa en las noticias provocadas por la Conferencia Internacional Americana celebrada en Washington (1889–1890)" ("Panamericanismo"). La Guerra Hispanoamericana, así como numerosas intervenciones de Estados Unidos en Centro América a comienzos del siglo XX, dejó claro, ante los ojos de Mistral y otros intelectuales, que Latino-américa debía unirse para resistir el imperialismo norteamericano.

46. "El cristianismo es la fe que domina absolutamente en América, y hay que trabajar con ese instrumento, los del Norte con la rama protestante, los del Sur con la católica" ("Carta a Alfredo Palacios" 116).

47. *Federal Council Bulletin* era la revista oficial del Federal Council of Churches of Christ in America, que en 1922 tenía casi 20 millones de miembros (*Federal Council Bulletin* dic. 1921–ene. 1922).

48. Norteamericana, bilingüe, periodista, trabajó de cerca con Nicholas Roerich a favor del Roerich Pact y the Banner of Peace. Fundó en 1930 Pan-American Women's Association en Nueva York.

49. La promoción de cierta idea de Latinoamérica por parte de Mistral en Europa es un tema que exige consideración aparte sobre todo por el tiempo que ella vivió en distintos países europeos y la importancia de su participación en la Liga de Las Naciones, así como la red que crea con intelectuales y escritores ahí. De modo similar al que enfrenta la campaña latinoamericanista en Estados Unidos el discurso mistraliano al promocionar latinoamérica, asigna un lugar central a los intelectuales y la cultura: "Decir a las gentes de Europa: 'la América no solamente destierra después de cada revolución, sino que trabaja, levanta escuelas, hace mejores maestros que enseñarán la paz, lee, asimila o crea también con sus entrañas métodos de enseñanza; la América tiene guías morales para un futuro próximo y aun cuando imita a Europa, también la juzga en sus errores'" (*Magisterio* 162).

50. La negociación entre el ideal latinoamericanista y el nacionalismo que el gobierno chileno promueve en ese momento no es siempre exitosa para Mistral. En su discurso ella imagina y promueve la idea de que Chile está geográficamente aislado, pero que sin embargo aspira unidad continental: "no aceptamos la suerte geográfica ni aun en lo interior … La chilenidad es un gran despejo espiritual, una casta que avizora a la raza común, que mira hacia el Atlantico y el Caribe" (*Pensando* 58). Pero desde su partida a México hubo quienes la criticaron como antipatriota y cuestionaron su decisión de no volver a radicarse a Chile. Estos argumentos fueron usados por parlamentarios conservadores para cuestionar las pensiones de gracia y los cargos consulares de Mistral en el extranjero (ver debate de la Ley 5.699 de la Cámara del Senado de Chile el 23 de septiembre de 1935 en: Biblioteca del Congreso Nacional de Chile. *Gabriela a 60 años de su premio Nobel*).

51. "Yo soy de los que creen que el sentimiento de patria es demasiado pequeño para los corazones libres" (Mistral, cit. en Fell 555).

52. Al final de "El grito," publicado en *Repertorio Americano*, se incluye una nota: "Insinua el editor de REPERTORIO a los señores maestros la posibilidad que los mayorcitos de las escuelas se aprendan esta justa y magnifica invocación a la confraternidad hispano-americana."

Capítulo cuatro

1. En 2007 muere en Estados Unidos Doris Dana, compañera y albacea de Mistral. Tras un complejo y publicitado proceso, su sobrina, Doris Atkinson, decide donar el enorme archivo de Dana (165 cajas de materiales) al Estado de Chile. El legado sumó a las fotografías ya existentes cinco nuevos álbumes con cientos de fotografías en su mayoría nunca antes vistas. Un libro que recopila una selección de estas fotografías ha sido publicado en Santiago de Chile bajo el título de *Gabriela Mistral: álbum personal* (2008). La DIBAM también publicó un libro de fotografías e imágenes de algunos de los objetos del legado, *Chile, o una voluntad de ser. Legado de Gabriela Mistral* (2008).

2. Una versión preliminar y abreviada de este capítulo fue publicada con el título "La letra y el cuerpo: la imagen visual de Gabriela Mistral, 1905–1922," *Revista Iberoamericana* 250 (ene–mar. 2015):161–82.

3. La definición de imagen pública para efectos de este análisis es amplia y parte de la definición de *imagen*: "Figura, representación, semejanza y apariencia de algo" e *imagen pública*: "Conjunto de rasgos que caracterizan ante la sociedad a una persona o entidad" (*Diccionario RAE* 1142). Si bien este "conjunto de rasgos" está determinado por un sinnúmero de factores que a su vez varían individual e históricamente, en este trabajo me concentro en los que Mistral tiene un grado de agencia (fotografías, prácticas de difusión personal, *performance* público) y también en los discursos y prácticas públicas de otros que al referirse a Mistral contribuyen a formar su imagen ante la sociedad.

4. Sobre la historia de la prensa moderna en Chile, ver Carlos Ossandón y Eduardo Santa Cruz.

5. Existen muchos testimonios que describen la presencia física de Gabriela Mistral y que además sugieren lo problemática y desestabilizadora que esta resultaba. Palma Guillén, maestra mexicana y amiga de Mistral, dice de su primer encuentro con ella en 1922: "A mí, que era una muchacha presumida, me pareció mal vestida, mal fajada, con sus faldas demasiado largas, sus zapatos bajos y sus cabellos recogidos en un nudo bajo" (vi). Pablo Neruda recuerda en sus memorias: "Pero cuando me llevaron a visitarla, la encontré buenamoza. En su rostro tostado en que la sangre india predominaba como en un bello cántaro araucano, sus dientes blanquísimos se mostraban en una sonrisa plena y generosa que iluminaba la habitación" (28).

6. A partir de los materiales de este archivo, como el recientemente publicado epistolario entre Mistral y Doris Dana, la identidad sexual de Mistral ha resurgido como tema de debate público. Si bien hay académicas y escritoras como Eliana Ortega, Diamela Eltit y Raquel Olea que han afirmado la productividad y necesidad de discutir abiertamente la identidad sexual de Mistral y la presencia de esta en su obra, hay muchos que aún asocian la afirmación de la heterosexualidad de Mistral con la defensa de su "honor," su lugar en la historia literaria y en el imaginario nacional. Resulta emblemática de los límites a los que llegan quienes se niegan a cuestionar la identidad heterosexual de Mistral la declaración del crítico literario Camilo Marks al diario *Las Últimas Noticias*: "Ella era profundamente heterosexual" (29 oct. 2007).

7. Ver Licia Fiol-Matta, "Image is Everything" en *A Queer Mother for the Nation: The State and Gabriela Mistral* (2002); Elizabeth Horan, "Santa Maestra Muerta: Body and Nation in Portraits of Gabriela Mistral" (1997); y María de la Luz Hurtado, "La performance de los Juegos Florales de 1914 y la inadecuada presencia de Gabriela Mistral en ellos" (2008).

8. La idea de *performance* con que trabajo está basada en la teoría de Butler acerca de la performatividad de identidad y género como actos repetitivos que constituyen determinada identidad y que a su vez encierran la posibilidad de subversión y desestabilización de la misma (Butler 1990; 1993). En un sentido más amplio entiendo *performance*, a partir de las ideas de Diamond (1996), siempre en relación con las historias culturales, las tradiciones y las respuestas políticas que componen el sentido de la historia.

9. Zygmut Bauman sostiene la separación entre lo que define a los auto-definidos intelectuales con los demás es la razón de ser del ejercicio de

definirse y no su efecto (8). Si bien Mistral declara en varias ocasiones que ella no es una intelectual y que no aspira a serlo (al menos el tipo de intelectual que ella busca criticar públicamente: masculino, de clase alta, lejano de la clase obrera), su imagen, como se verá, facilita el que ella ocupe un lugar y una función en la sociedad que corresponde al lugar del intelectual.

10. En 1924 Mistral declara: "yo ya no quiero hacer más poesía dolorosa … Ya es tiempo de aquietarse, de serenarse, se encienden lámparas, el agua tiene un color de paz y si yo persisto en ese actitud parecerá que es 'pose,' y yo detesto la 'pose'; por eso me enfada que se me quiera retratar con un libro en la mano o escribiendo" (García-Huidobro 88). Mistral quiere controlar su imagen pública y usa la tribuna que le da esta entrevista para declarar públicamente que ella no quiere "posar" como intelectual o como poeta dolorida.

11. La correspondencia entre Mistral y Videla Pineda que conocemos data de 1905 y 1906. Está publicada en *Cartas de amor de Gabriela Mistral* (Mistral y Fernández Larrain).

12. Mistral ganó la flor natural con su poema "Los sonetos de la muerte," y María Letelier del Campo fue coronada Reina lo que obligaba a Mistral a escribir un poema en alabanza de su belleza. Como es sabido Mistral no asistió a la premiación. Para un análisis detallado del *performance* en los Juegos Florales de 1914, ver el excelente artículo de María de la Luz Hurtado.

13. Después de su salida de Chile, Mistral escribe una carta a Rafael Heliodoro Valle, quien le había hecho una entrevista que según Mistral tenía imprecisiones necesarias de rectificar. Luego de corregir los errores considerados por ella graves Mistral señala: "La otra rectificación es de menor cuantía: su servidora hace versos, pero no lleva melena" (cit. en Valle, "Gabriela Mistral en mis recuerdos" 68). La melena, peinado característico de las *flappers*, era un símbolo de una mujer moderna que aunque desafiaba las normas de género era sexualizada a nivel visual con sus faldas cortas y maquillaje. Aunque Mistral lo plantea como un error leve, la mención refuerza la oposición tajante entre lo que podría considerarse vanidad, seguimiento de una moda, atractivo sexual versus el trabajo creativo de la poeta.

14. Mistral le agradece a Roberto Brenes Mesén su juicio crítico que lee justamente sus versos y que está mediado por un vínculo fraternal: "Recibí la traducción inglesa de su grande artículo. Es, le repito, lo mejor que se ha escrito sobre mí, la mirada más entrañable echada sobre mis versos y en buenas cuentas lo más valioso que podría darme un hombre profundo, que me leyó con generosidad y que, por lazo que no entendemos, era mi hermano en algo más que la cosa literaria y que siento vagamente" (cit. en Harris et al. 40).

Capítulo cinco

1. Ver la biografía de Virgilio Figueroa, *La divina Gabriela* y los ensayos de Benjamín Carrión, *Santa Gabriela Mistral*.

2. Al respecto le aconseja a Magallanes Moure acerca de su pequeña hija: "Forma la tuya en el desprecio de las ropas, lo más difícil de formar en una mujer, te lo aseguro. Hazla mirar las cosas en sus profundidades; hazla que aprenda a mirar y a descifrar el rostro de los seres … entre mis peores defectos está el mío de ser extraordinariamente susceptible a la belleza o fealdad de los semblantes" (Mistral y Magallanes Moure, *Manuel* 153).

3. Ver cartas 2 y 3 de 1914 (Mistral y Magallanes Moure, *Manuel* 46–50).

4. Los Diez (1916–17), fue un grupo de pintores, escultores, músicos, arquitectos y poetas chilenos. En palabras de Manuel Magallanes Moure, miembro del grupo: "Nuestra unión tiene una más firme atadura: nos unen el arte y la amistad. No tenemos obligaciones que llenar ni compromisos que cumplir; nos acerca el placer de estar juntos" (cit. en "Los Diez"). Elizabeth Horan da testimonio de estas cartas y del nivel de relación entre Mistral y algunos de sus miembros: "The letters that Gabriela received from theosophists suggest that men in the movement regarded her as a 'brother,' that is, an honorary man. One lodge member took fraternity to the point of addressing her in the masculine …" ("Alternative" 164).

5. "La exhibición, como forma cultural, es el género preferido del siglo diecinueve, la escoptofilia la pasión que la anima. Todo apela a la vista y todo se especulariza: se exhiben nacionalidades en las exposiciones universales, se exhiben nacionalismos en las grandes paradas … se exhiben enfermedades en los grandes hospitales, se exhibe el arte en los museos, se exhibe el sexo artístico en los 'cuadros vivos' (*tableaux vivants*), se exhiben mercaderías en los grandes almacenes … se exhiben tanto lo cotidiano como lo éxotico en fotografías, dioramas, prosas panorámicas. Hay *exhibición* y también hay *exhibicionismo*" (Molloy 130).

6. El libro completo puede descargarse a través del sitio de la Biblioteca Nacional de Chile: http://www.memoriachilena.cl/602/w3–article–95071. html

7. Pedro Pablo Zegers, editor de *Álbum personal* en una nota del libro afirma con respecto a estas "nuevas" imágenes que: "Estas no son las fotografías institucionales con las que se le ha conocido históricamente; aquí hay una Gabriela otra, una mujer risueña, humana, cariñosa e íntima, imagen que viene a revertir o, por qué no, a completar la estampa de lejanía y seriedad que siempre se le ha atribuido" (11).

8. Reportaje de Lorenzo d'Auria y Azucena García (ver Mistral, *El ojo atravezado II* 147).

9. De acuerdo al *Índice General del Repertorio Americano* preparado por Evelio Echeverría, Mistral publicó un total de 235 textos desde 1919 hasta 1951, la mayor parte eran ensayos, un porcentaje menor de poemas y algunas cartas personales. Esto solo considera los textos de Mistral sin contar una variedad de textos escritos sobre ella.

10. Hay una diferencia con la cantidad de imágenes que se encuentran en revistas de tipo más comercial y de entretención como por ejemplo *Chile Magazine* publicada por *Zig-Zag* que, por ejemplo, en su número de 1921 tiene una pintura de una mujer a todo color y en su interior tiene imágenes y fotos en casi todas sus páginas. Revistas magazinescas como *Zig-Zag* (donde Mistral publica prosa) tienen entre sus objetivos centrales la publicación de imágenes que sin duda les ayuda a competir en un mercado editorial de creciente oferta (ver Ossandón y Santa Cruz, "Letra, imagen, público," *Entre las alas y el plomo*).

11. "La vida del espíritu," entrevista a Inés Echeverría, *Familia* ago. 1915: 3–5.

12. "The premise that images are not only reflections of a world but constructions of meaning not only implies the critique of stereotypes that show limited aspects of women's lives and experiences, it also means that what we take to be common definitions of femininity are themselves already part of this fabrication. 'Feminine' here is not the conventional idea of what women are or should be, but invokes the potential of a 'different difference' that as yet lies unacknowledged in current regimes of visual representation" (Pollock, "The Visual" 175).

13. Esta pregunta excede los límites de este trabajo aunque por medio del análisis de la imagen de Mistral intento abordarla en alguna medida. Existen múltiples y sugerentes estudios acerca de la subrepresentación, trivialización, objetivización y estereotipación negativa de la mujer en los medios de prensa desde el comienzo de esta: Byerly y Ross (2006), Tickner (1988), Tuchman (1978).

14. "For decades, critics and readers alike have assumed that Mistral—that is the icon we take to be Mistral—embodied a Catholic construction of femininity as a celibate abstraction, or that she modeled herself after an asexual mother figure who does not evoke desire … These interpretations, however, cannot account for her charisma, her success as image and the passions she provoked nationally and transnationally" (Fiol-Matta, *Queer Mother* 156).

Obras citadas

Agosín, Marjorie. *Gabriela Mistral: The Audacious Traveler*. Athens: Ohio UP, 2003.

Aguirre Cerda, Pedro. *Epistolario de Pedro Aguirre Cerda: (1938–1941)*. Ed. Leonidas Aguirre Silva. Santiago, Chile: DIBAM/LOM/Centro de Investigaciones Diego Barros Arana, 2001.

———. *El problema agrario*. París: Imprimerie française de l'édition, 1929.

Alegría, Fernando. *Genio y figura de Gabriela Mistral*. Buenos Aires: Editorial Universitaria, 1966.

Alone [pseud. de H. Díaz Arrieta]. "Gabriela Mistral en México." *Recopilación de la obra mistraliana: 1902–1922*. Ed. Pedro Pablo Zegers. Santiago, Chile: RIL, 2002. 526–27.

Alonso, Carlos J. *The Spanish American Regional Novel: Modernity and Autochthony*. Cambridge: Cambridge UP, 1990.

Altamirano, Carlos, dir., y Jorge Myers, ed. *Historia de los intelectuales en América Latina*. Vol. 1. Buenos Aires: Katz, 2008.

Altamirano, Carlos, y Beatriz Sarlo. "La Argentina del Centenario: campo intelectual, vida literaria y temas ideológicos." *Hispamérica* 9.25–26 (1980): 33–59.

Alzate, Carolina, y Darcie Doll, eds. *Redes, alianzas y afinidades: Mujeres y escritura en América Latina*. Bogotá: Ediciones Uniandes; Santiago: Universidad de Chile, 2014.

Anderson, Benedict. *Imagined Communities: Reflections on the Origin and Spread of Nationalism*. London: Verso, 1983.

Arrigoitía, Luis de. *Pensamiento y forma en la prosa de Gabriela Mistral*. Río Piedras, PR: Editorial de la Universidad de Puerto Rico, 1989.

Bachelet, Michelle. "Discurso en el Instituto Cervantes de Nueva York." 26 sept. 2007. Instituto Cervantes, New York, NY.

Barraza, Isolina. Entrevista con Luis Vera. *Gabriela del Elqui. Mistral del mundo: el misterio de una cigarra*. Dir. Luis R. Vera. Chile, 2005. DVD.

Barrios, Miguel Ángel. *El latinoamericanismo en el pensamiento político de Manuel Ugarte*. Buenos Aires: Biblos, 2007.

Barthes, Roland. *Camera Lucida. Reflections on Photography*. New York: Hill and Wang, 1981.

Bauman, Zygmut. *Legislators and Interpreters: On Modernity, Post-Modernity, and Intellectuals*. Ithaca, NY: Cornell UP, 1987.

Benda, Julien. *La traición de los intelectuales*. Barcelona: Galaxia Gutenberg, 2008.

Bergel, Martín. "La desmesura revolucionaria. Prácticas intelectuales y cultura del heroísmo en los orígenes del aprismo peruano (1923–1931)." *Historia de los intelectuales en América Latina*. Vol. 2. Ed. Carlos Altamirano. Buenos Aires: Katz, 2010. 301–24.

Berger, John. *Ways of Seeing: A Book*. London; New York: British Broadcasting Corporation; Penguin, 1977.

Bergmann, Emilie L., et al. *Women, Culture, and Politics in Latin America: Seminar on Feminism and Culture in Latin America*. Berkeley: U of California P, 1990.

Betterton, Rosemary. "New Images for the Old: Iconography of the Body." *Looking On: Images on Femininity in the Visual Arts and Media*. Ed. Rosemary Betterton. London; New York: Pandora, 1987.

Bhabha, Homi K. "DissemiNation: Time, Narrative, and the Margins of the Modern Nation." Ed. Homi K. Bhabha. *Nation and Narration*. London: Routledge, 1990.

———. *The Location of Culture*. London: Routledge, 1997.

Blackwell, Alice S., ed. *Some Spanish-American Poets*. New York: Appleton, 1929.

Bórquez Solar, Antonio. Cartas a Gabriela Mistral. Gabriela Mistral Papers. Benson Latin American Collection, General Libraries, The University of Texas at Austin. Manuscrito.

Bourdieu, Pierre. "Campo intelectual y proyecto creador." *Problemas del estructuralismo*. México: Siglo XXI, 1967.

———. "El campo literario. Prerrequisitos críticos y principios de método." *Criterios* [La Habana] no. 25–28 (ene. 1989–dic. 1990): 1–26.

———. "Le champ littéraire: Préalables critiques et principes de méthode." *Lendemains* no. 36 (1984): 5–20.

———. *The Field of Cultural Production: Essays on Art and Literature*. New York: Columbia UP, 1993.

Braudy, Leo. *The Frenzy of Renown: Fame & Its History*. New York: Vintage Books, 1997.

Butler, Judith. *Bodies That Matter: On the Discursive Meanings of "Sex."* New York: Routledge, 1993.

———. "Critically Queer." *GLQ: A Journal of Lesbian and Gay Studies* 1.1 (1993): 17–32.

———. *Gender Trouble: Feminism and the Subversion of Identity*. New York: Routledge, 1990.

Cabello de Carbonera, Mercedes. "Influencia de la mujer en la civilización." *El Correo del Perú* dic. 1874; 26, Año 4.

Calamari, Humberto. "Gabriela Mistral en Panamá. Encuentro de dos maestras." Mayo 2016. bdigital.binal.ac.pa/DOC-MUJER/descarga.php?f=matdoc/pdf.

Camboni, Marina. ed. *Networking Women: Subject, Places, Links. Europe-America.* Biblioteca di Studi Americani 28. Roma: Edizioni di Storia e Letteratura, 2004.

Carrión, Benjamín. *Santa Gabriela Mistral.* Quito: Casa de la Cultura Ecuatoriana, 1956.

Casáus Arzú, Marta, y Manuel Pérez Ledesma, eds. *Redes intelectuales y formación de naciones en España y América Latina 1890–1940.* Madrid: Ed. de la Univ. Autónoma de Madrid, 2005.

Castillo, Alejandra, y Grínor Rojo. *Nación, estado y cultura en América Latina.* Santiago: Ediciones Facultad de Filosofía y Humanidades, Universidad de Chile, 2003.

Chávez-Silverman, Susana, y Librada Hernández. *Reading and Writing the Ambiente: Queer Sexualities in Latino, Latin American, and Spanish Culture.* Madison: U of Wisconsin P, 2000.

Cohen, Jonathan. "Toward a Common Destiny on the American Continent: The Panamericanism of Gabriela Mistral." *Gabriela Mistral: The Audacious Traveler.* Ed. Marjorie Agosín. Athens: Ohio UP, 2003. 1–18.

Concha, Jaime. *Gabriela Mistral.* Santiago, Chile: Alberto Hurtado, 2015.

Craven, David. *Art and Revolution in Latin America: 1910 and 1990.* New Haven: Yale UP, 2002.

Crenshaw, Kimberle. "Demarginalizing the Intersection of Race and Sex: A Black Feminist Critique of Antidiscrimination Doctrine, Feminist Theory and Antiracist Politics." *The University of Chicago Legal Forum* (1989): 139–67.

Délano, Luis Enrique. "Gabriela Mistral, la voz de la poesía desnuda." *Cuadernos* (Fundación Pablo Neruda) 22 (1995): 8–23.

Diamond, Elin. *Performance and Cultural Politics.* London: Routledge, 1996.

Díaz-Casanueva, Humberto. Carta a Juana de Ibarbourou (ca. 1929). Juana de Ibarbourou Papers, M0642, Dept. of Special Collections, Stanford University Libraries, Stanford, CA. Manuscrito.

Dictionary of the Social Sciences. Ed. Craig Calhoun. New York: Oxford UP, 2002.

Echeverría, Inés. "Gabriela Mistral." *Recopilación de la obra mistraliana: 1902–1922.* Ed. e intro. Pedro Pablo Zegers. Santiago, Chile: RIL, 2002. 523–25.

Edwards Bello, Joaquín. Carta a Gabriela Mistral. Ago. 1934. Biblioteca Nacional de Chile. 000938389. Manuscrito.

Egaña Baraona, Loreto. *La educación primaria popular en el siglo XIX en Chile: una práctica de política estatal.* Santiago, Chile: DIBAM/ LOM, 2000.

Eltit, Diamela. "Contante y sonante." *Mujeres chilenas. Fragmentos de una historia.* Comp. Sonia Montecino. Santiago de Chile: Catalonia, 2008. 389–93.

Escudero, Alfonso. *La prosa de Gabriela Mistral: fichas de contribución a su inventario.* Santiago, Chile: Universidad de Chile, 1957.

Falabella Luco, Soledad. *¿Qué será de Chile en el cielo?: Poema de Chile de Gabriela Mistral.* Santiago, Chile: LOM, 2003.

Fariña, Soledad, y Raquel Olea. *Una palabra cómplice: encuentro con Gabriela Mistral.* Santiago de Chile: Isis Internacional, Casa de la Mujer La Morada, 1990.

Fell, Claude. *José Vasconcelos: Los años del águila, 1920–1925: Educación, cultura e iberoamericanismo en el México postrevolucionario.* México, DF: UNAM, 1989.

Fernández, Pura, ed. *No hay nación para este sexo. La Re(d)pública transatlántica de las Letras: escritoras españolas y latinoamericanas (1824–1936).* Madrid: Iberoamericana/Vervuert, 2015.

———, ed. *Redes transatlánticas: escritores, editores y lectores en el entresiglos hispánico (XIX–XX).* Número especial de *Revista de Estudios Hispánicos* 46.2 (jun. 2012).

Fernández Retamar, Roberto. "La memoria debe ser un arma revolucionaria." *La ventana. Portal informativo de la Casa de las Américas.* http:// laventana.casa.cult.cu/noticias/2009/11/11/la-memoria-debe-ser-un-arma-revolucionaria/

Figueroa, Lorena, Keiko Silva y Patricia Vargas. *Tierra, indio, mujer: pensamiento social de Gabriela Mistral.* Santiago, Chile: LOM, Universidad Arcis, 2000.

Figueroa, Virgilio. *La divina Gabriela.* Santiago de Chile: Impr. El Esfuerzo, 1933.

Fiol-Matta, Licia. *A Queer Mother for the Nation: The State and Gabriela Mistral.* Minneapolis; London: U of Minnesota P, 2002.

———. "Image Is Everything: Photographs of Gabriela Mistral, 1896–1946." *Torre: Revista de la Universidad de Puerto Rico* 6.20–21 (2001): 233–70.

———. "'Race Woman': Reproducing the Nation in Gabriela Mistral." *GLQ: A Journal of Lesbian and Gay Studies* 6.4 (2000): 491–527.

Fox, Claire. *Making Art Panamerican: Cultural Policy and the Cold War.* Minneapolis; London: U of Minnesota P, 2013.

France, Anatole. "El congreso de la Federación Nacional de Maestros Elementales de Francia." *Repertorio Americano* 12 dic. 1919: 123–24.

Franco, Jean. "Loca y no loca. La cultura popular en la obra de Gabriela Mistral" *Re-Leer hoy a Gabriela Mistral: mujer, historia y sociedad en América Latina (Simposio de Ottawa).* Ed. Gastón Lillo y Juan Guillermo Renart. Ottawa; Santiago: Université d'Ottawa; Editorial Universidad de Santiago, 1997. 27–42.

———. *Plotting Women: Gender and Representation in Mexico.* New York: Columbia UP, 1989.

Franco, Jean, Mary Louise Pratt y Kathleen E. Newman. *Critical Passions: Selected Essays.* Durham, NC; London: Duke UP, 1999.

Freund, Gisèle. *Photography & Society.* Boston: D. R. Godine, 1980.

Funes, Patricia. *Salvar la nación. Intelectuales, cultura y política en los años veinte latinoamericanos.* Buenos Aires: Prometeo, 2006.

Gabriela … a 60 años de su premio nobel. Ed. Soledad Ferreiro. Valparaíso, Chile: Biblioteca del Congreso Nacional de Chile, 2005.

Gajardo, Enrique. "La Gabriela que yo conocí." *Artes y Letras. El Mercurio* [Santiago, Chile] 18 jun. 1989: 14.

Galdames, Luis. *Educación económica e intelectual.* Santiago, Chile: Imprenta Universitaria, 1912.

Gambrell, Alice. *Women Intellectuals, Modernism and Difference: Transatlantic Culture.* Cambridge: Cambridge UP, 1997.

García-Huidobro, Cecilia. Introducción. *Moneda dura: Gabriela Mistral por ella misma.* Santiago, Chile: Catalonia, 2005.

Garrido, Lorena. *"No hay como una contadora para hacer contar": Mujer poeta en Gabriela Mistral.* Santiago, Chile: Cuarto Propio, 2012.

Gerchunoff, Alberto. *Figuras de nuestro tiempo.* Buenos Aires: Vernácula, 1979.

Gilmartin, Patricia, y Stanley D. Brunn. "The Representation of Women in Political Cartoons of the 1995 World Conference on Women." *Women's Studies International Forum* 21.5 (1998): 535–49.

Gliemmo, Graciela. "Alfonsina Storni: el cerebro y la pasión." *Mujeres Argentinas: El lado femenino de nuestra historia.* Ed. María Esther de Miguel y Graciela Batticuore. Buenos Aires: Alfaguara, 1998.

González-Stephan, Beatriz. "Showcases of Consumption: Historical Panoramas and Universal Expositions." *Beyond Imagined Communities: Reading and Writing the Nation in Nineteenth-Century Latin America.* Ed. Sara Castro-Klarén y John Charles Chasteen. Washington, DC: Woodrow Wilson Center, 2003.

González Vera, José Santos. "Semblanza de Gabriela Mistral." *Recopilación de la obra mistraliana: 1902-1922.* Ed. Pedro Pablo Zegers. Santiago, Chile: RIL, 2002. 481–82.

Graves, Anna M. *Benvenuto Cellini Had No Prejudice against Bronze: Letters from West Africans.* Baltimore: Waverly, 1943.

———. *Both Deeper Than and Above the Mêlée: Letters from Europeans.* Baltimore: Waverly, 1945.

———. *But the Twain Do Meet: Letters from the Near East.* Baltimore: Waverly, 1941.

Grosz, Elisabeth A. *Volatile Bodies: Toward a Corporeal Feminism.* Bloomington: Indiana UP, 2006.

Guerra Cunningham, Lucía. *Mujer y escritura: fundamentos teóricos de la crítica feminista.* Santiago, Chile: Cuarto Propio, 2008.

Guillén, Palma. Prólogo. *Lecturas para mujeres.* Ed. Gabriela Mistral. México, DF: Porrúa, 1997.

Gullberg, Hjalmar. *Nobel Lectures, Literature 1901–1967.* Ed. Horst Frenz. Amsterdam: Elsevier, 1969.

Halberstam, Judith. *In a Queer Time and Place: Transgender Bodies, Subcultural Lives.* New York: New York UP, 2005.

Harris, Tomás, G. D. Schütte, Volodia Teitelboim y Pedro Pablo Zegers. *Cartas salidas del silencio.* Santiago de Chile: LOM, 2003.

Hedrick, Tace. *Mestizo Modernism: Race, Nation, and Identity in Latin American Culture, 1900–1940.* New Brunswick, NJ: Rutgers UP, 2003.

Henríquez Ureña, Pedro. *Literary Currents in Hispanic America.* Cambridge: Harvard UP, 1946.

Homenaje del Ateneo de Santiago al Sr. Barros Arana. Sesión del 17 de agosto de 1902. Santiago, Chile: Imprenta Universitaria, 1902.

Hopenhayn, Martín. *América Latina, desigual y descentrada.* Bogotá: Grupo Editorial Norma, 2005.

Horan, Elizabeth. "Alternative Identities of Gabriel(a) Mistral 1906–1920." *Reading and Writing in the Ambiente.* Ed. Susana Chávez-Silverman y Librada Hernández. Madison: U of Wisconsin P, 2000. 147–77.

———. "Escribiendo 'La Santa Maestría': Carmen y Gabriela Mistral." *Revista de Filología y Lingüística de la Universidad de Costa Rica* 23.2 (1997): 23–38.

————. *Gabriela Mistral: An Artist and Her People.* Washington, DC: Organization of American States, 1994.

————. "How Lucila Godoy Became Gabriela Mistral." Epílogo. *Motivos: The Life of St. Francis*, por Gabriela Mistral. Edición bilingüe y trad. Elizabeth Horan. Tempe, AZ: Bilingual, 2013. 117–82.

————. "Santa Maestra Muerta: Body and Nation in Portraits of Gabriela Mistral." *Taller de Letras* 26 (1997): 21–43.

————. "Una mixtura de calvario y arcadia: La cónsul Gabriela Mistral en Portugal (1935–1937)." *Anales de Literatura Chilena* no. 11 (2009): 13–43.

Horne, Luz. "La interrupción de un banquete de hombres solos: una lectura de Teresa de la Parra como contracanon del ensayo latino-americano." *Revista de Crítica Literaria Latinoamericana* 31.61 (2005): 7–23.

Hurtado, María de la Luz. "La performance de los Juegos Florales de 1914 y la inadecuada presencia de Gabriela Mistral en ellos." *Revista Chilena de Literatura* 72 (2008): 163–91.

Ibarra, Rosario. "En el Día del Maestro." *El Universal* [México], 15 mayo 2007. Web.

Inman, Samuel Guy. "Why the Pan-American Conference Concerns the Church." *Federal Council Bulletin* 6.2 (feb.–mar. 1923).

Labarca, Amanda. "La vida del espíritu" entrevista a Inés Echeverría. *Familia* (ago. 1915): 3–5.

Ladrón de Guevara, Matilde. *Gabriela Mistral, "Rebelde magnífica."* Santiago, Chile: Central de Talleres, 1957.

Landes, Joan B. "The Public and the Private Sphere: A Feminist Reconsideration." *Feminists Read Habermas.* Ed. J. Meehan. London: Routledge, 1995.

Landow, George. "The Literary Canon." *The Victorian Web.* Web. 3 mar. 2009.

Lastra, Pedro. *Conversaciones con Enrique Lihn.* Santiago, Chile: Atelier, 1990.

Lavrín, Asunción. *Mujeres, feminismo y cambio social en Argentina, Chile y Uruguay, 1890–1940.* Santiago de Chile: Dirección de Bibliotecas Archivos y Museos, Centro de Investigaciones Diego Barros Arana, 2005.

————. *The Ideology of Feminism in the Southern Cone, 1900–1940.* Washington, DC: Latin American Program, Woodrow Wilson Center, 1986.

————. *Women, Feminism, and Social Change in Argentina, Chile, and Uruguay, 1890–1940.* Lincoln: U of Nebraska P, 1995.

Legrás, Horacio. "El Ateneo y los orígenes del Estado ético en México." *Latin American Research Review* 38.2 (jun. 2003): 34–60.

Lillo, Gastón, y Juan Guillermo Renart, eds. *Re-leer hoy a Gabriela Mistral: mujer, historia y sociedad en América Latina (Simposio de Ottawa).* Ottawa; Santiago, Chile: U of Ottawa; Editorial Universidad de Santiago, 1997.

Liu, Yuan-lung, Shou-ming Wang, y Anna M. Graves. *The Far East Is Not Very Far: Letters from Liu Yuan-lung and Wang Shou-ming* [pseud.] Baltimore: Waverly, 1942.

"Los Diez (1916–1917)." Presentación. *Memoria Chilena.* DIBAM (Dirección de Bibliotecas, Archivos y Museos). Web. 15 mar. 2009. http://www.memoriachilena.cl.

Ludmer, Josefina. *Las culturas de fin de siglo en América Latina.* Rosario: Beatriz Viterbo,1994.

———. "Las tretas del débil." *La sartén por el mango: encuentro de escritoras latinoamericanas.* Ed. Patricia Elena González y Eliana Ortega. Río Piedras, PR: Huracán, 1984. 47–54.

Lugones, Leopoldo. *Didáctica.* Buenos Aires: Otero, 1910.

Luisi, Luisa. "Juana de Ibarbourou." *Repertorio Americano* 8.4 (14 abr. 1924): 57.

"El magisterio escolar. Hermosas palabras de Helbert Hubbard." Trad. C. Silva Cruz. *Repertorio Americano* 1.7 (13 nov. 1919): 101–02.

Marchant, Elizabeth A. *Critical Acts: Latin American Women and Cultural Criticism.* Gainesville: UP of Florida, 1999.

———. "The Professional Outsider: Gabriela Mistral on Motherhood and Nation." *Latin American Literary Review* 53.27 (1999): 49–63.

Marchant, Patricio. *Sobre árboles y madres.* Santiago: Eds. Gato Murr, 1984.

Marks, Camilo. "Ella era profundamente heterosexual." *Las Últimas Noticias* 29 oct. 2007: 3.

Masiello, Francine. *Between Civilization and Barbarism: Women, Nation, and Literary Culture in Modern Argentina.* Lincoln: U of Nebraska P, 1992.

Mazín, Gómez Oscar. *México en el mundo hispánico.* Zamora: El Colegio de Michoacán, 2000.

Meyer, Doris. *Reinterpreting the Spanish American Essay: Women Writers of the 19th and 20th Centuries.* Austin: U of Texas P, 1995.

Michael, John. *Anxious Intellects: Academic Professionals, Public Intellectuals, and Enlightenment Values.* Durham, NC: Duke UP, 2000. 218.

Michelet, Ana. "Justicia al mérito." *Recopilación de la obra mistraliana: 1902–1922*. Recopilación e introducción de Pedro Pablo Zegers. Santiago, Chile: RIL, 2002. 181–82.

Miller, J. Hillis. "Performativity as Performance/ Performativity as Speech Act: Derrida Special Theory of Performativity." *South Atlantic Quarterly* 106.2 (2007): 219–35.

Mistral, Gabriela. *Antología mayor*. Santiago de Chile: Cochrane, 1992.

———. *Antología mayor. Cartas*. Vol. 3. Ed. Luis Vargas Saavedra. Santiago de Chile: Cochrane, 1992.

———. "Aquella tarde con Gabriela Mistral." Entrevista con Rafael Heliodoro Valle. *Repertorio Americano* 6.1 (16 abr. 1923): 2–5.

———. *Bendita mi lengua sea: diario íntimo de Gabriela Mistral (1965–1956)*. Recopilación, prólogo y notas de Jaime Quezada. Santiago, Chile: Planeta/Ariel, 2002.

———. "Cabos de una conversación" Ed. Francisco González Alvarado, Maribel Soto Ramírez y Mario Oliva Medina. *Toda Gabriela Mistral en Repertorio Americano*. Vol. 2. Heredia, Costa Rica: Editorial Universidad Nacional, 2011.

———. *Caminando se siembra: Prosas inéditas*. Selección y prólogo de Luis Vargas Saavedra. Santiago, Chile: Lumen, 2013.

———. "Carta a Alfredo Palacios." 27 mar. 1925. En *Nuestra América y el imperialismo yanqui*, de Alfredo Palacios. Madrid: Historia nueva, 1930. 114–18.

———. Carta a Armando Donoso y María Monvel. 21 ago. 1924. Archivo del Escritor, Biblioteca Nacional de Chile, Santiago, Chile. Manuscrito.

———. Carta a Bórquez Solar. Gabriela Mistral Papers. Box 1, folder IV. Benson Latin American Collection, General Libraries, The University of Texas at Austin. Manuscrito.

———. Carta a Eduardo Barrios. 10 abr. 1924. Rare Books and Special Collections, Hesburgh Libraries, University of Notre Dame, South Bend, IN. Manuscrito.

———. Carta a Fernando Alegría. 4 dic. 1946. Fernando Alegría Papers, M0651, Stanford University Libraries. Stanford, CA. Manuscrito.

———. Carta a Maximiliano Salas. 19 dic. 1919. AE0001403, Biblioteca Nacional de Chile, Santiago, Chile. Manuscrito.

———. "Carta a Rubén Darío." *Anales de Literatura Latinoamericana* 24 (1995): 137–44.

Mistral, Gabriela. Cartas a Anna Melissa Graves. Papers of Anna Melissa Graves, 1919–1953. Swarthmore College Peace Collection, Swarthmore College, Swarthmore, PA. Manuscrito.

———. Carta de Gabriela Mistral a Pedro Aguirre Cerda. 1 de ene. 1923. 000562703. Biblioteca Nacional de Chile, Santiago, Chile. Manuscrito.

———. Carta de Gabriela Mistral a Pedro Aguirre Cerda. 30 de jun. 1919. 000564353. Biblioteca Nacional de Chile, Santiago, Chile. Manuscrito.

———. "Conferencia en La Moneda," Santiago, Chile, 8 sept. 1954. Archivo de audio. Legado Gabriela Mistral p. 13233. Colección Archivo del Escritor, Biblioteca Nacional de Chile, Santiago.

———. *Desolación, poemas de Gabriela Mistral.* New York: Instituto de las Españas, 1922.

———. Discurso en Panamá. 1931. "Gabriela Mistral en Panamá. Encuentro de dos maestras." Ed. Humberto Calamari. Mayo 2016. 8–27. ndigital.binalac.pa/DOC-MUJER/descarga.php?f=matdoc. pdf.

———. *En verso y prosa. Antología.* Madrid: Real Academia Española y Asociación de Academias de la Lengua Española, 2010.

———. *Epistolario. Cartas a Eugenio Labarca (1915–1916).* Introducción y notas de Raúl Silva Castro. Santiago, Chile: Ediciones de los Anales de la Universidad de Chile, 1957.

———. *Escritos políticos.* Selección y prólogo de Jaime Quezada. México: Fondo de Cultura Económica, 1995.

———. *50 prosas en El Mercurio, 1921–1956.* Selección, prólogo y notas de Floridor Pérez. Santiago, Chile: El Mercurio, Aguilar, 2005.

———. *Gabriela y México.* Selección y prólogo de Pedro Pablo Zegers. Santiago, Chile: RIL, 2007.

———. "El grito" *Repertorio Americano* 4.4 (17 abr. 1922): 45.

———. *Lecturas para mujeres.* México DF: Porrúa, 1997.

———. *Magisterio y niño.* Selección y prólogo de Roque Esteban Scarpa. Santiago, Chile: Andrés Bello, 1979.

———. *Moneda dura: Gabriela Mistral por ella misma.* Santiago, Chile: Catalonia, 2005.

———. *El ojo atravesado II. Gabriela Mistral entre los uruguayos.* Edición y selección de Verónica Zondek y Silvia Guerra. Santiago, Chile: LOM, 2007.

———. *Pensando a Chile. Una tentativa contra lo imposible.* Compilación de Jaime Quezada. Santiago, Chile: Publicaciones del Bicentenario, 2004.

———. "Poco." *El Mercurio* [Santiago, Chile] 46 (10 dic. 1934).

———. *Poema de Chile*. Ed. Diego del Pozo. Santiago, Chile: La Pollera, 2013.

———. *Recopilación de la obra mistraliana: 1902–1922*. Recopilación e introducción de Pedro Pablo Zegers. Santiago, Chile: RIL, 2002.

———. *Su prosa y poesía en Colombia*. Edición y prólogo de Otto Morales Benítez. Vol. 1. Bogotá: Convenio Andrés Bello, 2002.

———. *Su prosa y poesía en Colombia*. Edición y prólogo de Otto Morales Benítez. Vol. 2. Bogotá: Convenio Andrés Bello, 2003.

———. "Varias clases de libros." *Repertorio Americano* 5.4–5 (30 oct. 1922): 58.

———. *Women*. Ed. Marjorie Agosín. Trad. Jacqueline C. Nanfito. Buffalo, NY: White Pine, 2000.

Mistral, Gabriela, y Doris Dana. *Niña errante*. Edición y prólogo de Pedro Pablo Zegers. Barcelona: Lumen, 2010.

Mistral, Gabriela, y Sergio Fernández Larraín. *Cartas de amor de Gabriela Mistral*. Santiago, Chile: Andrés Bello, 1978.

Mistral, Gabriela, y Joaquín García Monge. *Gabriela Mistral y Joaquín García Monge: una correspondencia inédita*. Ed. Magda Arce. Santiago, Chile: Andrés Bello, 1989.

Mistral, Gabriela, y Manuel Magallanes Moure. *Manuel, en los labios por mucho tiempo: epistolario entre Lucila Godoy Alcayaga y Manuel Magallanes Moure*. Ed. María Ester Martínez Sanz y Luis Vargas Saavedra. Santiago: Ediciones Universidad Católica de Chile, 2005.

Mistral, Gabriela, y Diego del Pozo. *Por la humanidad futura. Antología política de Gabriela Mistral*. Santiago, Chile: La Pollera, 2015.

Mistral, Gabriela, y Jaime Quezada. *Poesía y prosa*. Caracas: Biblioteca Ayacucho, 1993.

———. *Siete presidentes de Chile en la vida de Gabriela Mistral*. Santiago de Chile: Catalonia, 2009.

Mistral Gabriela, y Alfonso Reyes. *Tan de Usted. Epistolario de Gabriela Mistral y Alfonso Reyes*. Ed. Luis Vargas Saavedra. Santiago, Chile: Hachette/Ediciones Universidad Católica de Chile, 1991.

Mistral, Gabriela, y Roque Esteban Scarpa. *Prosa escogida*. Santiago de Chile: Andrés Bello, 1987.

Mistral, Gabriela, y Luis Vargas Saavedra. *El otro suicida de Gabriela Mistral*. Santiago, Chile: Ediciones Universidad Católica de Chile, 1985.

Mistral, Gabriela, y Pedro Pablo Zegers. *La tierra tiene la actitud de una mujer*. Santiago de Chile: RIL, 2001.

Mistral, Gabriela, Pedro Pablo Zegers, Tomás Harris y Daniela Schütte. *Chile, o una voluntad de ser: legado de Gabriela Mistral.* Santiago, Chile: Biblioteca Nacional de Chile, 2008.

Mitchell, W. J. T. *Picture Theory: Essays on Verbal and Visual Representation.* Chicago y London: U of Chicago P, 1995.

———. *Teoría de la imagen: Ensayos sobre representación verbal y visual.* Madrid: Akal, 2009.

Molloy, Sylvia. "La política de la pose." *Las culturas de fin de siglo en América Latina.* Comp. Josefina Ludmer. Rosario: Beatriz Viterbo, 1994.

Montaldo, Graciela. *Ficciones culturales y fábulas de identidad en América Latina.* Buenos Aires: Beatriz Viterbo, 1999.

———. *La sensibilidad amenazada. Fin de siglo y modernismo.* Buenos Aires: Beatriz Viterbo, 1994.

Montenegro, Ernesto. Cartas a Alice Stone Blackwell. Blackwell Family Papers. Microfilm. Library of Congress, Washington, DC. Manuscrito.

Mora, Gabriela. "The Political Prose of Gabriela Mistral." *Journal of Hispanic Philology* 21.1–3 (1996): 141–52.

Moraga, Ana, ed. *Gabriela Mistral: Álbum personal.* Santiago, Chile: Pehuén, 2008.

Mulvey, Laura. "Visual Pleasure and Narrative Cinema." "Afterthoughts on 'Visual Pleasure and Narrative Cinema' Inspired by *Duel in the Sun*." *Feminism and Film Theory.* Ed. Constance Penley. New York: Routledge, 1988.

Nanfito, Jacqueline C. "Gabriela Mistral's Prose: The Poetic Mapping of Cultural Identities and Feminine Subjectivities." *Revista de Estudios Hispánicos* 26.1 (1999): 115–25.

NAWS. National American Woman Suffrage Association Collection. Library of Congress, Washington, DC, Rare Book and Special Collections Division.

Neruda, Pablo. *Confieso que he vivido. Memorias.* Barcelona: Seix Barral, 1984.

Olea, Raquel. *Como traje de fiesta. Loca razón en la poesía de Gabriela Mistral.* Santiago: Ed. Universidad de Santiago, 2009.

Onís, Federico de. "Palabras preliminares." *Desolación,* de Gabriela Mistral. New York: Instituto de las Españas en los Estados Unidos, 1922.

Ortega, Eliana. *Lo que se hereda no se hurta: ensayos de crítica literaria feminista.* Santiago de Chile: Cuarto Propio, 1996.

Ossandón, Carlos, y Eduardo Santa Cruz. *Entre las alas y el plomo: la gestación de la prensa moderna en Chile.* Santiago, Chile: LOM, 2001.

Oyarzún, Luis. *Temas de la cultura chilena.* Santiago, Chile: Universitaria, 1967.

"Panamericanismo." UNAM Biblioteca Virtual Latinoamericana. http://www.cialc.unam.mx/pensamientoycultura/biblioteca%20virtual/diccionario/panamericanismo.htm

Pellicer, Carlos, Alfonso Reyes, y Serge I. Zaïtzeff. *Correspondencia, 1925–1959.* México, DF: Consejo Nacional para la Cultura y las Artes, 1997.

Pizarro, Ana. *Gabriela Mistral: El proyecto de Lucila.* Santiago, Chile: LOM, 2005.

———. "Mistral, ¿qué modernidad?" *Re-Leer hoy a Gabriela Mistral: mujer, historia y sociedad en América Latina (Simposio de Ottawa).* Ed. Gastón Lillo y Juan Guillermo Renart. Ottawa; Santiago, Chile: Université d'Ottawa; Editorial Universidad de Santiago, 1997. 45–52.

Pollock, Griselda. *Encounters in the Virtual Feminist Museum: Time, Space and the Archive.* London; New York: Routledge, 2007.

———. *Vision and Difference: Feminism, Femininity and the Histories of Art.* London; New York: Routledge, 2003.

———. "The Visual." *A Concise Companion to Feminist Theory.* Ed. Mary Eagleton. Oxford: Blackwell, 2003. 173–94.

Pollock, Griselda, y Victoria Turvey Sauron. *The Sacred and the Feminine: Imagination and Sexual Difference.* London: New York; I.B. Tauris; In the United States and Canada distributed by Palgrave Macmillan, 2007. 310.

Pratt, Mary Louise. "'Don't interrupt me': The Gender Essay as Conversation and Countercanon." *Reinterpreting the Spanish American Essay: Women Writers of the 19th and 20th Centuries.* Ed. Doris Meyer. Austin: U of Texas P, 1995.

Rama, Ángel. *La ciudad letrada.* Santiago, Chile: Tajamar, 2004.

Ramos, Julio. *Desencuentros de la modernidad en América Latina.* Santiago, Chile: Cuarto Propio, 2003.

———. "Genealogías de la moral latinoamericanista: el cuerpo y la deuda de Flora Tristán." *Nuevas perspectivas desde/sobre América Latina: El desafío de los estudios culturales.* Ed. Mabel Moraña. Santiago, Chile: Cuarto Propio/IILI, 2000. 185–207.

Reyes, Alfonso. "Notas sobre la inteligencia americana." *Última Tule y otros ensayos.* Caracas: Ayacucho, 1991. 230–35.

Reyes del Villar, Soledad. *Chile en 1910. Una mirada cultural en su centenario.* Santiago, Chile: Sudamericana, 2004.

Richard, Nelly. *Feminismo, género y diferencia(s)*. Santiago, Chile: Palinodia, 2008.

―――. "Globalización académica, estudios culturales y crítica latinoamericana." *Cultura, política y sociedad perspectivas latinoamericanas.* Ed. Daniel Mato y Guiomar Alonso. Colección Grupos de trabajo de CLACSO. [Buenos Aires]: Libronauta Argentina, 2006. Web.

Rodig, Laura. "Honremos a Gabriela Mistral erigiéndole un monumento." Entrevista. *Vea* 345 (21 nov. 1945): 6.

Rojo, Grínor. *Dirán que está en la gloria*. Santiago, Chile: Fondo de Cultura Económica, 1997.

―――. "Mistral y Falabella." *Revista Iberoamericana* 71.211 (2005): 599–606.

Rojo, Grinor, Alicia Salomone y Claudia Zapata. *Postcolonialidad y nación*. Santiago de Chile: LOM, 2003.

Rolland, Romain, et al. "Un manifiesto de los intelectuales del mundo." *Repertorio Americano* 4 (1919): 58.

Rosasco, José L., Manuel A. Vega, et al. *Gabriela Mistral 1889–1957*. Santiago, Chile: Fundación Nacional de la Cultura, 1989.

Rotker, Susana. *La invención de la crónica*. México, DF: Fondo de Cultura Económica, 2005.

Said, Edward W. *Representations of the Intellectual: The 1993 Reith Lectures*. New York: Pantheon, 1994.

Salazar Vergara, Gabriel. *Del poder constituyente de asalariados e intelectuales. Chile siglo XX y XXI*. Santiago, Chile: LOM, 2009.

Sandino, Augusto César. *Pensamiento político*. Caracas: Ayacucho, 1988.

Santelices, Isauro. *Mi encuentro con Gabriela Mistral, 1912–1957*. Santiago, Chile: Editorial del Pacífico, 1972.

Sarlo, Beatriz. *La máquina cultural: maestras, traductores y vanguardistas*. La Habana: Fondo editorial Casa de las Americas, 2001.

Scarpa, Roque Esteban. *La desterrada en su patria: Gabriela Mistral en Magallanes 1918–1920*. Vol. 1. Santiago, Chile: Nascimento, 1977.

Schott, Linda K. *Reconstructing Women's Thoughts: The Women's International League for Peace and Freedom before World War II*. Stanford, CA: Stanford UP, 1997.

Sefchovich, Sara. *Gabriela Mistral, en fuego y agua dibujada*. México, DF: Coordinación de Difusión Cultural, Dirección de Literatura/UNAM, 1997.

"Segundo Congreso Americano del Niño." *Repertorio Americano* 1.7 (1919): 106–07.

Segura, Manuel. "Con Gabriela Mistral." *Repertorio Americano* 21 ago. 1922.

Sekula, Allan. "The Body and the Archive." *October* 39 (invierno 1986). 3–64.

Sheppard, Alice. *Cartooning for Suffrage.* Albuquerque: U of New Mexico P, 1994.

Skirius, John. *El ensayo hispanoamericano del siglo XX.* México: Fondo de Cultura Económica, 2004.

Sontag, Susan. Essay. *Women,* de Annie Leibovitz y Susan Sontag. London: Jonathan Cape, 2000.

Soto Ayala, Carlos. *Literatura Coquimbana: Estudios biográficos i críticos sobre los literatos que ha producido la provincia de Coquimbo; obra ilustrada con los retratos de los principales escritores de esa provincia.* Santiago, Chile: Imp. Francia, 1908.

Soto, Fredy. "El Estado y el Instituto Pedagógico: dos historias, un norte." *Revista Intramuros* 2.10 (2002): 25–29.

Squires, Judith. *Gender in Political Theory.* Cambridge, UK: Polity, 1999.

Subercaseaux, Bernardo. *Historia del libro en Chile (alma y cuerpo).* Santiago, Chile: Andrés Bello, 1993.

Teitelboim, Volodia. *Gabriela Mistral pública y secreta. Truenos y silencios en la vida del primer Nobel latinoamericano.* Santiago, Chile: Sudamericana, 1996.

Tibol, Raquel. "Diego Rivera: Su visión de la mujer." *Diego Rivera hoy: simposio sobre el artista en el centenario de su natalicio.* México, DF: Instituto Nacional de Bellas Artes, SEP, 1986.

Tickner, Lisa. *The Spectacle of Women: Imagery of the Suffrage Campaign, 1907–14.* Chicago: U of Chicago P, 1988.

Tilly, Louise A., y Patricia Gurin. *Women, Politics and Change.* New York: Russell Sage Foundation, 1990.

Toro, Alejandra. *Gabriela la poeta viajera.* Ilustraciones de Isabel Hojas. Santiago, Chile: Amanuta, 2007.

Tuchman, Gaye. Introduction. "The Symbolic Annihilation of Women by the Mass Media." *Heart and Home: Images of Women in the Mass Media.* Ed. Gaye Tuchman, Arlene Kaplan Daniels y James Benet. New York: Oxford UP, 1978.

Unruh, Vicky. *Performing Women and Modern Literary Culture in Latin America: Intervening Acts.* Austin: U of Texas P, 2006.

Unzueta, Fernando. "Scenes of Reading." *Beyond Imagined Communities.* Ed. Sara Castro-Klaren y John Charles Chasteen. Baltimore: Johns Hopkins UP, 2003. 115–60.

Valdés, Enrique. *La prosa de Gabriela Mistral: época y estilo.* Concepción, Chile: Literatura Americana Reunida, 2007.

Valenzuela Fuenzalida, Álvaro. *Elqui y México, patrias pedagógicas de Gabriela Mistral.* Valparaíso: Pontificia Universidad Católica de Valparaíso, 2009.

Valle, Rafael Heliodoro. "Alabanza de Gabriela Mistral." *Gabriela Mistral 1889–1957.* Washington, DC: Pan American Union, 1958.

———. "Gabriela Mistral en mis recuerdos." *Anales de la Universidad de Chile* 115.106 (1957), 68–69.

Vargas Saavedra, Luis. "Inédito trozo de una carta de Lucila Godoy Alcayaga a Manuel Magallanes Moure." *Taller de Letras* 36 (2005): 205–08.

Vasconcelos, José. "Carta a los estudiantes de Perú." *Claridad* 5.123 (1924): Web. 19 nov. 2015.

———. *The Cosmic Race/La raza cósmica. A bilingual edition.* Trad. y notas de Didier T. Jaén; epílogo de Joseba Gabilondo. Baltimore: Johns Hopkins UP, 1997.

Vasconcelos, José. *Estudios Indostánicos.* México: Botas, 1938.

———. *Obra selecta.* Caracas: Ayacucho, 1992.

Vega López, Eleazar. "Una embajada de arte." *Recopilación de la obra mistraliana: 1902–1922.* Ed. Pedro Pablo Zegers. Santiago, Chile: RIL, 2002. 520–21.

Vera, Luis R. *Gabriela del Elqui, Mistral del mundo: el misterio de una cigarra.* 2006. DVD.

Verdugo, Waldemar. "Gabriela Mistral y los maestros de México." *Proyecto Patrimonio 2005*: n. pág. Letras.s5. Web. 21 sept. 2012.

Viñas, David. *El apogeo de la oligarquía a la crisis de la ciudad liberal, Laferrère.* Buenos Aires: Jorge Álvarez, 1965.

Vom Hau, Matthias. "Unpacking the School: Textbooks, Teachers and the Construction of Nationhood in Mexico, Argentina, and Peru." *Latin American Research Review* 44 (2009): 127–54.

Weaver, Kathleen, y Magda Portal. *Peruvian Rebel: The World of Magda Portal, with a Selection of Her Poems.* University Park: Pennsylvania State UP, 2009.

Williams, Raymond. *Politics of Modernism: Against the New Conformists.* London: Verso, 1989.

Woolley, John T., y Gerhard Peters. "The President News Conference. March 21 1946." *The American Presidency Project.* Santa Barbara: U of California, 1999. Web.

Zegers, Pedro Pablo. Nota del editor. *Gabriela Mistral. Álbum personal.* Santiago, Chile: DIBAM/Pehuén, 2008. 11.

Índice alfabético

Sobre el libro

Claudia Cabello Hutt
Artesana de sí misma: Gabriela Mistral, una intelectual en cuerpo y palabra
PSRL 72

Artesana de sí misma de Claudia Cabello Hutt reevalúa el lugar de Gabriela Mistral, premio Nobel de literatura, en la historia literaria e intelectual de América Latina. Cabello Hutt acerca a los lectores a la amplia, pero escasamente estudiada, prosa periodística de Mistral además de a un conjunto de manuscritos, cartas e imágenes provenientes de archivos norteamericanos y chilenos así como del recientemente abierto archivo de su albacea y compañera, Doris Dana. Artesana de sí misma explora más allá de la ampliamente estudiada poesía de Mistral y demuestra que su prosa, representación visual y performatividad de género son claves para comprender la auto-construcción de esta figura como una intelectual latinoamericana y una escritora de reconocimiento internacional.

Desde 1920 hasta su muerte en 1957, Mistral participó activamente en debates nacionales y continentales, gestionó relaciones entre escritores y trazó un nuevo modelo de intelectual transnacional en el contexto de un latinoamericanismo anti-imperialista, que choca con un panamericanismo promovido por Estados Unidos, en décadas marcadas por revoluciones y movimientos sociales. Al ubicar el proceso de construcción de género, clase y raza de Mistral en un contexto más amplio, Cabello Hutt argumenta que este proceso no solo es original y estratégicamente diseñado sino que también es un producto lógico de las tensiones, deseos y luchas de poder que determinan el campo cultural latinoamericano de este periodo. Un campo cultural en proceso de redefinir las interacciones entre el intelectual, las masas y las instituciones políticas y culturales. Al trazar las redes intelectuales transatlánticas en que Mistral operaba —redes que incluían a José Vasconcelos, Alfonso Reyes, Romain Rolland, Victoria Ocampo y Joaquín García Monge, entre muchos otros— *Artesana de sí misma* analiza a su vez los procesos de democratización y modernización que transformaron el campo cultural en la región entre 1910 y 1940.

About the book

Claudia Cabello Hutt
Artesana de sí misma: Gabriela Mistral, una intelectual en cuerpo y palabra
PSRL 72

Artesana de sí misma by Claudia Cabello Hutt reevaluates the place of Nobel laureate Gabriela Mistral in the literary and intellectual history of Latin America, illuminating and filling a number of lingering voids in the study of this canonical figure. Cabello Hutt introduces readers to Mistral's vast but scarcely studied journalistic prose as well as her unpublished manuscripts, letters, and images held in the United States, Chile and in the newly opened archive of her executor and partner, Doris Dana. Moving beyond her amply discussed poetry, Cabello Hutt demonstrates that Mistral's essays, visual representations, and gender performance are key to understanding Mistral's self-fashioning as a Latin American female intellectual and internationally recognized writer.

From 1920 until her death in 1957, Mistral shaped salient national and transnational debates, brokered relations between major writers, and fashioned a new model of the transnational intellectual in the context of anti-imperialist Latinoamericanism, US-promoted Pan-Americanism, and rising populist politics and social movements of the time. Placing Mistral's gender, class, and racial performances in richer context, Cabello Hutt reveals them as not only groundbreaking and strategically fashioned, but also as a logical product of the tensions, desires, and power struggles of the cultural field of this period—a cultural field in the process of redefining the interactions between the intellectual, the masses, and political and cultural institutions. Further, by mapping out the transatlantic intellectual networks in which Mistral operated—networks that included José Vasconcelos, Alfonso Reyes, Romain Rolland, Victoria Ocampo, and Joaquín García Monge, among many others—*Artesana de sí misma* also examines the processes of democratization and modernization that transformed the cultural field in the wider region between 1910 and 1940.

Sobre la autora

Claudia Cabello Hutt es profesora asociada en la Universidad de Carolina del Norte, Greensboro. Es licenciada en lengua y literatura de la Universidad Católica de Chile y doctora en literatura latinoamericana, con una concentración en estudios de género, de la Universidad de Rutgers. Su investigación se enfoca en la modernidad Latinoamericana, historia intelectual, redes transnacionales y transatlánticas, estudios de género y teoría queer. Ha publicado numerosos ensayos acerca de Gabriela Mistral así como de redes de escritores y artistas como Victoria Ocampo, Alfonsina Storni, Carmen Conde y Maruja Mallo en relación con las condiciones de producción cultural transatlántica de la primera mitad del siglo XX.

About the author

Claudia Cabello Hutt is an associate professor at the University of North Carolina at Greensboro. She received her BA in literature and linguistics from the Catholic University of Chile, and her PhD in Spanish and Latin American literature with a concentration in Gender Studies from Rutgers University. Cabello Hutt's research focuses on modern Latin America with emphasis on intellectual history, transnational/transatlantic networks of writers and intellectuals, gender studies, and queer theory. She has published on Gabriela Mistral as well as on the networks involving writers and artists such as Victoria Ocampo, Alfonsina Storni, Carmen Conde, and Maruja Mallo.

"*Artesana de sí misma* es uno de los primeros libros al representar la importancia histórica de los archivos recientemente disponibles del legado mistral. Representa un nuevo aprecio de la modernidad del genio verbal de Gabriela Mistral, el primer laureado premio Nobel en literatura de la América Latina. Desde las primeras décadas de su carrera, cuando salió desde un remoto valle andino para atravesar todo Chile, desde el desierto de Atacama hasta el extremo sur. Este libro revela Mistral en sus cartas y sus prosas periodísticas, que demuestra como ella construyó de puentes de toda índole por medio de sus acciones como la curadora de una imagen pública original, provocadora, y siempre contradictoria, inicialmente en Chile y posteriormente en el México posrevolucionario, promoviendo las reformas agrarias y educativas de esta nación. Al prestar atención a la historia, la amistad y los artes verbales este libro revela una escritora siempre relevant, original, extraña y contemporánea."

—Elizabeth Horan, Arizona State University

"*Artesana de sí misma* is among the first books to historicize the recently available files of the Mistral legacy. It represents a new comprehension of the modernity of the verbal genius of Gabriela Mistral, the first Nobel laureate in Latin American literature. It concentrates on the first decades of her career, when she came out from a remote Andean valley to traverse all of Chile, from the Atacama Desert to the extreme south. This book reveals Mistral in her letters and in the prose that she published in newspapers, which demonstrates how she built bridges of all kinds by way of her actions as the curator of an original, provocative, and always contradictory public image, initially in Chile and later in post-Revolutionary Mexico, promoting the agrarian and educational reforms of that nation. This book's attention to history, friendships, and verbal art reveals a writer who's always relevant, original, strange and contemporary."

—Elizabeth Horan, Arizona State University